Wutanfälle

Duden

Míriam Tirado Torras

Wutanfälle

Verstehen, liebevoll begleiten und daran wachsen

Aus dem Spanischen von
Maria Hoffmann-Dartevelle
und Lisa Grüneisen

Dudenverlag
Berlin

Meinen Töchtern Laia und Lua.
Danke für eure Wutanfälle

Inhaltsverzeichnis

vier

fünf

sechs

sieben

acht

neun

zehn

Einleitung

Ich habe schon lange aufgehört, die Wutanfälle zu zählen, die ich bei meinen beiden Töchtern erlebt habe. Das sage ich gleich zu Anfang, damit du nicht denkst, ich wäre davon verschont geblieben. Ganz im Gegenteil. Wenn ich hier von Wutanfällen und vom Umgang damit spreche, dann gerade deshalb, weil ich etliche ertragen habe. Ich behaupte sogar, in einem Mütter-und-Väter-Wettbewerb, wer die meisten dieser Zornesausbrüche erlebt hat, hätte ich gute Chancen zu gewinnen! ;-)

Ich weiß, auch du glaubst, in einem solchen Wettbewerb gute Chancen auf den Sieg zu haben – und bestimmt ist das so. Niemand von uns ist verschont geblieben, wir alle bekämen einen Platz auf dem Podium. Oder fast alle. Aber keine Sorge, das hat auch sein Gutes, selbst wenn du es jetzt nicht glauben kannst und es dich nicht tröstet. In diesem Buch wirst du erfahren, warum.

» *Zu Beginn will ich allerdings eines klarstellen: Ich besitze keinen Zauberstab, mit dem man kindliche Wutausbrüche mal eben verschwinden lassen kann.*

Besäße ich ihn, hätte ich nicht erlebt, was ich erlebt habe, und hätte auch dieses Buch niemals schreiben können. Daher mein Rat: Bleibe misstrauisch gegenüber allen, die dir sagen, du bräuchtest nur auf sie zu hören, damit die kindlichen Wutanfälle verschwinden. Meiner Meinung nach ist das nicht nur unmöglich, sondern es wäre auch nicht gut.

Ich will also mit diesem Buch gar nicht erreichen, dass du die Wutausbrüche deiner Kinder aus deinem Leben verbannst. Mir liegt vielmehr daran, dass du es schaffst, sie besser auszuhalten, sie zu verstehen und den größtmöglichen Nutzen aus ihnen zu ziehen. So kannst du gemeinsam mit deinen Kindern lernen und wachsen. Und vielleicht gelingt es dir sogar, die Wutanfälle mit Humor und Liebe zu betrachten.

Denn eigentlich ist es das, was mir persönlich am meisten geholfen hat: zu verstehen, was sich alles hinter einem Wutausbruch verbirgt. Ich habe gelernt, mich mit der Wut zu befassen, auch mit meiner eigenen; denn der Wutausbruch des eigenen Kindes löst häufig auch bei den Eltern Wut aus. Dieser negativen Emotion bin ich nachgegangen. Und nur indem ich mich ganz auf meine eigene Wut eingelassen habe, ist es mir gelungen, sie zu bewältigen. Ich habe die Angst vor ihr verloren und sogar angefangen, sie zu lieben. Und inzwischen gelingt es mir auch, meine Töchter zu lieben, wenn ein Wutanfall sie packt.

Ich weiß, dass der Umgang mit Wut nicht einfach ist. Und ich versichere dir, dass er auch für mich nicht einfach war. Manchmal habe ich geweint, wenn die Tobsuchtsanfälle meiner älteren Tochter mich völlig überforderten. Ich glaube, ich musste erst einen Tiefpunkt erreichen, um mich in die spannende Welt der Wutanfälle aufzumachen. Kein Witz: Diese Welt ist wirklich spannend, und in diesem Buch werde ich dir erzählen, warum.

» *Ich wünsche mir, dass du nach der Lektüre der kommenden Seiten die Wutausbrüche deines Sohnes oder deiner Tochter als eine Chance betrachtest, zu wachsen und dich zu verändern.*

Im Moment sind Wutausbrüche für dich nur ein weiterer Konflikt in deinem Leben, der dich von deinen Kindern trennt. Ich wünsche mir, dass sich dein Blick verändert, dass du einen bewussteren, ganzheitlicheren und tieferen Blick auf dich selbst und deine Kinder gewinnst.

Mit Theorien ist es so eine Sache. Oft verstehen wir sie gut, tun uns aber schwer damit, sie im Alltag umzusetzen. Damit das bei diesem Buch nicht passiert, damit du meine Ausführungen verinnerlichen kannst und sich bei dir tatsächlich etwas verändert, findest du zwischen den Texten immer wieder praktische Übungen. Von Zeit zu Zeit werde ich dir vorschlagen, im Lesen innezuhalten und in dich hineinzuhorchen. So hast du die Möglichkeit, dem Gelesenen nachzuspüren und es mit einem neuen Verständnis und mit einem klareren Blick auf deine eigene Geschichte umzusetzen. Ich schlage dir vor, dir ein Heft zuzulegen, in das du nach Bedarf Dinge notieren kannst. Schwarz auf weiß festzuhalten, was wir fühlen, hilft uns manchmal, unsere Gedanken zu ordnen und uns bewusst zu machen, wie es uns geht. Wenn du magst, kannst du dir nach den Übungen, die ich dir unter „Moment mal…“ vorschlage, Notizen machen.

Ich möchte nicht, dass dieses Buch zwischen etlichen anderen in deinem Regal einstaubt. Oder dass du sagst: „Ich habe zu dem Thema viel gelesen, aber ich schaffe es trotzdem nicht, die Theorien praktisch umzusetzen.“ Dieses Buch soll dir eine wirkliche innere Veränderung ermöglichen. Es soll dir nicht nur zu einem anderen Blick, einem anderen Denken verhelfen, sondern auch zu anderen körperlichen und seelischen Erfahrungen. Es soll etwas in dir anstoßen und das, was du glaubst, tun zu müssen, mit dem, was du tatsächlich tust, in Einklang bringen.

Ich habe große Lust, dich mit auf diese Reise zu nehmen.
Begleitest du mich?

eins

Als alles einfach war

Nach einer überaus anstrengenden und komplizierten Geburt, die mich beinahe schachmatt gesetzt hätte, habe ich eine glückliche Stillzeit erlebt und die Anpassung an die neue Situation fiel mir leicht. Ich konnte meiner Tochter Laia problemlos geben, was sie wollte und brauchte: Berührung, Milch, Halt, Blickkontakt, Begleitung, Empathie, Zeit, Präsenz …

Es war eine ruhige Zeit. Vieles am Muttersein überraschte mich, manches nicht unbedingt positiv, zum Beispiel das Gefühl, für die Welt unsichtbar geworden zu sein. Aber ich muss zugeben, dass die beiden ersten Lebensjahre meiner Tochter, in denen ich nicht gearbeitet habe, sehr glückliche, angenehme Jahre waren.

Man hat ein Baby, das (fast) ausschließlich Augen für seine Mutter hat und dazu noch wunderschön ist. Es lächelt beim geringsten Anlass, jeder Ärger ist im Nu verflogen, und es ist noch zu klein, um einem zu widersprechen. Ich weiß, einige werden sagen, ihr Kind sei schon mit zwölf Monaten nicht mehr ganz so einfach gewesen, aber eigentlich ist das immer noch ein Alter, in dem Babys tun, was ihre Eltern sagen. Gelegentlich protestieren sie kurz, lassen sich aber leicht ablenken oder umstimmen und vergessen ihren Ärger im Handumdrehen.

» *Ein Baby in seiner Zartheit und Verletzlichkeit löst in uns den Wunsch aus, es zu umsorgen, ihm zu helfen, es liebevoll zu behandeln.*

Unser Bedürfnis, sich seiner anzunehmen, steht im Einklang mit seinen elementaren Bedürfnissen – und das ebnet uns den Weg. Dieser Weg ist zwar neu und zuweilen anstrengend, aber wir gehen ihn ganz instinktiv.

In dieser Zeit oder auch, wenn wir keine Kinder haben, erlauben wir uns manchmal ein Urteil über Szenen wie die folgende: Auf dem Bürgersteig, beim Einkaufen oder im Restaurant sehen wir eine Familie mit einem Kind, das sich aufführt, als sei es vom Teufel besessen. Es tobt, ist vollkommen außer sich, und seine Eltern wirken restlos überfordert. „Wenn ich mal Kinder habe“, denken wir, „dann passiert mir so was nicht.“ Oder: „Meine süße Tochter würde sich nie so benehmen, wir sind uns doch so nah und lieben uns über alles.“

In diesen Momenten möchten wir um nichts in der Welt mit den hilflosen Eltern tauschen. Was wir sehen, schreckt uns ab, und wir glauben, so etwas werde uns nie passieren. Und falls doch, wüssten wir schon, was zu tun wäre und wie wir am besten mit der Situation fertigwürden.

Wie ahnungslos und naiv! Wie viele Eltern haben wohl schon beim Anblick eines vor Wut tobenden Kindes genau wie wir gedacht, dass es bei ihnen niemals so weit kommen würde. Und plötzlich sind sie selbst in einer ähnlichen oder noch schlimmeren Situation und denken: „Oh Gott, ich bin genau wie diese Eltern, über die ich so schnell geurteilt habe!“ Ich bin mir sicher, wir alle zusammen würden viele Fußballfelder füllen. Mutter bzw. Vater zu sein, ist eine wahre Übung in Demut und lehrt einen, nicht vorschnell zu urteilen.

Denn die Wirklichkeit sieht so aus: Egal ob wir noch keine Kinder haben oder bereits unser lächelndes Baby im Arm halten, wir können einfach nicht wissen, was wir empfinden werden, wenn unser Kind eines Tages mitten im Supermarkt wie besessen zu kreischen beginnt. Wir haben keine Ahnung, wie wir uns fühlen und uns verhalten werden. Was in uns zum Vorschein kommen wird.

Wenn wir uns in solche Situationen versetzen, gehen wir immer von dem Menschen aus, der wir gerade sind. Der hat aber vermutlich kaum etwas mit dem Menschen zu tun, in den wir uns verwandeln werden, wenn wir selbst Kinder haben. Was wir uns ausmalen, entspringt schlicht und einfach unserer Fantasie und unseren Erwartungen.

> *Wir glauben, die Zukunft werde so sein, wie wir sie uns vorstellen, und machen uns nicht klar, dass das, was wir uns jetzt ausmalen, das Produkt der Person ist, die wir gerade zu sein glauben.*

Und das kann sich sehr schnell ändern. Unsere heutige Vorstellung davon, wie wir eines Tages mit unserem fünfzehnjährigen Kind umgehen werden, entspricht höchstwahrscheinlich nicht der späteren Realität. Denn wir wissen nicht, wie wir selbst und wie unsere Kinder dann sein werden.

Und niemand bereitet dich darauf vor! Auf diese Demutsübung, auf diesen Weg ins Unbekannte ... Niemand. Doch selbst wenn jemand es tun wollte, es gelänge ihm nicht.

> *Um zu wissen, wie man sich in bestimmten Situationen verhalten wird, muss man sie selbst erleben.*

„Das erzählt einem ja keiner", ist einer dieser Sätze, die man zuweilen hört. Ich glaube allerdings nicht, dass es einem niemand erzählt (viele Leute tun es und das Internet quillt über von Informationen). Vielmehr sind wir nicht bereit, es zu hören. Und es kommt auch nicht zum richtigen Zeitpunkt. Doch selbst wenn man es uns erzählen würde, könnten wir es nicht in seiner ganzen Tiefe begreifen.

Dann, eines Tages, plötzlich und ohne Vorwarnung, wird das, was einem so leicht und angenehm erschien – die Kindererziehung –, zu einer mühseligen Angelegenheit, von der man nicht weiß, wie man sie bewältigen soll.

Das ist der Moment, in dem man sich fragt: „Wer hat bloß mein Kind vertauscht? Es war doch vorher nicht so!"

Wo ist meine Tochter?

Ich erinnere mich noch, was ich empfunden habe, als meine erste Tochter in die sogenannte Trotzphase kam. Wann genau es mit den heftigen Wutanfällen losging, weiß ich nicht mehr, aber ich weiß noch gut, wie ich mich anfangs fühlte. Ich war völlig verwirrt, weil ich meine Tochter nicht wiedererkannte. Manchmal war sie wie immer und manchmal wie eine Fremde. Als hätte jemand meine Tochter vertauscht. „Wo ist sie?", dachte ich mit mulmigen Gefühlen. „Ich vermisse das Kind, das sie mal war ... Wie soll das weitergehen?" Ich hatte das Gefühl, durch unruhige Gewässer zu navigieren, ohne den Kurs zu kennen. Ich war völlig verunsichert. Lange war es ganz anders gewesen. Ich hatte mich sicher gefühlt und gedacht, ich täte das Richtige, ich wüsste, was sie braucht, und hätte alles unter Kontrolle. Ich war entspannt und genoss das Gefühl von Glück und Gelingen. Alles ging mir leicht von der Hand, und ich fand, dass ich es „gut" machte.

Ich erinnere mich noch, wie ich eines Abends zu Beginn dieser Phase meiner Tochter ihrem Vater, der gerade nach Hause gekommen war, erzählte: „Heute hatten wir hier zwei Mädchen und eines von beiden hat mir große Angst eingejagt!" Anfangs konnte er es kaum glauben, wenn ich ihm beschrieb, wie sie getobt hatte. Er sah, wie seine Tochter wie immer lächelnd auf ihn zugelaufen kam, um ihm alles zu zeigen, was sie Neues gemacht und gelernt hatte, und konnte sich nicht vorstellen, dass dieses Mädchen mich noch vor Kurzem wütend angebrüllt hatte. Was ich ihm erzählte, passte einfach nicht zu seinem bisherigen Bild von ihr.

Irgendwie war es ärgerlich, dass ich meistens allein mit den Wutanfällen unserer Tochter fertigwerden musste (darauf werde ich später noch zurückkommen). Ich wusste oft gar nicht genau, warum sie wütend wurde und plötzlich, ohne dass ich mich hätte darauf einstellen oder etwas tun können, wie am Spieß zu kreischen begann. So schrill, dass mir schier das Trommelfell platzte und ich völlig verrückt wurde. Ja, verrückt.

Bestimmt hast du auch schon gemerkt, dass kleine (und nicht mehr ganz so kleine) Kinder die natürliche Fähigkeit besitzen, genau das zu tun, was ihre Eltern am meisten ärgert. Dieses „Geschick" haben sie nun mal. Nicht, weil sie nerven wollen. Sie machen es nicht mal bewusst, aber jedes Kind weiß, welche Knöpfe es drücken muss, damit der vernünftige, erwachsene Teil seiner Eltern sich verabschiedet. Und ich glaube sogar, dass Kinder uns damit einen Gefallen tun. Sie stoßen etwas an. Wir können nun nicht mehr anders, als uns mit unserer Reizbarkeit auseinanderzusetzen. Doch solange uns das nicht klar ist, glauben wir, unser Kind würde uns mit seinen Wutanfällen zugrunde richten.

Eines Tages habe ich mich also gefragt, ob jemand meine Tochter vertauscht hat. Zumindest dachte ich, dass irgendwas mit ihr nicht stimmt. Das alles war nicht normal. Ich gehörte auf einmal zu denen, die diesen naiven Satz sagen: „Das hat sie bisher noch nie gemacht!" Als hieße das, sie werde es auch niemals machen. Jetzt, Jahre später, muss ich über mich und diesen Satz lachen. Natürlich hatte sie es noch nie gemacht. Sie war ja noch zu klein, um sich darüber im Klaren zu sein, was sie wollte und was nicht. Sie hatte es noch nie gemacht, weil sie erst jetzt das sogenannte Trotzalter erreicht hatte. Ich muss über mich lachen, weil ich, die so viel über Kindererziehung gelesen hatte, glaubte, schon alles zu wissen. Ich dachte damals, ich würde mit jeder Entwicklungsphase locker fertigwerden und mich nicht über meine Tochter ärgern, da ich ja wüsste, dass sie noch klein ist. Und schon musste ich mich wieder in Demut üben!

» *Liebe Eltern, manchmal habe ich den Eindruck, wir bemerken immer zu spät, dass unser Kind in einer neuen Entwicklungsphase steckt.*

Erst nach Tagen oder Wochen oder sogar Monaten wird uns bewusst, dass es das sogenannte Trotzalter erreicht hat, dass es nun auf seiner Meinung, seinen Ideen und seinen Weigerungen beharrt.

Genauso ist es zum Beispiel mit der Vorpubertät. Erst nachdem sich bei einem Kind schon längst Veränderungen angekündigt haben, merken wir, dass es diese Phase erreicht hat. Während wir gedacht haben, es sei noch dasselbe Kind wie immer. Offenbar entspricht diese Verzögerung einer Gesetzmäßigkeit. Wie schön wäre es doch, wenn uns Veränderungen bewusst würden, während sie sich vollziehen, und nicht erst, wenn wir schon seit Wochen gestresst sind, weil wir nichts begriffen haben!

Wir lieben nun mal Beständigkeit. Wir glauben, es werde immer alles gleich bleiben, nichts werde sich im Leben ändern und der Tod werde nie eintreten. Dabei ist jeder Augenblick voller Leben und Tod. Jede Phase kommt, hält sich eine Weile und wird von der nächsten abgelöst. Wir glauben, das Leben verlaufe geradlinig, ohne unverhoffte Wendungen oder Rückschritte. Auch unsere Töchter und Söhne betrachten wir im Grunde als unveränderliche Wesen. Wie oft reden Eltern über ihre zwanzig-, dreißig- oder fünfundvierzigjährigen Kinder, als wären diese immer noch ihre kleinen Sechsjährigen!

Ich habe also damals versucht, mich von der Vorstellung der Beständigkeit zu verabschieden und zu begreifen, dass meine Tochter dabei war, sich zu verändern, und zwar stark. In schwierigen Zeiten wie diesen ist es gut, wenn man Freunde und Freundinnen mit gleichaltrigen Kindern hat, weil sie einem von ganz ähnlichen Erfahrungen berichten.

Dadurch wird einem klar, dass das, was mit dem eigenen Kind geschieht, nicht nur normal, sondern absolut keine Ausnahme ist. Falls eure Freundinnen oder Freunde das Gegenteil behaupten und sagen, so etwas hätten sie noch nie erlebt, tut euch den Gefallen und sucht euch neue. Es gibt Menschen, die einen, statt Empathie zu zeigen, noch stärker runterziehen: Ihre Kinder schlafen angeblich durch, weinen nie und essen alles.

Schließlich, nach mehreren Wutausbrüchen deines Kindes, nach Gesprächen mit Freunden, die nicht ehrlich sind, und nach Recherchen in Büchern und im Internet (wir wissen zwar, dass wir das in verzweifelten Momenten nicht tun sollten, erliegen aber alle der Versuchung, uns bei Google schlauzumachen), fällt es dir wie Schuppen von den Augen: Niemand hat dein Kind vertauscht. Dein Kind ist so. Dein Kind ist auch so.

Du bist entsetzt. Dir wird bewusst, dass du – nicht ungewöhnlich in solchen Momenten – dein Kind gar nicht magst. Das tut dir sehr weh, weil es noch nie passiert ist. Du mochtest alles an ihm, alles. Jetzt stellst du fest, dass dir dein Kind nicht gefällt, wenn es wütend wird. Und neben diesem schmerzlichen Gefühl taucht ein weiteres, genauso unangenehmes oder noch unangenehmeres auf: das Schuldgefühl.

Weil du nicht empfinden willst, was du empfindest, wenn dein eigenes Kind dir wie eine Teufelsbrut vorkommt. Weil du nicht erleben willst, dass du dieses Kind nicht magst. Du willst dieses Gefühl der Ablehnung nicht empfinden, das von irgendwoher aufgetaucht ist und mit dem du niemals gerechnet hättest.

Und zu dieser bedrückenden Erfahrung gesellt sich eine weitere. Nicht nur magst du nicht, wie dein Kind sich während eines Wutausbruchs verhält. Etwas anderes macht alles noch schlimmer: wie du dich selbst verhältst.

Dir wird bewusst, dass du vor allem dich selbst in dieser Situation nicht magst. Du magst nicht, was du fühlst, was du sagst, was du tust. Du erlebst eine doppelte Ablehnung: die deines Kindes und die deiner selbst. Weil du plötzlich entdeckst … wie viel Aggression in dir steckt.

Die Aggression, die in mir steckt

Wenn dein Kind weint, beunruhigt dich das zunächst nur ein bisschen. Weint es aber immer heftiger und hört gar nicht mehr auf – vor allem dann, wenn du gestresst bist und keine Zeit hast, auf seinen Kummer oder seine Wut einzugehen, oder wenn du nicht weißt, wie du es beruhigen sollst –, dann taucht DAS auf.

DAS ist ein unangenehmes Gefühl, das in dir rumort, das deinen Kiefer, deinen Nacken, deinen ganzen Körper verspannt. Möglicherweise hast du es vorher noch nie erlebt. Im Gegenteil, du hast dich für den friedlichsten Menschen auf der Welt gehalten, und plötzlich siehst du sie: die Aggression, die in dir steckt. Den Zorn, der in dir brennt und dich verzehrt. Diesen brodelnden Vulkan, der ein Ich zum Vorschein bringt, das du nicht wiedererkennst.

Du erschrickst.

DAS kann jederzeit auftauchen, sogar wenn du ein kleines Baby im Arm hältst, das dich mit seinem schrillen, nicht enden wollenden Weinen zur Verzweiflung bringt. In solchen Momenten steigt womöglich neben der unangenehmen Wut auf dein kleines Kind auch die Befürchtung in dir auf, dass du einen Fehler gemacht hast. Dass du mit so etwas nicht zurechtkommen wirst.

Vielleicht tauchen diese Gefühle und Gedanken aber auch erst später auf, wenn dein Kind schon älter ist und dir mit seinem Verhalten zu verstehen gibt, dass es absolut nicht vorhat, mit allem, was du sagst, einverstanden zu sein.

Ich habe diese Gefühle erlebt. Ich dachte zum Beispiel: „Jetzt geht sie mir so auf die Nerven, dass ich ihr am liebsten eine Ohrfeige geben würde.“ Oder: „Ich weiß nicht, was ich noch tun soll, damit sie endlich still ist. Am liebsten würde ich ihr diese Wasserflasche über den Kopf gießen.“ Ja, so etwas habe ich gedacht. Ich, die überzeugte Verfechterin einer achtsamen, liebevollen und bewussten Erziehung. Ich, die jede Menge Bücher über Elternschaft gelesen hatte. Ich, die immer dagegen gewesen war, Kinder zu ohrfeigen oder sie links liegen zu lassen, sie auszuschimpfen oder zu bestrafen, ich dachte plötzlich genauso wie die böse Hexe im Märchen.

Ich habe mich erschrocken. Dass ich mich in der geschilderten Situation absolut nicht mochte, hat mich an einen Tiefpunkt gebracht. „Warum habe ich diese Gefühle?“, habe ich gedacht. „Ich kenne doch die Bedürfnisse eines Kindes. Ich weiß doch, dass es das Recht hat, stets respektiert zu werden.“ Ich schwöre dir, so eine Erfahrung flößt einem größte Demut ein. Plötzlich steht man nackt da. Und man braucht Zeit und eine gute Portion Selbstmitleid, um nicht ganz abzusacken, sich nicht selbst zu hassen und fertigzumachen.

Mir wurde damals klar, dass ich Rat brauchte. Ich wusste, dass ich einen langen Weg vor mir hatte. „Ich muss mehr darüber lernen, was in so einem Moment in einem vorgeht“, dachte ich. „Ich muss Bücher lesen, diese Phase erforschen. Denn das, was gerade mit uns passiert ist, will ich nicht noch einmal erleben.“

» *Eigentlich ging es mir nicht so sehr darum, diese Situation nicht noch einmal zu erleben, sondern sie nicht wieder in dieser konkreten Weise zu erleben.*

Ich habe meine Tochter nie geschlagen und auch ihre kleine Schwester nicht, die ebenfalls eine heftige Trotzphase durchgemacht hat. Weil ich es nicht wollte, weil ich strikt dagegen war, weil meine Vernunft in den entscheidenden Momenten gesiegt hat und ich zum Glück kurz Abstand nehmen und einen gewissen Weitblick wahren konnte.

Aber die Angst war entsetzlich. Wegen dieses schrecklichen Erlebnisses und weil ich an die Kinder dachte, deren Eltern sich nicht beherrschen können, sondern der in ihnen aufsteigenden Aggression nachgeben.

Wie immer, wenn etwas mich beunruhigt, habe ich noch am Abend nach diesem Erlebnis und der damit verbundenen Angst einen Blogartikel geschrieben:

★ Die Aggression, die in mir steckt (8.11.2011)

Wenn wir von Erziehung sprechen, wenn wir von Kindern (den eigenen oder anderen) sprechen, sprechen wir oft von „ihrer" Gewaltbereitschaft, „ihrer" Aggressivität. Davon, dass sie sich schubsen und prügeln, sich beißen oder an den Haaren ziehen, sich schlimme Sachen sagen.

Irgendwann möchte ich mal über diese kindliche Aggressivität sprechen. Was mich aber überrascht und mir zu schaffen macht, ist die Aggression in mir selbst. Die Aggression, die ich in bestimmten Momenten in mir spüre, tief drinnen, an einem fest verschlossenen Ort. Eine Aggression, eine Gewalt, die ausgelebt werden will.

Ich glaube, wir alle besitzen ein gewisses Gewaltpotenzial. Was uns unterscheidet, ist die Art, wie es sich äußert, und ob es überhaupt hervortritt. Manche Menschen haben sich nicht unter Kontrolle und üben mit Worten oder Taten Gewalt aus. Kindern gegenüber ist das sehr einfach, da sie verletzlicher und in einer schwächeren Position sind als wir Erwachsenen.

Ich halte mich absolut nicht für einen gewalttätigen Menschen. Gewalt ertrage ich in keiner Form, sie stört mich und ich bin immer entsetzt, wenn ich sie im Fernsehen, auf der Straße oder sonst wo erlebe.

Bis jetzt, als Mutter einer etwas über zwei Jahre alten Tochter, hatte ich nie bemerkt, dass auch ich nicht frei von dieser Aggression bin, die irgendwo in uns steckt und manchmal irrsinnige Lust hat, hochzukommen und Gestalt anzunehmen. Ich war überzeugt, frei von Aggressivität zu sein. Dabei hatte nur noch nie jemand meine Geduld massiv auf die Probe gestellt. Falls ihr euch jetzt fragt, ob ich meine Tochter geschlagen habe: Nein, ich habe sie nie geschlagen und hoffe, dass ich es nie tun werde. Ich habe die bewusste und feste Absicht, sie niemals zu schlagen. Weder sie noch jemand anders.

Aber es ist nicht einfach. Es gibt Tage, da merkst du plötzlich, dass Aggression in dir steckt, und musst dir Mühe geben, sie zu kontrollieren, dich zu sammeln, zu beruhigen. Du musst versuchen, die verlorene Geduld wiederzufinden und zu verstehen, dass du die Erwachsene bist und deine Tochter oder dein Sohn das Kind.

So sind die Rollen verteilt, und deshalb bist du diejenige, die alles daransetzen muss, die verlorene Kontrolle wiederzuerlangen, wieder zu sich zu kommen.

Die eigene Aggressivität zu erleben, hat mir einiges klargemacht. Ich habe mich besser kennengelernt. Ich habe etwas Wichtiges gelernt:

» *Wenn meine Aggressionen mit aller Macht aufsteigen, muss ich für einen Moment auf Distanz gehen.*
» *Ich muss tief durchatmen, kurz die Augen schließen oder (falls noch jemand anders da ist) den Raum verlassen.*

Es dauert nie lange, manchmal nur drei oder fünf Minuten, bis ich die nötige Ruhe wiedergefunden habe, damit die Konflikte sich in Luft auflösen, als hätte es sie nie gegeben. Doch danach bin ich traurig, erschöpft und erschrocken darüber, wie heftig meine Wut war, eine Wut, die oft mit Frust, Ohnmacht und meistens auch mit Müdigkeit verbunden ist.

Ich gebe wirklich nur ungern zu, dass ich, wenn meine Tochter mich auf die Palme bringt, tief durchatmen muss. Würde ich nämlich meinen aggressiven Impulsen nachgeben, würde ich ihr tatsächlich eine Ohrfeige verpassen, obwohl ich das auf keinen Fall will. Der Gedanke daran, wie sehr Kinder ausgeliefert sind, wenn ihre Eltern sich nicht unter Kontrolle haben, wenn die Aggressionen, die sie in sich tragen, zutage treten, ohne dass etwas oder jemand sie aufhalten könnte, macht mich sehr traurig. In den eigenen vier Wänden kann alles passieren und niemand bekommt es mit.

Ja, ich habe erlebt, dass auch in mir eine Aggressivität steckt. Und ich habe mir fest vorgenommen, niemals zuzulassen, dass sie mit mir durchgeht. Vor allem wegen meiner Tochter. Aber auch meinetwegen.

Diesen Post habe ich damals nicht ohne Scham verfasst. Als ich mich vor ein paar Jahren damit derart geoutet habe, fühlte ich mich unsicher, schutzlos und verletzlich. Gleichzeitig lag mir viel daran, das, was ich erlebt hatte, zu schildern und von meinem festen Entschluss zu sprechen, meine Tochter auch während ihrer Wutanfälle mit Respekt zu behandeln. Erst dachte ich, niemand werde den Text lesen. Doch dann war ich sehr überrascht, dass er immer häufiger aufgerufen wurde, dass sogar Kommentare kamen und vor allem viele private Mails.

» Öffentlich über die eigenen Aggressionen zu sprechen, ist nicht angenehm.

Ich schätze, deshalb haben viele es vorgezogen, mir privat mitzuteilen, was mein Text bei ihnen ausgelöst hat. Einige Leute haben mir geschrieben, sie hätten ihre Kinder geschlagen, geschüttelt, mitten im Februar unter die kalte Dusche gestellt usw. Gewalt kann sich vermutlich in unendlich vielen Formen äußern.

Ihre Nachrichten haben mich erneut erschreckt. Denn wenn diese Menschen, die versicherten, es sei ihnen wichtig, ihre Kinder bewusst und respektvoll zu erziehen, derart die Nerven verloren und ihre Wut an ihnen ausgelassen hatten, was taten dann erst Eltern, die glaubten, Kinder, die nicht parieren, könne man ruhig schlagen, bestrafen, ausschimpfen?

Ich glaube, diese Mails gaben mir den Anstoß, mich eingehender mit Wutausbrüchen und Aggression zu befassen. Das war im Jahr 2011. Seither habe ich mich intensiv mit dem Thema auseinandergesetzt. Mein Anliegen ist es, Müttern und Vätern zu helfen, nicht die Nerven zu verlieren, sondern anders mit ihren wutentbrannten Kindern umzugehen: gelassener, respektvoller, liebevoller und bewusster.

Ich habe mich informiert, mich fortgebildet und es mir zur Aufgabe gemacht, öffentlich darüber zu sprechen, wie wichtig es ist, an sich selbst zu arbeiten, um die eigenen Aggressionen unter Kontrolle zu halten und sie nie an Kindern auszulassen. Ich habe in Schulen und Einrichtungen Vorträge über Wutausbrüche gehalten, habe Elternkurse zum Umgang mit kindlichen Gefühlen gegeben. Und in all meinen Posts und Videos versuche ich, etwas Grundsätzliches zu vermitteln: dass wir unsere Töchter und Söhne unbedingt mit Respekt behandeln sollten.

Sie verdienen es nicht nur, sie haben auch ein Recht darauf. Und unsere Kinder sind die Erwachsenen von morgen. Wir wissen alle, dass unsere Gesellschaft sich nicht eben durch ein Übermaß an Respekt, Selbstkontrolle, Selbsterkenntnis und bedingungsloser Liebe auszeichnet. Wenn wir etwas daran ändern und eine bessere, vernünftigere und liebevollere Welt schaffen wollen, müssen wir also an der Basis beginnen. Und das bedeutet: Um denen, die unsere Zukunft sind, ein gutes Beispiel zu geben, müssen wir unseren Blick ändern, übernommene Vorstellungen ablegen und neue Verhaltensformen, neue Arten der Kommunikation und der Konfliktbewältigung erlernen.

Das mag schwierig klingen und ist es womöglich auch. Aber für mich steht fest, dass es eine unverzichtbare Aufgabe ist.

» *Wir Erwachsenen müssen uns selbst helfen, auf der Basis von Mitgefühl, Respekt und bewusster Überlegung weiter zu wachsen, um so auch unseren Töchtern und Söhnen auf ihrem Lebensweg zu helfen.*

Das erscheint mir unerlässlich und von größter Bedeutung. Nichts auf deinem Weg durch die Welt wird eine deutlichere Spur hinterlassen als die Tatsache, dass du dich weiterentwickelt und verändert hast, dass du gereift bist und deine Kinder in einem neuen, reiferen Bewusstsein erzogen hast.

Ich bin froh, den Post „Die Aggression, die in mir steckt" geschrieben zu haben, und dankbar für alle Kommentare und alle Mails, die ich nach seiner Veröffentlichung bekommen habe. Ohne sie stünde ich heute nicht da, wo ich stehe.

★ Moment mal …

Ich möchte dir vorschlagen, die folgenden Sätze aufmerksam zu lesen. Schließe dann die Augen und horche in dich hinein. Versuche, bewusst zu atmen und dabei zu spüren, wie die Luft in deinen Körper dringt und wieder aus ihm herausströmt. Entspanne die Regionen deines Körpers, in denen du Anspannung verspürst, und achte weiter auf das Fließen deines Atems: ein und aus, ein und aus …

Nun richte deine Aufmerksamkeit auf das, was du empfindest, und versuche, folgende Fragen zu beantworten: Wie fühlst du dich jetzt? Hast du dich in dem soeben Gelesenen wiedergefunden? Was für ein Gefühl nimmst du in diesem Moment am stärksten in dir wahr? Falls du es erkennen kannst, versuche, ihm einen Namen zu geben. Nun atme dieses Gefühl ein und achte auf das, was es in dir auslöst. Atme bewusst und beobachte dabei, was du spürst. Atme mit diesem Gefühl, führe ihm Luft zu und stoße sie dann kräftig aus. Ist das angenehm oder löst es in deinem Körper eine unangenehme Empfindung aus? Wie auch immer es sich anfühlt, atme und spüre weiter. Gib deinen Empfindungen Raum, lasse sie zu. Versuche nicht, sie zu unterdrücken oder zu bewerten. Gib ihnen einfach Raum. Das, was du jetzt fühlst, muss erlebt und beachtet werden. Öffne dich ihm …

Solltest du irgendwann in dir Gewalt, Aggressivität, Zorn oder Wut auf deine Tochter oder deinen Sohn verspürt haben, kehre zurück zu diesem Moment. Atme weiter tief und bewusst und nimm Verbindung auf zu diesem Moment, zu dieser Wut, die Besitz von dir ergreift. Ich weiß, dass es dir möglicherweise schwerfällt. Es könnte aufwühlend sein, daran zu denken und die Wut noch einmal zu erleben. Aber selbst wenn die Erinnerung an jenen Moment unangenehm ist, frage dich: Was kann ich aus dieser Erfahrung lernen? Was von mir selbst kommt darin zum Ausdruck? Bleib in der Stille, öffne dich und lass die Antworten, die jetzt kommen, ihren Platz finden.

Wir müssen unserer Intuition Raum geben und auf sie hören, damit sie uns helfen kann.

Einen Tiefpunkt erreichen

Manchmal erlangt man an einem Tiefpunkt plötzlich Klarheit über wichtige Themen und erreicht einen Wendepunkt. Ich glaube, bei mir geschah das an einem Montag. Seit ein paar Tagen herrschte zu Hause Heavy-Metal-Stimmung – wenn du weißt, was ich meine. Ein Wutausbruch folgte auf den anderen, und ich wartete auf das Abziehen des Unwetters.

Ich war schwanger. Das erwähne ich hier nur kurz. Später werde ich näher darauf eingehen, wie man mit Wutanfällen umgehen kann, wenn man ein weiteres Kind erwartet. Ich war also schwanger, müde und gereizt. An diesem Tag trieb meine Tochter es auf die Spitze: Sie kreischte, schmiss Sachen zu Boden, versuchte, mich zu treten, und weinte lange. Ich war buchstäblich mit den Nerven am Ende.

Da merkte ich, wie DAS in mir aufstieg, eine Aggressivität, die ich mit aller Macht zurückhielt, bis ich schließlich restlos erschöpft war. Als alles vorbei war, war ich erledigt und versank in abgrundtiefer Traurigkeit. Ihr Vater kam von der Arbeit, sodass ich das Haus verlassen konnte. Ich brauchte einfach für eine Weile Abstand von diesem Ort. Eigentlich brauchte ich Abstand von meiner Tochter. Ich konnte nicht mehr, ich fühlte mich körperlich, geistig und emotional völlig ausgelaugt. Ich rief meine Mutter an und fragte, ob ich bei ihr und meinem Stiefvater vorbeikommen könne. „Komm", sagte sie, als sie mein „Ich kann nicht mehr" hörte.

Die beiden erwarteten mich in ihrem Wohnzimmer. Ich setzte mich aufs Sofa und brach in Tränen aus. Ich fühlte mich schrecklich ohnmächtig. Ich erzählte ihnen, was passiert war. Ich schilderte die vielen Wutausbrüche der Kleinen in den letzten Tagen und wie schlecht wir uns alle fühlten. Und dann kam ich zu dem Punkt, der mir wirklich wehtat, nämlich mir eingestehen zu müssen, dass ich in diesen Konfliktmomenten meine Tochter und mich selbst verabscheute.

Als ich es laut aussprach, klang es so entsetzlich, dass ich gleich wieder in Tränen ausbrach. Ich verabscheute meine Tochter für das, was sie tat, für das, was ich empfand, wenn sie ausrastete. Und weil sie einfach mit nichts zufrieden zu sein schien. Weil sie nicht verstand, dass ich schwanger und müde war, dass ich Ruhe und Entspannung brauchte. Und mich selbst verabscheute ich, weil ich ihr Verhalten so persönlich nahm. Weil ich glaubte, zu versagen und eine schreckliche Mutter zu sein, die ihre Tochter hasst. Weil ich nicht wusste, wie ich ihr helfen sollte. Weil ich spürte, dass nichts von dem, was ich gelesen hatte, mir etwas nützte. Weil ich in einer Sackgasse steckte.

„Weine ruhig", hörte ich, während ich von Schluchzern geschüttelt wurde. Was die beiden außerdem noch sagten, weiß ich nicht mehr. Aber ich erinnere mich gut an das Gefühl, verstanden und nicht verurteilt zu werden. Ich erinnere mich, dass sie mir erlaubten, überfordert zu sein, Sachen zu sagen, die ich nicht wirklich dachte, meine Tochter zu verabscheuen, mich selbst fertigzumachen. Sie gaben mir den emotionalen Raum, in dem ich allen Schmerz und alles Unbehagen loswerden konnte.

Und sie taten es mit nur wenigen Worten und ohne zu werten. Sie waren nicht verletzt oder gekränkt, nicht mal beunruhigt, weil ich so von ihrer Enkelin sprach. Sie ließen mich einfach von meiner miserablen Verfassung erzählen. Eine Stunde lang saß ich bei ihnen und weinte die ganze Zeit. Danach lachten wir und ich ging zurück nach Hause, erschöpft, aber in sehr viel besserer Stimmung.

> *» Dieser Abend war entscheidend. Mein Tiefpunkt war zugleich ein Wendepunkt. Erst nach einer Weile merkte ich, wie wichtig er gewesen war.*

Und nun begann ich, die Dinge richtig einzuordnen und in allem Gesagten, Erlebten, Gelesenen einen Sinn zu entdecken. Endlich passte alles zusammen.

Das geschah nicht von jetzt auf gleich. Aber ich kann dir versichern: Dieser Abend hat sich mir als einer der wichtigsten in meinem Leben als Mutter eingeprägt. Mein Gott, wie sehr habe ich an diesem Tag gelitten! Und wie gut und wie wunderbar, dass meine Tochter mich an diesen düsteren, schrecklichen Ort geführt hat, in meine eigene Hölle.

Hätte sie es nicht getan, hätte es diese Stunde bei meinen Eltern nicht gegeben, ich wäre nicht zu dieser tiefen Einsicht gelangt und hätte meiner Tochter nicht helfen können. Weder ihr noch heute ihrer kleinen Schwester. Mit einem anderen Wissen, einer anderen Perspektive.

Ich weiß nicht, ob du schon in deine eigene Hölle hinabgestiegen bist. Ich hoffe, das wird gar nicht nötig sein und du kannst mithilfe meines Tiefpunkterlebnisses und dem, was ich dir erzählt habe und noch erzählen werde, dein Kind mit einer anderen Einstellung erziehen. Ich hoffe, du brauchst nicht so zu leiden wie ich, sondern kannst die kindlichen Wutausbrüche verstehen und gelassener, achtsamer und schmerzfrei mit ihnen umgehen.

Was ist an jenem Abend so Entscheidendes passiert? Im Grunde nur, dass meine Mutter und ihr Mann mir erlaubt haben, so zu sein, wie ich bin, zu fühlen, was ich fühlte. In keinem Moment habe ich bei ihnen die Absicht oder den Wunsch verspürt, die Situation, das Hier und Jetzt zu ändern. Sie haben auch keine Lösungen vorgeschlagen, haben mir keine Ratschläge gegeben oder Dinge wie „Kopf hoch!“ gesagt. Die hätten mir an dem Abend auch gar nicht geholfen.

Ich fühlte mich ganz einfach geliebt, sogar an meinem Tiefpunkt, in meinem Inferno, in meiner schlimmsten, schmerzlichsten Dunkelheit.

> ❞ *Ich fühlte mich akzeptiert, obwohl ich harte Sachen sagte, obwohl ich zugab, dass ich nicht die Mutter war, die ich sein wollte.*

Sie hörten mir aufmerksam zu, mit Empathie, ohne über mich zu urteilen. Sie akzeptierten jedes meiner Worte und alle meine Tränen. Und genau das brachte die Wende, durch die sich alles änderte. Weil sie mich so behandelten, wie meine Tochter behandelt werden wollte. Das hatte ich aber in jenen Momenten nicht verstanden. Ich hatte nicht begriffen, dass es manchmal nicht reicht, nachzugeben oder Nein zu sagen. Manchmal braucht man nichts zu ändern und nichts zu sagen. Manchmal geht es nur darum, zu verstehen, zu akzeptieren und zu unterstützen. Darum, das Hier und Jetzt ganz und gar zu akzeptieren, und zwar nicht passiv, wie jemand, der das Handtuch wirft, sondern es bewusst und verständnisvoll anzunehmen und sich nicht länger gegen das zu wehren, was ist.

Meine Eltern wollten an jenem Abend das, was ich gerade durchmachte, nicht verändern oder abmildern. Sie wollten sich auch nicht einmischen, um mir in meinem Dilemma zu Hilfe zu kommen. Sie akzeptierten, was war, und ließen meine Emotionen ohne jeden Widerstand zu. Und genau das brauchen unsere Kinder. Dass wir erst einmal verstehen, was ein Wutanfall ist (darauf werde ich im Folgenden eingehen), und dass wir den Moment so annehmen, wie er ist, egal ob Wut im Spiel ist oder nicht.

» Es fällt immer schwer, sich von rosaroten Erwartungen zu verabschieden und die Gegenwart zu akzeptieren. Das Bedürfnis, jede Situation zu kontrollieren, führt jedoch nur dazu, dass man im Moment eines Wutausbruchs das Leiden noch vergrößert.

Zurück zu jenem Abend: Genau wie meine Tochter war ich wutgeladen. Doch meine Eltern verhielten sich mir gegenüber völlig anders, als ich mich gegenüber meiner wutentbrannten Tochter verhielt. Ich konnte ihre Wut nicht akzeptieren. Ich wollte etwas an diesen Ausbrüchen ändern, ich ertrug sie nicht. Ich wollte nicht, dass meine Tochter Tobsuchtsanfälle bekam, ich wollte, dass sie meinen Standpunkt verstand und annahm, dass sie gehorchte. Das war der Unterschied. Wichtig war im Grunde nicht das, was sie tat, sondern dass ich mit einer falschen Einstellung damit umging. Und diese Einstellung vergrößerte nur unser beider Schmerz und die Distanz zwischen uns. Und das wiederum verstärkte Laias Unbehagen, und die Wutanfälle nahmen weiter zu.

Wir werden uns in diesem Buch detailliert mit all diesen Themen befassen und mit der Frage, wie wir mit den Wutanfällen unserer Kinder umgehen. Doch zuallererst müssen wir ein paar Dinge begreifen. Wir müssen wissen, worum es geht und worüber wir hier sprechen.

★ Moment mal …

Nach der Lektüre des vorangegangenen Teils schlage ich dir vor, eine kleine Pause einzulegen und in dich hineinzuhorchen. Nur so kannst du bestimmte Zusammenhänge erkennen, Verbindung mit dir selbst aufnehmen und Dinge begreifen. Achte erneut auf deine Atmung. Beobachte, wie der Atem fließt, wie Luft in deinen Körper hinein- und wieder aus ihm herausströmt. Versuche, verspannte Körperregionen zu lockern, lass mit jedem Ausatmen mehr los und entspanne dich.

Beobachte nun genau, wie du dich nach der Lektüre des Vorangegangenen fühlst. Ich habe von einem Tiefpunkt gesprochen. Vielleicht hast auch du irgendwann einen solchen Punkt erreicht. Mit deinen Kindern oder in einer anderen Situation, als du noch keine Kinder hattest. Hat sich während des Lesens ein bestimmtes Gefühl in dir geregt? Versuche, dich an die auslösende Situation zu erinnern. Hat es dir etwas gebracht, diesen Tiefpunkt zu erreichen? Ich weiß, es ist nicht angenehm, an einen Tiefpunkt zu gelangen. Es tut weh und ist schwer auszuhalten. Aber oft wachsen wir gerade durch Schmerzen, oft sind sie es, die Veränderungen anstoßen. Was nicht heißt, dass wir uns nicht auch in Zeiten des Glücks und der Zufriedenheit verändern und weiterentwickeln können. Aber Schmerz wirkt sehr viel intensiver und kann eine Art Pforte sein. Er kann einen starken Eindruck hinterlassen und dadurch in unserem Leben eine Wende einleiten.

Wenn wir einen Tiefpunkt als solchen erkennen und uns den Weg dorthin vor Augen führen, kann uns das enorm weiterhelfen. Nicht nur im Hinblick auf das, was uns noch zu tun bleibt, sondern weil uns dabei klar wird, was jener Moment für uns bedeutet hat. So können wir ihm sogar dankbar sein. Und so wird aus der schmerzlichen, leidvollen Energie eine Energie der Dankbarkeit, Freude und Annahme des aufschlussreichen Augenblicks. Suche in deinen Erinnerungen nach diesen Momenten und würdige sie so, wie sie es verdienen. Sie haben dich zu dem Menschen gemacht, der du heute bist, und ich bin sicher, dass sie dich vieles gelehrt haben. Atme ganz bewusst ein und aus und würdige sie. Diese Momente gehören zu dir.

zwei

Was ist ein Wutanfall?

Der Wutanfall (oder Wutausbruch oder Ausraster, nenne ihn, wie du willst) ist Ausdruck eines starken Unbehagens, das sich in Form einer Explosion Luft macht. Mal steckt Frustration dahinter, mal Zorn oder Eifersucht, aber auch Müdigkeit, Hunger usw. Man könnte annehmen, das Kind ärgert sich einfach nur, doch es ist mehr als das. Was einen Wutanfall von bloßem Ärger unterscheidet, ist die Art, wie sich die Gefühle manifestieren – das Verhalten des Kindes, das ganz und gar von diesem Ausbruch bestimmt ist.

Falls dein Kind noch nicht in der Phase ist, in der solche Anfälle auftreten, oder du keine Kinder hast, hast du vermutlich trotzdem schon mal irgendwo einen kindlichen Wutanfall miterlebt, eine dieser völlig verrückt erscheinenden Szenen, bei denen viele kinderlose Erwachsene denken: „Sollte ich mal Kinder haben, werde ich so etwas unter keinen Umständen durchgehen lassen." Oder: „Das kommt davon, wenn Eltern ihrem Kind keine Grenzen setzen."

Kleiner Einschub: Wir alle wissen immer ganz genau, wie man mit Wutausbrüchen umgeht, solange wir noch mit keinem konfrontiert waren. Später sieht die Sache dann anders aus. Aber was genau macht ein Kind, das von einem Wutanfall gepackt wird? Alles Mögliche. Es kann sein, dass es sich hinwirft und mit den Beinen strampelt, dass es sogar versucht, sich selbst wehzutun.

» *Von außen betrachtet gleicht ein Wutanfall, salopp formuliert, einer Art Kurzschluss.*

Plötzlich ist das Kind für nichts mehr zugänglich, weder für Worte noch für Gesten, und nimmt auch keine Hilfe an. Es scheint, als würde es sich von der Welt abkapseln und hätte Mühe, zu ihr zurückzufinden, wieder mit ihr in Kontakt zu treten. Es explodiert und macht dabei alles Mögliche, um die Energie, die es in sich hat und derentwegen es sich so schlecht fühlt, herauszulassen.

Die Erregung, die es empfindet, ist so stark und überwältigend, dass es, da es in seinem Alter noch nicht über Selbstkontrolle verfügt, einfach explodiert. Wenn Kinder vor Wut explodieren, leiden sie. Sie machen es nicht extra und wollen einen damit auch nicht ärgern. Sie leiden und fühlen sich sehr schlecht. Erwachsenen fällt es manchmal schwer zu verstehen, dass Kinder tatsächlich leiden, wenn sie sich derart aufführen. Denn manchmal lacht ein Kind nach relativ kurzer Zeit schon wieder. Da wir selbst, wären wir auf diese Weise explodiert, nicht so schnell wieder lachen würden, denken wir, sie würden uns womöglich mit ihrem Wutanfall, ihrem Kreischen und Heulen, auf den Arm nehmen.

Kinder erleben die Gegenwart intensiv, nicht wie wir Erwachsenen. Wenn sie explodieren, dann gewaltig, und dabei geht es ihnen gar nicht gut. Das heißt aber nicht, dass sie, wenn der Wutanfall vorbei ist, wenn sie geweint haben und getröstet wurden, nicht auch wieder lachen könnten. Im Grunde erleben unsere Kinder Emotionen auf eine viel gesündere Art als wir: Sie erlauben sich, sie auszuleben, und können, wenn alles vorbei ist, das Kapitel abschließen. Wie oft dagegen sind Erwachsene in einem Zorn gefangen, den sie tage-, wochen-, monate- oder sogar jahrelang nicht wirklich zu spüren wagen!

Wenn ich dir sage, dass Kinder leiden, dann nicht, damit du Mitleid mit ihnen hast, geschweige denn dich schuldig fühlst. Ich sage es dir, damit du dich im Bewusstsein ihres Erlebens und ihres Schmerzes mit ihnen verbinden kannst. Auch damit dir bewusst wird, dass Wutanfälle etwas Normales sind und Kinder darunter leiden. Kinder haben unbefriedigte Bedürfnisse und bringen dies zum Ausdruck, damit wir uns darum kümmern. Es ist wichtig, das zu verstehen, denn nur wenn uns klar ist, worum es bei Wutanfällen geht und was Kinder damit ausdrücken, nur wenn wir das, was sie fühlen, als gerechtfertigt anerkennen, werden wir sie, ohne sie zu verurteilen, liebevoll, mitfühlend und selbstbewusst begleiten können.

Kann man Wutanfälle verhindern?

Ja, einige zweifellos. Wenn dein Kind hungrig und müde ist, weil ihr gemeinsam unterwegs wart, du nicht gemerkt hast, dass es spät wurde, und jetzt weit und breit kein Restaurant in Sicht ist, wo ihr etwas essen könntet, ja, dann hätte der Wutanfall natürlich verhindert werden können. Nicht nur das, sondern er hätte verhindert werden müssen.

Manche kindlichen Wutanfälle sind vermeidbar, da sie die Folge eines unbefriedigten primären Bedürfnisses wie Hunger, Müdigkeit oder Erschöpfung usw. sind. Entsprechende Situationen kann man zweifellos im Voraus umgehen, indem man daran denkt, etwas zu unternehmen, bevor es zum Schlimmsten kommt (dem Kind zum Beispiel etwas zu essen gibt, bevor es allzu hungrig wird).

Aber es gibt auch Wutausbrüche, die sich nicht verhindern lassen und die man auch nicht verhindern muss. Manchmal ereignen sie sich, weil sich ein emotionales Unbehagen Luft machen muss. Zum Beispiel weil Kinder eifersüchtig sind, weil etwas nicht so wird, wie sie wollten, und sie enttäuscht sind, oder weil sie die Welt, die sie umgibt, nicht verstehen, weil sie nicht mehr weiterwissen und ihnen alles zu viel wird. Auch das ist in Ordnung. Sie müssen diese Emotionen erleben und mit ihnen zurechtkommen, das ist ein Gesetz des Lebens.

Zwischen zwei und sechs Jahre alt zu sein, ist bestimmt alles andere als einfach. Ein Kind in diesem Alter hat nur ein begrenztes Verständnis von der Welt, und unsere Welt ist nun mal ziemlich verrückt. Dass die eigenen Eltern so viele Stunden arbeiten gehen, dass man eigentlich mit ihnen zusammen sein will, es aber unmöglich ist, dass sie, wenn sie da sind, lauter Dinge im Haus erledigen müssen und nicht mit einem spielen, und wenn, dann viel zu kurz, dass man außerdem alle möglichen Anweisungen bekommt, zu essen, zu baden, schlafen zu gehen usw., all das auszuhalten, muss wirklich schwierig sein. Und nicht nur aus den genannten Gründen, sondern noch aus vielen anderen. Hast du dich mal in dein Kind und seinen Alltag hineinversetzt? Wirklich hineinversetzt? Denn wenn man das tut und versucht, die Welt aus der Perspektive der Kinder und mit ihrer Logik zu sehen, fühlt man sich sehr schnell genauso frustriert wie sie.

Aber nicht nur, dass sich die Außenwelt stark von dem unterscheidet, was sie innerlich erleben und fühlen. Ihr Innenleben begreifen sie ebenso wenig. Sie sind noch unreif, ihre Entwicklung schreitet in schwindelerregendem Tempo voran und dabei verändern sie sich alle naselang, müssen vieles verdauen und verarbeiten. Das ist, weiß Gott, aufregend, zugleich aber auch beängstigend. Oh nein, in ihrer Haut zu stecken, ist ganz sicher nicht einfach. Es wäre sehr nützlich, wenn wir uns daran erinnern könnten, wie wir uns in ihrem Alter gefühlt haben; dann könnten wir uns verbunden fühlen. Aber die meisten Menschen können sich an kaum etwas aus dieser Zeit erinnern, und was sie behalten haben, sind nur flüchtige Erinnerungen oder Geschichten, die auf die Erzählungen anderer oder auf Fotos zurückgehen.

» Ich möchte dich dazu anregen, dich an deine Kindheit zu erinnern, damit du mehr Empathie für dein eigenes Kind aufbringen kannst.

Versuche, die Gefühle zurückzuholen, mit denen du zum Beispiel als fünfjähriges Kind zum Kindergarten gegangen bist. An manches können wir uns nicht erinnern, weil wir es unbewusst lieber vergessen wollten, eben weil es für uns so schwierig war. Das ist normal. Die frühe Kindheit ist nicht einfach, da etliche Veränderungen stattfinden und man mit viel Unreife, mit der Abhängigkeit von erwachsenen Bezugspersonen und zahlreichen Bedürfnissen konfrontiert ist. Das erklärt die Verletzlichkeit und das Ausgeliefertsein eines Kindes.

★ Moment mal …

Ich möchte dir anbieten, einen Moment innezuhalten und Verbindung zu deinem Körper aufzunehmen. Um unsere Kinder wirklich bewusst erziehen zu können, müssen unser Geist, unser Körper, unsere Seele und unser Herz Hand in Hand gehen. Deshalb schlage ich dir vor, dass du jetzt bewusst auf deine Atmung achtest: Beobachte, wie die Luft in deinen Körper hinein- und aus ihm herausströmt und wie sie innere Räume füllt. Konzentriere dich auf deinen Bauch, auf deine Brust, beobachte, wie sich durch das Ein- und Ausströmen der Luft diese Regionen weiten und wieder zusammenziehen.

Wenn du entspannt bist, schließe die Augen und versuche, dich mit jener Kindheitsphase zu verbinden, die auch du erlebt hast. Als du klein warst und du dich bestimmt auch verletzlich oder abhängig gefühlt hast und du die Welt, die dich umgab, einfach nicht verstanden hast. Ich möchte dich dazu anregen nachzuspüren, ob du dich an irgendetwas von damals erinnerst. Falls ja, was ist es? Welches Gefühl löst die Erinnerung in dir aus? Höre auf deinen Körper, hat sich etwas geregt? Falls ja, atme, lass es zu, erlaube ihm, sich zu manifestieren, und horche aufmerksam hin. Vielleicht entdeckst du dabei etwas, das beachtet werden möchte.

Begib dich auf eine Zeitreise, um besser mit dem Kind in Verbindung treten zu können, das du einmal warst, und dich so auch stärker mit dem zu verbinden, was dein Kind derzeit empfindet. Erinnerst du dich daran, wie du damals die Welt erlebt hast? Erinnerst du dich daran, ob du sie verstanden hast? Weißt du noch, wie du dich gefühlt hast?

Bleib in der Stille und nimm das Kind an, das du einmal warst, mitsamt all seinen Gefühlen und Empfindungen. Sie waren völlig in Ordnung und legitim.

Normal oder unnormal – die Erschöpfung der Eltern

Als meine Tochter zum ersten Mal einen Wutanfall bekam, war ich total baff. Noch nie hatte sie sich so verhalten. Ich wusste mir fast nicht zu helfen. Ich verstand nicht, warum sie wegen einer unbedeutenden Kleinigkeit (so kam es mir jedenfalls in dem Moment vor) derart tobte. Aber ich fand eine Erklärung dafür. Möglicherweise lag es daran, dass sie müde und hungrig war.

Vielleicht würde so etwas ja nie wieder vorkommen, dachte ich. Fehlanzeige. Natürlich kam es wieder vor. Natürlich haben Kinder mehr als ein- oder zweimal einen Wutanfall. Wenn sie aber oft derart ausrasten, fragen wir uns, ob das noch normal ist. Das Konzept der Normalität beschäftigt Eltern immer sehr: Ist das, was mein Kind macht, normal? Ist es normal für sein Alter? Ist mein Kind normal?

Natürlich kam mir der erste Wutanfall meiner Tochter nicht normal vor, ganz einfach, weil sie noch nie einen gehabt hatte und wir deshalb solche Ausbrüche überhaupt nicht gewohnt waren. Zum Glück wusste ich damals schon einiges über Kinder und mir war klar, dass viele Kinder sich in diesem Alter so verhalten wie meine Tochter in diesem Moment.

Tatsächlich ist es so, dass der Begriff Normalität uns entspannt.

Zu wissen, dass wir als Eltern nicht die einzigen Pechvögel sind, die versuchen (und es manchmal nicht schaffen), mit der gewaltigen Wut ihres Kindes zurechtzukommen, verleiht uns eine gewisse innere Ruhe.

Und glaub mir, in solchen Fällen hilft einem alles, was beruhigt. Doch befassen wir uns für einen Moment etwas näher mit dem Konzept der Normalität, denn dahinter verbirgt sich noch etwas anderes: die Tatsache, dass wir uns sehr oft mit anderen vergleichen.

Vergleiche anzustellen ist allerdings gefährlich. Wenn Kinder anderer Leute etwas tun, was wir nicht in Ordnung finden, fällt unser Vergleich positiv aus. Wie gut wir doch sind, denken wir, und fühlen uns besser. Wenn aber das Gegenteil eintritt (dass Kinder anderer Leute Dinge tun, von denen wir uns wünschen, unser Kind täte sie, was aber nicht der Fall ist), kann uns das zur Verzweiflung bringen. Dann fühlen wir uns im Abseits und all unsere Ängste brechen über uns herein. Was die anderen Kinder tun, betrachten wir als normal, unser Kind dagegen als „sonderbar“ (weil wir das, was es tut, oft mit ihm selbst verwechseln).

Doch wer entscheidet, was normal ist und was nicht? Zwar gibt es Dinge, die üblicher sind als andere, aber vermutlich sind wir uns darin einig, dass normal oder unnormal eher abstrakte und schwer definierbare Begriffe sind, oder? Zudem hängen sie davon ab, welche Informationen wir zu einem bestimmten Thema haben und an welchem Modell wir uns orientieren. Wenn man zum Beispiel den Umgang mit Kindern nicht gewohnt ist und nicht weiß, dass sie in frühen Jahren eine sehr egozentrische Phase durchlaufen, denkt man womöglich, es sei nicht normal, dass sich das eigene Kind egozentrisch verhält. Dabei ist gar nichts Sonderbares daran.

Dass kleine Kinder Wutanfälle haben, ist durchaus üblich. Aber auch Kinder, bei denen das nur selten vorkommt, sind deshalb nicht unnormal.

» *Jedes Kind ist so, wie es gerade ist, vollständig, einzigartig und perfekt. Verbinden wir uns mit ihnen und hören wir auf, uns mit anderen zu vergleichen.*

Denn hinter Vergleichen verbergen sich unbewusste Gefühle von Mangel und Fehlendem. Wir vergleichen uns, um uns besser zu fühlen oder besser zu sein – als wären wir so, wie wir sind, nicht gut genug, als würde uns etwas fehlen.

Man sagt, Vergleiche anzustellen, sei hässlich. Wahrscheinlich weil Vergleiche immer schmerzhaft sind. Weil sie uns in besser und schlechter unterteilen, in dich und mich. Im Grunde unterscheiden wir uns ja gar nicht so sehr voneinander. Schmerz resultiert fast immer aus Trennung. Wenn wir uns vergleichen, vollziehen wir eine Trennung: Wir trennen uns von denen, mit denen wir uns vergleichen. Und wenn wir unser Kind vergleichen, trennen wir uns auch von ihm, weil wir uns von dem Kind lösen, das es in seinem tiefsten Inneren ist. Dem Kind mit seinen Rhythmen, seiner Entwicklung, seinem Reifegrad, seinem Hier und Jetzt, seiner Geschichte, seinem Gepäck, seinen Erfahrungen und seinem Auf-der-Welt-Sein. Kinder miteinander zu vergleichen, ist aber durchaus üblich. Ich glaube, alle machen das. Wir leben seit ewigen Zeiten mit diesen Trennungen und Vergleichen, und vielleicht sollten wir langsam mal damit aufhören. Wir sollten Kinder so sehen, wie sie sind: besonders und einzigartig. Und auch uns selbst sollten wir so sehen. Vielleicht gibt es schon viel zu viel Trennung auf dieser Welt und es wird Zeit, dass wir anfangen, uns alle als Teil einer Einheit zu sehen.

★ Moment mal …

Schließe genau wie beim letzten Mal für einen Moment die Augen und spüre nach, wie sich Vergleiche für dich anfühlen. Achte zunächst auf eine bewusste Atmung und beobachte, wie die Luft in deinen Körper ein- und aus ihm herausströmt. Versuche, dich zu entspannen, während du dich tief und aufrichtig mit deinem Körper verbindest.

Jetzt schlage ich dir vor, deine Aufmerksamkeit auf dein Empfinden zu lenken. Haben sich bestimmte Emotionen in dir geregt, als du den Abschnitt über Vergleiche und über Normalität und Anomalie gelesen hast? Falls du mit Ja geantwortet hast, atme und spüre dabei das, was sich geregt hat. Akzeptiere, dass es sich gemeldet hat, und heiße es willkommen, denn vielleicht will es dir etwas sagen und will beachtet werden. Falls es ein angenehmes Gefühl ist, genieße es in vollen Zügen. Falls es unangenehm ist, atme tief ein und aus und erlaube diesem Augenblick so zu sein, wie er ist, ohne zu versuchen, das, was da hochgekommen ist, abzuwehren.

Nun versuche, folgende Fragen zu beantworten: Vergleichst du dich mit anderen? Vergleichst du dein Kind mit den Kindern anderer Leute? Warum sind diese Vergleiche für dich wichtig? Geben sie dir Sicherheit? Lass uns etwas tiefer bohren: Versuche, dich zu erinnern, ob dein Vater und deine Mutter dich mit anderen verglichen haben. Hattest du irgendwann das Gefühl, dass das, was du tust oder bist, bei dir zu Hause nicht als normal betrachtet wurde?

Die Antworten auf diese Fragen können dir helfen, dir über einiges klar zu werden und ein anderes Verhältnis zu Vergleichen und zum Begriff Normalität zu bekommen. Sicher wird dir das helfen, dich ehrlicher, bewusster und erfüllender mit deinem Kind zu verbinden.

Wutausbrüche: ab wann und bis wann?

Kommt darauf an. Für gewöhnlich erleben die meisten Kinder etwa im Alter von zwei Jahren ihre ersten Wutausbrüche. Aber es gibt auch Kinder, die schon mit achtzehn Monaten auf ähnliche Weise zornig werden, und wieder andere, die, bis sie drei oder vier Jahre alt sind, keinen einzigen Wutanfall hatten. Wie immer spielen verschiedene Umstände eine Rolle, doch in den meisten Fällen beginnen die Wutanfälle etwa im Alter von zwei Jahren.

Oft erreichen mich Mails dieser Art: „Mein Sohn steckt mitten in der Trotzphase. Wie lang wird sie dauern?" Eltern wollen sichergehen, dass das, was mit ihrem Kind los ist, irgendwann endet. Aber bis wann diese Phase dauert, ist schwer zu sagen. Es hängt vom Charakter des Kindes ab, davon, ob es besser oder schlechter mit seinem Zorn umgehen kann, wie sehr es schon die Fähigkeit zur Selbstkontrolle entwickelt hat, wie wir es beim Umgang mit seinen Gefühlen begleiten und vielem mehr.

›› Meistens gibt es in der Trotzphase einen Höhepunkt, nach dem die Wutanfälle wieder abnehmen. Und wenn das Kind fünf oder sechs Jahre alt ist, verschwinden sie ganz oder fast ganz.

Ich stelle mir gerade vor, was du beim Lesen für ein Gesicht machst – vor allem wenn dein Kind erst zwei oder drei Jahre alt ist. Und ich glaube, dich sagen zu hören: „Wie bitte, Míriam? Willst du mir etwa sagen, diese Hölle wird so lange dauern, bis mein Kind sechs ist?" Keine Bange! Hol erst einmal tief Luft und versuche, nicht zu hyperventilieren.

Hier ist meine Antwort: Auf keinen Fall.

›› Wenn du jetzt gerade mehrere Wutausbrüche pro Tag miterlebst, kannst du sicher sein, dass diese Phase eher früher als später vorübergeht.

Aber es wird dann noch zu vereinzelten Wutausbrüchen kommen, in Situationen, mit denen dein Kind noch nicht umgehen kann. Eines ist sicher: Häufigkeit, Dauer und Ursachen der Wutanfälle werden mit der

Zeit variieren. Aber was sich vor allem ändern wird, bist du selbst, deine Art, mit Wutausbrüchen umzugehen und die Gefühle deines Kindes zu begleiten. Denn ich kann dir versichern, dass du bei jedem seiner Wutausbrüche etwas über dich und dein Kind und auch darüber, wie alles ein gutes Ende nimmt, dazulernen wirst. Nun ja, ab und zu wird es dir vorkommen, als sei dein Verhalten richtig schlimm, und es ist gut möglich, dass du dich eine Weile selbst zur Schnecke machen wirst. Aber je älter dein Kind wird und je mehr es lernt, selbst mit seinen Gefühlen klarzukommen, umso mehr wirst auch du dich, als Mutter oder Vater, bei der Begleitung deines Kindes weiterentwickeln.

Es wird also von Mal zu Mal besser werden. Du wirst diese Phase hinter dir lassen und dich eines Tages nicht mal mehr daran erinnern, wie sehr du am Ende warst und dass du dir sogar ein Buch gekauft hast, das ausschließlich von Wutausbrüchen handelte (denen deines Kindes und deinen eigenen).

Wenn dein Kind schon fünf Jahre alt ist und immer noch Wutanfälle bekommt, hast du beim Lesen des Abschnitts über Alter und Dauer der sogenannten Trotzphase vermutlich ebenfalls ein entsetztes Gesicht gemacht. Oder liege ich falsch? Vielleicht hast du gedacht: „Mein Kind wird demnächst sechs, und Wutausbrüche, Schreie und all das sind bei ihm noch an der Tagesordnung. Was haben wir nur falsch gemacht und warum dauert es bei ihm länger als bei anderen Kindern?“

Und schon wieder vergleichst du und denkst in den Kategorien von normal und unnormal. Ja, es gibt Kinder, die bis zum Alter von sechs Jahren Wutanfälle haben, oder die sogar mit sieben noch explodieren. Und es gibt solche, die mit zwei oder drei Jahren noch keine Wutausbrüche hatten und bei denen es erst mit viereinhalb Jahren losgeht. Oder wieder andere, die mit zwei Jahren den Höhepunkt ihrer Trotzphase erreicht und sie mit vier bereits überwunden haben. Siehst du? Alles ist möglich. Viele Faktoren spielen eine Rolle. Ich habe dir erklärt, was das allgemein Übliche ist, doch das bedeutet nicht, dass mit deinem Kind etwas nicht stimmt.

Du kennst dein Kind am besten und wirst wissen, was los ist und warum es mit sechs Jahren immer noch Wutanfälle bekommt. Vielleicht ist es emotional noch sehr unreif, vielleicht hat es einen besonders starken Willen, vielleicht hat es in deiner Familie erlebt, dass auch Erwachsene Wutanfälle bekommen, wenn etwas nicht so läuft, wie sie wollen. Oder vielleicht liegt es daran, dass du lange Zeit nicht wusstest, wie du Grenzen setzen sollst, und aus Unsicherheit nachgegeben hast, wenn dein Kind vor Wut tobte; dann hatte es möglicherweise das Gefühl, nur mit Wutausbrüchen das zu erreichen, was es will. Oder aus tausend anderen Gründen.

Möglicherweise ist dir die Ursache ein völliges Rätsel. Das kann sein und ist überhaupt nicht schlimm. Erlaube dir einfach, für Erklärungen offen zu sein, Verbundenheit zu schaffen und nachzuforschen.

Mit der Zeit wirst du sehen, dass du von Mal zu Mal besser verstehst, was womöglich in der Vergangenheit schiefgelaufen ist (falls überhaupt etwas schiefgelaufen ist) und wie ihr in Zukunft mit der Situation zurechtkommen könntet. Oder vielleicht wird dir ganz einfach klar, dass dein Kind schon immer seinen eigenen langsameren oder bedächtigeren Rhythmus hatte und deshalb seinem eigenen Weg folgt. Falls du beim Lesen dieses Buches schließlich merkst, dass in den letzten Jahren tatsächlich etwas schlecht gelaufen ist, mach dir keine Sorgen. Oft werde ich gefragt: „Kann man es denn wieder hinkriegen?" Dann antworte ich immer: „NATÜRLICH! Ihr könnt es wieder einrenken, wieder Verbindung mit eurem Kind aufnehmen, den richtigen Weg wiederfinden – und bestimmt wird sich dann die Situation bei euch zu Hause bessern."

Wie auch immer, atme tief durch. Über Zeiträume oder ein „Bis wann?" nachzudenken, ist eine heikle Sache, denn es bedeutet, dass du deine Erwartung an einen bestimmten Zeitpunkt knüpfst und dann garantiert frustriert bist, wenn sich diese Erwartung nicht erfüllt. Natürlich darf man nach etwas suchen, an dem man sich festhalten kann, weil das, was man erlebt, einem zu schaffen macht. Aber denk daran: Wenn du deine Erwartungen an einen bestimmten Zeitpunkt knüpfst, sagst du dir gewissermaßen auch, dass das, was du hier und jetzt erlebst, nicht wichtig, nicht wertvoll ist.

> » *Wir setzen uns oft Fristen, um beruhigt und glücklicher zu sein, um entspannter zu leben, und vergessen dabei, dass die eigentlich wichtige Aufgabe darin besteht, seinen Frieden in dem zu finden, was hier und jetzt geschieht.*

Eine wirklich bedeutende Veränderung tritt ein, wenn es einem gelingt, den gegenwärtigen Moment (wie auch immer er aussieht) zutiefst zu akzeptieren, damit daraus auch ein Moment des Lernens, des Wachsens und der Entwicklung wird. Deshalb kommt es nicht so sehr auf den Zeitpunkt an oder darauf, ob dein Sohn genau mit sechs Jahren keine Wutausbrüche mehr erlebt, ob deine Tochter vielleicht mit vier Jahren mehr auf dich hört und für dich die schwierige Phase vorbei ist. Wichtig ist, dass auch du, falls dein Kind gerade in der Trotzphase steckt, es schaffst, dein Hier und Jetzt (und das deiner Familie) ganz bewusst zu erleben, und dabei versuchst, von der gegenwärtigen Situation, von dir und deinem Kind so viel wie möglich zu lernen. Wichtig ist, dass du aus dieser Situation, die du womöglich als hart und unangenehm erlebst, eine Zeit des Wachsens, der Bewusstseinserweiterung und der Entwicklung machst, von der nicht nur du selbst profitierst, sondern auch dein Kind und alle anderen um euch herum.

Wir Väter und Mütter neigen dazu, auf künftige Zeitpunkte zu schauen. Haben wir ein zwei Monate altes Baby, wollen wir, dass es sich schon auf den Kinderstuhl setzt. Wenn es dann so weit ist, wollen wir, dass es schnell anfängt zu krabbeln. Kaum krabbelt es, fragen wir uns schon, wann es wohl laufen wird. Tut es das schließlich, wollen wir, dass es anfängt zu sprechen. Ist es in seiner egozentrischen Phase, wollen wir, dass sie vorübergeht, und hat es sie hinter sich, denken wir sehnsüchtig daran zurück, wie süß es doch mit zwei Jahren war. Unsere zehnjährigen Kinder fragen wir, was sie werden wollen, wenn sie mal groß sind, und wünschen uns, es wäre schon bald so weit, und sind sie dann siebzehn, bereuen wir, es uns gewünscht zu haben.

Selbst wenn es sich komisch anhört, so ist es doch, oder? Leben wir nicht in ewiger Unzufriedenheit mit einer ungeliebten Gegenwart, was uns oft noch nicht einmal bewusst ist? Mit diesem ständigen Blick in die Zukunft, auf das, was wir uns wünschen – als wäre das, was wir haben, immer zu wenig, nie gut genug, nie erfüllend genug?

Wenn wir Mütter und Väter die Dinge so empfinden, vermitteln wir unseren Kindern den Eindruck, sie seien so, wie sie jetzt sind, nicht gut genug und würden uns nicht zufriedenstellen. Sie merken, dass wir mit der gegenwärtigen Situation unzufrieden sind. Und wir lassen sie spüren, dass das Hier und Jetzt nicht gut ist, so als fehlte etwas, als wäre es nicht in Ordnung und als wären folglich auch sie nicht in Ordnung. Dabei sind sie es! Natürlich sind sie es! Aber wir sehen es nicht, weil wir uns dermaßen an das klammern, was uns fehlt und uns daran erinnert, dass etwas nicht genügt, dass wir selbst nicht genügen, dass das, was wir haben, nicht genügt.

Wir projizieren, wir sehnen uns nach etwas in der Zukunft. Oder die andere Seite: Wir vermissen etwas aus der Vergangenheit. In beiden Fällen flüchten wir vor dem, was wir hier und jetzt haben, vor dem, was wir jetzt sind, vor dem, was ist.

Während ich dies schreibe, muss ich tief durchatmen, denn meine Worte spiegeln auch mich selbst wider. Weil auch ich in bestimmten Lebensphasen den Blick stets auf die Zukunft gerichtet habe, nicht um Ziele vor mir zu haben, sondern um vor einem gegenwärtigen Schmerz zu fliehen. Um nicht die Leere zu spüren, die sich vergrößerte, sobald ich mich im Hier und Jetzt mit ihr befasste. Wegen dieser Leere rannte ich einer Zukunft hinterher, in der alle Übel verschwunden wären, in der ich endlich und tatsächlich spüren würde, wer ich wirklich war, in der ich das absolute Glück finden würde.

Jahrelange Arbeit an mir selbst, viel Suchen und Tasten und die eine oder andere Träne haben mir klargemacht, dass das Glück nicht an einem bestimmten Tag im Kalender auf einen wartet und keine Projektion in die Zukunft das, womit man sich in der Gegenwart nicht befassen will, wegblasen wird. Schließlich begriff ich, dass ich erst dann echte Veränderung und tiefes Glück erfahren würde, wenn ich es wagen würde, in mein Innerstes zu schauen und hier und jetzt innezuhalten, um mir der Wunden bewusst zu werden, vor denen ich floh, weil ich sie nicht spüren wollte.

Mir wurde klar, dass ich ja schon ein ganzer Mensch war, dass ich schon glücklich war, dass ich hinter nichts herzulaufen und nichts zu projizieren brauchte.

> ❞ *Mir wurde klar, dass der gegenwärtige Augenblick das eigentliche Eintrittstor zu meinem eigenen Glück war: die wirkliche Verbindung mit der Gegenwart, die alles ist, was wir haben.*

Und als ich das verstanden hatte, konnte ich es auf alles andere übertragen, natürlich auch auf die Erziehung meiner Töchter. Ich wusste nun, dass es darum ging, jeden Moment als einzigartig und nicht wiederholbar zu erleben. Jeden Wutausbruch als Beginn eines Lernprozesses und einer stärkeren Verbundenheit. Jedes Weinen als eine Gelegenheit für uns alle, zu wachsen und uns weiterzuentwickeln. Daraufhin habe ich Terminkalender, Erwartungen und das Bedürfnis, Zeiten und Geschwindigkeiten zu kontrollieren, über Bord geworfen. Ich brauchte das alles nicht mehr, denn wichtig war nur, präsent und offen sein zu können für das, was geschehen würde, ganz egal was.

Eine Freundin von mir sagt jeden Tag: „Universe, show me more!" („Universum, zeig mir mehr!"). Um genau diese Einstellung geht es. Dass das Universum uns in jedem Moment mehr über uns selbst und über andere lehren möge, uns mehr von dem zeigen möge, was wir lernen müssen, mehr von unserem eigenen Weg, mehr von dem, was wir sind, und mehr von dem, was wir tun können.

Nimm also bei jedem Wutausbruch Verbindung zum Universum auf und bitte es: „Show me more!" ;-)

Warum toben sie dermaßen?

Das haben sich fast alle Mütter und Väter der Welt irgendwann gefragt: „Warum tobt mein Kind dermaßen? Warum wird es so wütend?" Manchmal sogar mit der Hand auf der Stirn wie in einer griechischen Tragödie. Denn es gibt wirklich Tage, da hat man den Eindruck, nichts sei ihnen recht, stimmt's? An anderen Tagen läuft alles wie am Schnürchen, sie ärgern sich fast gar nicht. Aber es gibt Tage und sogar ganze Phasen, in denen man das Gefühl hat, alles und jedes löst einen Wutanfall aus. Sie stehen morgens schon wütend auf und gehen abends genauso ins Bett, als wären sie sauer auf das Leben, das sie leben müssen.

Also, Kinder geraten vor allen Dingen in Wut, weil sie klein sind. Und in einer Erwachsenenwelt klein zu sein, ist bestimmt alles andere als einfach. Ich erinnere mich da noch an einiges aus meiner Kindheit, an das meiste aber ehrlich gesagt nicht, und doch kann ich es mir vorstellen.

Für ein Kind muss es schwierig sein, so vieles von dem, was ihm gesagt oder befohlen wird, nicht zu verstehen, da es in seinen Augen nicht viel Sinn ergibt. Oder sich nach Nähe und einem offenen Ohr zu sehnen und es nicht zu bekommen. Oder Dinge tun oder an Orte gehen zu müssen, an die es, wenn es selbst die Wahl hätte, nicht gehen würde. Oder sich immer wieder beeilen zu müssen, wenn sein innerer Rhythmus ein

langsamerer ist. Oder unendlich viel zu empfinden, was es weder benennen noch verstehen noch erklären und verarbeiten kann. Und das sind nur ein paar wenige Beispiele.
Nein, in der erwachsenenzentrierten Welt, in der sich unsere Gesellschaft eingerichtet hat, ein kleines Kind zu sein, ist bestimmt überhaupt nicht leicht.

» Der Rhythmus der Erwachsenen hat nichts mit dem kindlichen Rhythmus gemein. Das allein ist Grund genug für ein Kind, sich gelegentlich unwohl zu fühlen.

Auch der erwachsene Blick kann einiges Unbehagen auslösen: wenn nämlich Erwachsene erwarten, dass Kinder etwas machen, wozu sie noch nicht fähig sind, wenn sie von ihnen verlangen, Dinge zu sagen, die sie nicht sagen können, oder ein Verhalten von ihnen erwarten, das sich nicht automatisch im Zuge des Reifungsprozesses ergibt, usw.

All das und vieles mehr kann dazu führen, dass ein Kind sich schlecht fühlt. Wie du siehst, gibt es zahllose Gründe, warum ein kleines Kind zwischen zwei und sechs Jahren ab und zu wütend wird.

Sicher hast du gemerkt, dass es deinem Kind manchmal besser zu gehen scheint und es viel seltener oder gar keine Wutanfälle bekommt, während zu anderen Zeiten die Ausbrüche kein Ende nehmen. Bei aufmerksamem Hinschauen wirst du feststellen, dass es Gründe für diese Phasen gibt: Das können Kindergarten- oder Schulbeginn und ein entsprechender emotionaler Stress sein, Eifersucht, weil ein Geschwisterkind gekommen ist, häusliche Spannungen wegen eines familiären Problems, plötzliche Veränderungen in gewohnten Abläufen, weil zum Beispiel die Ferien oder eine Reise beginnen, usw.

Ich glaube, das Wichtigste bei allem ist zu verstehen, dass es immer einen Grund gibt, eine handfeste Ursache, warum ein Kind so ist, wie es gerade ist. Denn es rastet nicht aus Lust und Laune aus. Dessen kannst du dir sicher sein. Wenn es sich in einer seiner Wutphasen befindet, die ja in diesem Alter üblicherweise auftreten, gibt es dennoch immer einen (mehr oder weniger erkennbaren) Grund, warum es von seinen Emotionen überrollt wird.

Versteht man dies und versucht, die Ursache seines Unbehagens herauszufinden, kann man sein Kind auch besser begleiten. Erstens ist es für einen selbst hilfreich – denn sobald man die Ursache erkennt, ist man entspannter und kann leichter Empathie aufbringen. Und zweitens hilft es einem, besser mit dem umzugehen, was gerade im eigenen Kind vorgeht.

Was auch immer mit deinem Kind los ist, was auch immer es fühlt und erlebt, die Art, wie du damit umgehst, sollte (im Wesentlichen) immer die gleiche sein. Du solltest dein Kind absolut respektvoll begleiten und ihm helfen, aus seiner Lage herauszufinden. Das sage ich dir aus folgendem Grund: Selbst wenn es so aussieht, als könnten tausend Sachen passieren, und dir die Situation möglicherweise völlig über den Kopf wächst, kann es dir Hoffnung machen zu wissen, dass man mehr oder weniger immer an die gleichen Begegnungspunkte gelangt, an denen wieder Frieden einkehrt. Du brauchst nicht tausend Formen des Umgangs mit Wutausbrüchen zu erlernen, zum Beispiel eine, wenn dein Kind eifersüchtig ist, eine andere, wenn die Schule anfängt, eine dritte, wenn der Großvater krank ist. Dein Verhalten sollte vielmehr immer demselben Muster und derselben Logik folgen. Dann ist alles viel einfacher, als es aussieht. Na ja, zumindest sobald du dir eine bestimmte Verhaltensweise zu eigen gemacht hast. ;-)

Übrigens wird dir, selbst wenn es nicht danach aussieht, das, was ich dir in diesem Buch erzählen werde, nicht nur jetzt nützen, sondern auch später, wenn dein Kind zehn, fünfzehn oder zwanzig Jahre alt ist. Natürlich wirst du dann keine kindlichen Wutausbrüche mehr erleben, aber was ich dir auf den nächsten Seiten erzählen werde, wird dir helfen, dein Kind zu begleiten, wenn es sich schlecht fühlt, besonders aufgewühlt ist oder in einer Krise steckt.

Was verbirgt sich hinter einem Wutanfall?

Eines Tages Ende Oktober bat mich Alba, eine meiner Klientinnen, um Rat. Sie war sehr deprimiert, weil ihr dreijähriger Sohn Arnau sich immer über den Imbiss aufregte, den sie ihm für den Kindergarten mitgab. Jeden Tag bekam er Wutanfälle. Der Konflikt hatte Ende September begonnen. Schon morgens fing er an zu toben, wenn er erfuhr, was seine Mutter ihm als Pausensnack eingepackt hatte. Sie versuchte immer, ihm Dinge mitzugeben, die er gern mochte, aber nichts half. Sobald Arnau erfuhr, was es war, fing das Theater an. Irgendwann geriet er auch im Kindergarten beim Öffnen der Frühstücksbox in Wut. Und Mitte Oktober bekam er außerdem Wutausbrüche, wenn die Mutter ihn mittags abholte. Der Junge behauptete, er sei wütend, weil ihm das, was sie ihm mitgegeben hatte, nicht schmeckte.

Sie hatte alles versucht: gemeinsam mit ihm über den Inhalt der Frühstücksbox zu entscheiden, ihn zu bitten, er solle selbst wählen, aber nichts schien zu funktionieren. Sie hatte keine Chance. Als Alba in meine Sprechstunde kam, war sie fix und fertig. Also sprachen wir darüber, wie es Arnau unabhängig vom Frühstücksthema so ging, darüber, was sich möglicherweise hinter der Wut verbarg.

Nach einer Weile ging der Mutter ein Licht auf: „Er vermisst mich“, sagte sie. Eigentlich wollte Arnau nicht in den Kindergarten gehen, und das Frühstück symbolisierte für ihn das, was er hasste: sich von seiner Mutter trennen und den Vormittag mit vielen Kindern und einer Leiterin verbringen zu müssen, die er noch nicht gut kannte. Der Ärger über das Frühstück war das Symptom, die Ursache aber waren das Vermissen, die Angst wegen der Trennung und die Konfrontation mit dem Unbekannten.

Ich riet Alba, sie solle noch am selben Abend, bevor sie Arnau zu Bett bringe, eine Weile mit ihm reden. Falls er sich aufnahmefähig zeige und offen sei, solle sie ihm sagen, dass sie das Thema Frühstück verstanden habe. Dass es im Grunde gar nicht um das Essen gehe, sondern sich dahinter verberge, dass er nicht in den Kindergarten wolle, um sich nicht von ihr trennen zu müssen. Dass er Angst habe vor allem, was er während der Eingewöhnungsphase im Kindergarten erlebe.

Sie redeten über alles. Alba sagte ihm, seine Gefühle seien verständlich und in Ordnung, und er hörte aufmerksam zu. Nach diesem Gespräch beschwerte er sich nie wieder über das Frühstück, sondern begann zu erzählen, was wirklich an den Tagen los war, an denen er Angst hatte, in den Kindergarten zu gehen.

Dieses Beispiel zeigt deutlich, dass Wutanfälle oft ein Symptom für etwas sind. Die Wut, die das Kind äußert, ist nicht das eigentliche Problem, sondern nur das, was sich davon an der Oberfläche zeigt. Wie bei einem Eisberg sehen wir nur dessen Spitze, sehen nur das, was die Kinder uns zeigen, aber nicht (vor allem nicht, wenn sie klein sind), was darunter liegt, denn das wissen sie selbst nicht.

> ›› *Wir müssen uns also eine spezielle Brille aufsetzen und tiefer blicken, um erkennen zu können, was hinter einem Wutausbruch steckt.*

Möglicherweise ist er die Folge eines unbefriedigten Grundbedürfnisses, vielleicht ist das Kind sehr müde oder hungrig. Oder es kann nicht ungezwungen spielen, sich nicht frei bewegen. Oder es verbringt womöglich zu wenig Zeit mit seinen erwachsenen Bezugspersonen. Aber auch andere Dinge können eine Rolle spielen, tiefere Gefühle, die wir Erwachsenen nicht wahrnehmen.

Ein Kind, das eine kleine Schwester oder einen kleinen Bruder bekommen hat, gerät möglicherweise öfter in Wut als vor der Geburt des Babys, weil es verwirrt oder eifersüchtig ist, weil es seine Eltern vermisst hat, als diese wegen der Entbindung im Krankenhaus waren. Was wir sehen, ist der Wutausbruch, darunter aber liegt viel mehr, und dorthin müssen wir vordringen, um dem Kind helfen zu können. Um ihm nicht nur das Recht an seinem Wutausbruch zuzugestehen, sondern auch an den Gefühlen, die diesen ausgelöst haben.

Viele Eltern fragen mich: „Und was, wenn ich nicht weiß, was los ist, was für Gefühle dahinterstecken?" Das kann durchaus passieren. Mir selbst ist es oft passiert: Ich begriff einfach nicht, was sich hinter der Wut meiner Kinder verbarg. Mit den Jahren merkt man, dass häufig dann, wenn man nicht weiß, was los ist, die Verbindung zu dem Kind nicht eng genug ist, dass man nicht ausreichend verfügbar und zugewandt ist. Der Mensch hat die angeborene Fähigkeit zu spüren, was los ist, wenn er ganz mit dem gegenwärtigen Moment verbunden ist. Wir besitzen Intuition und müssen uns auf sie verlassen. Leider hören wir oft nicht auf sie. Wenn wir uns angewöhnen, auf unsere Intuition zu achten, auf die innere Stimme, die uns leitet, wird uns dies helfen zu verstehen, was wirklich los ist.

Solltest du dennoch nicht herausbekommen, was hinter dem kindlichen Wutausbruch steckt, lass ihn vorbeigehen und mach dich nicht verrückt, indem du die Nadel im Heuhaufen suchst. Halte dich an das, was gerade ist und was du sicher weißt: Deinem Kind geht es schlecht, es fühlt sich nicht wohl. Denn das weißt du, du hast es vor Augen. Dieses Unbehagen kannst du anerkennen, verstehen und annehmen. Wenn du den Auslöser nicht klar erkennst, ist das nicht schlimm.

> » *Wirklich wichtig ist, wie du dein Kind jetzt, in diesem Moment, begleitest. Wie du mit dem, was ist, umgehst. Wie du deinem Kind hilfst, mit dem Unbehagen fertigzuwerden, das es hier und jetzt empfindet.*

Von Dr. Shefali Tsabary, an deren *Conscious Coaching Institute* ich als eine der ersten Schülerinnen eine Ausbildung in der Conscious-Parenting-

Methode gemacht habe, stammt ein Satz, der mir besonders gut gefällt. Wenn eine Schülerin fragte: „Ich fühle mich so und so, was soll ich tun?", antwortete sie: „Sit with it" („Setz dich dazu"). Genau darum geht es: Wir müssen uns zu diesem unbequemen Gefühl des Neuen „setzen", das heißt akzeptieren, dass wir manches nicht wissen und nie alles wissen werden. Akzeptieren, dass es frustrierend ist, etwas nicht zu begreifen, etwas nicht zu wissen. Akzeptieren, dass das, was geschieht, uns manchmal entgleitet.

Wir müssen uns zu dem „setzen", was unsere Empfindungen in unserem Körper auslösen. Es erleben und tief durchatmen, mit dem Wissen, dass wir es nicht kontrollieren können. Es loslassen. Und trotzdem ganz und gar bei unseren Kindern sein, ihr Unbehagen akzeptieren, unser eigenes Unbehagen akzeptieren und in Verbindung mit unserem Kind bleiben. Wir sind nicht so weit voneinander entfernt. Im Wesentlichen sind wir gar nicht so verschieden. Manchmal können wir uns oder dem Kind (je nachdem wie alt es ist) sogar Dinge sagen wie: „Es tut mir leid, ich weiß nicht, was mit dir los ist, und ich verstehe, wie verwirrend diese Situation für dich sein muss. Auch für mich ist sie es, aber ich bin hier, bei dir, ich bin für dich da und liebe dich auch so."

Liebe dich selbst in der Verwirrung, die du erlebst. Liebe dein Kind in der Verwirrung, die es erlebt. Ihr seid eins.

★ Moment mal …

Halten wir kurz inne und spüren wir unseren körperlichen Empfindungen nach. Ich schlage dir vor, dich nach der Lektüre der vorangegangenen Seiten ganz deinem Atem zuzuwenden. Beobachte, wie die Luft in deinen Körper ein- und aus ihm herausströmt, und achte auf eine möglichst langsame und zugleich entspannte Atmung. Richte deine Aufmerksamkeit auf dein Innerstes, horche in dich hinein.

Ich lade dich ein, genau hinzuschauen, ob sich beim Lesen ein Gefühl geregt hat oder eine Erinnerung aufgestiegen ist. Hattest du schon mal das Gefühl, dein Kind nicht zu verstehen und vollkommen verloren zu sein? Falls ja, was hast du gemacht? Wie hast du dich gefühlt, als du nichts anderes tun konntest, als einfach nur da zu sein? Welche Gefühle hat diese Unmöglichkeit, alles „in Ordnung zu bringen", „besser zu helfen", „etwas zu unternehmen, das funktioniert", in dir ausgelöst? Konntest du dich dem, was gerade war, überlassen? Konntest du aufhören, dich gegen das zu wehren, was gerade passierte, dich geschlagen geben und akzeptieren, dass man nicht alle Probleme lösen kann?

Nimm dir einen Moment Zeit, um zu spüren, um nachzuforschen, um deine Intuition zu schärfen, die dich auf diesem Weg nach innen leiten wird. Sich dem, was ist, zu überlassen, fällt vielen Müttern und Vätern schwer, besonders denen, die immer alles unter Kontrolle haben möchten. Häufig fühlen sie sich sehr ohnmächtig und frustriert, wenn scheinbar nichts von dem, was sie tun, ihrem Kind hilft. Sich dem gegenwärtigen Moment zu überlassen und zu akzeptieren, dass man nicht mehr tun kann, als einfach nur da zu sein, ist ein wichtiger Schritt im Lernprozess.

Ich schlage dir vor, kurz innezuhalten und zu überlegen, ob es in dieser Phase, die du gerade durchlebst, etwas gibt, gegen das du dich wehrst. Etwas, das dich unter Spannung setzt und zudem nicht in deinen Händen liegt, das du nicht kontrollieren kannst. Beobachte, was dieser Widerstand, verbunden mit dem Gefühl fehlender Kontrolle, jetzt, in diesem Moment, in deinem Körper wachruft. Atme in dem Gefühl, das es in dir wachruft, und erlaube dir, den Widerspruch zu sehen und zu spüren, der dich daran hindert, den gegenwärtigen Moment voll zu genießen. Atme tief ein, öffne Lunge, Brust, Zwerchfell und Herz und versuche, dich der Realität dieser Situation, gegen die du dich wehrst, zu überlassen. Lass los. Gib die Abwehr auf und hab Vertrauen. Es ist das, was du tun kannst und was wahrscheinlich entscheidend ist.

Angst – der Ursprung von fast allem

Häufig steckt hinter Wutausbrüchen Angst. Das gilt auch für jede beliebige Wut, die zum Beispiel wir Erwachsenen erleben. Angst ist ein machtvolles und sehr unangenehmes Gefühl, das oft instinktive Reaktionen auslöst. Unbewusstes, reaktives Handeln ist normalerweise irrational und unangemessen. Das gilt nicht nur für Kinder, sondern leider auch für uns Erwachsene. Immer wenn wir gegenüber unseren Kindern auf egozentrische Weise reagieren, geschieht es aus Angst. Manchmal wissen wir hinterher nicht einmal, dass wir Angst hatten, eine Angst, die häufig durch einen flüchtigen Gedanken hervorgerufen wurde.

> *Angst löst Wut aus, denn wenn wir Angst bekommen, wollen wir uns instinktiv verteidigen und angreifen.*

Wenn ein kleines Kind in Wut gerät, kann es also gut sein, dass es Angst hat. Zum Beispiel Angst, weniger geliebt zu werden, weil die Mutter es bittet zu warten, da sie sich zuerst um sein Brüderchen oder Schwesterchen kümmern müsse. Dieses Wartenmüssen ist für ein kleines Kind, das immer alles sofort haben will, schwer erträglich und bringt seine Gewissheit, geliebt zu werden, ins Wanken. Es glaubt, es werde nicht beachtet, nicht berücksichtigt, und vermutlich vermisst es seine Mama. Und schon ist die Mischung bereit, die im nächsten Moment als Wutanfall zur Explosion kommt.

Wir Eltern machen es oft genauso. Unser Kind wird zornig und fängt an zu toben. Es schreit, will uns schlagen, hat die Beherrschung verloren. Das löst bei uns ein Gefühl der Angst aus. „Wie ist es nur möglich, dass es mich schlagen will?“, denken wir. „Wenn es das schon mit vier Jahren macht, was macht es dann erst mit fünfzehn? Ob die Leute wohl denken, wir würden unser Kind verprügeln? Machen wir irgendwas falsch? Wenn unser Kind sich noch immer nicht beherrschen kann, hat es dann vielleicht irgendein Problem?“

Auslöser all dieser Gedanken ist die Angst. Angst aber macht ohnmächtig, verletzlich und unsicher. Und so versuchen wir, uns zu beschwichtigen und die Situation wieder in den Griff zu bekommen. „Ist ja schon gut“, sagen wir uns. Doch unser Ego fühlt sich verletzt und missachtet und übernimmt die Herrschaft. Im Handumdrehen sind auch wir wutgeladen, ärgern uns über unser Kind und sagen Dinge zu ihm, die wir später bereuen werden, falls wir es nicht schon im Moment des Aussprechens tun. Und es kostet uns große Mühe, die Situation zu beherrschen.

Wir reagieren unbewusst, aus Angst, weil unser Ego getroffen ist. Wir reagieren, als wären auch wir verunsicherte Vierjährige, die mit einem „nur ruhig, alles wird gut“ beschwichtigt werden wollen. Und unsere unkontrollierbare Angst lässt unsere Wut explodieren. Wir reagieren nun, indem wir angreifen, unterdrücken, blockieren und letztlich noch größeren Schmerz verursachen als den bereits vorhandenen.

Weißt du, worauf diese Angst zurückgeht? Auf unsere Kindheit, auf Momente, in denen wir Angst hatten, nicht gesehen, nicht beachtet, nicht gehört zu werden. Und diese Angst taucht jetzt in Form von Wut auf, aber einer Wut auf unsere Kinder statt auf unsere Eltern. Wir projizieren Dinge und erleben erneut eine Situation, die wir schon früher erlebt haben, diesmal jedoch aus einer anderen Perspektive, mit vertauschten Rollen. Der alte Schmerz, um den man sich damals nicht gekümmert hat und der nicht verarbeitet wurde, kehrt zurück, allerdings unbewusst. Deshalb handeln wir oft ganz anders, als wir wollen. Wir sind ratlos: Wir kennen zwar die Theorie, werden aber in bestimmten Momenten von Gefühlen überrollt und erkennen uns nicht wieder. Anschließend fühlen wir uns schuldig, bestrafen uns, bitten um Verzeihung und haben das Gefühl, eine miserable Mutter oder ein miserabler Vater zu sein.

Nur wenn wir uns bewusst, mit viel Verständnis und Mitgefühl mit dem auseinandersetzen, was uns innerlich aufwühlt, und mit den Gründen dafür, werden wir das alte Muster aufbrechen und beginnen können, als der erwachsene Mensch zu handeln, der wir heute sind, und nicht als das kleine, bedürftige und verletzte Kind, das noch immer in uns steckt.

» Beobachte die Wutausbrüche deines Kindes und frage dich, was das Symptom und was die Ursache ist.

Was kommt zum Vorschein und was nicht? Schlägt dein Kind? Das ist das Symptom. Es versucht, dir etwas zu sagen. Finde heraus, was. Schreit es? Ein weiteres Symptom. Versuche, die Ursache zu erkennen, das, was wirklich dahintersteckt.

Beobachte auch, was du selbst empfindest. Was äußerst du und was verbirgt sich dahinter? Vielleicht ist es etwas, dem du nicht auf den Grund zu gehen wagst, das du nicht einmal zu benennen wagst. Verlierst du die Beherrschung? Das ist das Symptom. Was aber sitzt an der Wurzel dieses Kontrollverlusts? Was verbirgt sich unter der Spitze deines Eisbergs? Wenn du es herausgefunden hast, umarme dich selbst ganz fest, akzeptiere diese unsichtbare, unausgesprochene, nicht für berechtigt gehaltene, nicht zugelassene Last. Tu es hier und jetzt: Gib ihr einen Namen, eine Berechtigung, versuche, sie zu begreifen, und kümmere dich so um sie, wie sie es verdient – mit Respekt, Mitgefühl und bedingungsloser Liebe. Sprich laut aus, was dich belastet, schreibe es auf ein Blatt Papier, schreie es in den Wald hinein oder weine, falls dir danach ist. Der verborgene Teil des Eisbergs muss früher oder später ans Licht kommen. An dein Licht. Gepriesen sei der Tag, an dem es geschieht!

★ Moment mal …

Ich schlage dir nun vor, dich für einen Moment deiner Atmung zuzuwenden. Richte all deine Aufmerksamkeit auf das Hier und Jetzt, auf das, was du gerade gelesen hast, und nimm gleichzeitig Verbindung zu deinem Körper auf. Beobachte, wie du ein- und ausatmest, wie die Luft in deinen Körper hinein- und aus ihm herausströmt. Achte auf deinen fließenden Atem und erlaube deinem Körper, sich beim Ausatmen überall dort, wo die Verspannung sitzt, tief zu entspannen.

Nun möchte ich dich einladen, in diesem entspannten Zustand zu beobachten, wie du dich fühlst. Hat sich beim Lesen der letzten Abschnitte ein bestimmtes Gefühl geregt? Während ich von Symptom und Ursache gesprochen habe, ist dir vielleicht manches klar geworden. Vielleicht hast du überlegt, wie die Symptome bei dir aussehen und aus welchen Gründen du explodierst. Wie fühlst du dich, wenn du dich auf diese Gedanken einlässt? Hast du das Gefühl, dich nicht ausreichend im Griff zu haben? Beobachte, welche Emotionen aufsteigen, ob dein Körper sich wohlfühlt oder nicht, und atme weiter, ganz gleich, was auftaucht. Teilen die Gefühle dir etwas mit? Was? Akzeptiere diesen Moment, das Hier und Jetzt, lass deine Gefühle zu, ganz egal welche. Akzeptiere sie, atme und achte dabei auf die Dinge, denen du dich zuwenden solltest. Es ist nie zu spät, um mit sich selbst in Einklang zu kommen und auf sich zu hören, sich die Aufmerksamkeit zu schenken, die man braucht.

Der Wutanfall als Chance

Ich möchte an dieser Stelle klar sagen, dass Wutausbrüche meiner Meinung nach auch eine Chance sind. Die Begleitung unserer heranwachsenden Kinder während ihrer Trotzphase, in diesen Momenten, in denen sie auf alles wütend sind und nicht mal wissen, warum, erfordert Geduld und eine Präsenz im Hier und Jetzt. Und ein solches Geschenk machen einem in unserem Leben nur wenige Menschen oder Dinge.

Das mag wie ein Widerspruch klingen, ist aber keiner. Unsere eigene Aggressivität zu überwinden, in der Gegenwart zu bleiben, ohne uns von den vielen Gedanken mitreißen zu lassen, die unseren Geist überfluten, während unser Kind wie besessen kreischt und um sich schlägt, ist ein wahrer Lernprozess, der uns zu echtem persönlichem Wachstum verhelfen kann. Sein eigenes Ego zu überwinden und sich dem Hier und Jetzt hinzugeben, indem man es so akzeptiert, wie es ist, zu lernen, den anderen mit Liebe, Mitgefühl und Respekt zu begleiten, ist ein Geschenk.

Möglicherweise liest du schon seit Jahren Ratgeberbücher oder machst Kurse zum Thema Persönlichkeitsentwicklung. Also, ich kann dir sagen, ein Kind zu haben, ist der umfassendste Kurs, den du jemals machen wirst. Und kein einfacher. Wenn dein Kind in der Trotzphase steckt, in der Phase des ständigen Nein, wenn es auf nichts hört und auf nichts eingeht, was du zu ihm sagst und was nicht seinen Wünschen entspricht, dann ist es wirklich anstrengend, fokussiert und empathisch zu bleiben. Oh ja, das weiß ich. Deshalb hältst du dieses Buch in Händen. Denn ich möchte dir anbieten, dir auf diesem Weg zu helfen, und du wirst merken, dass es von Mal zu Mal leichter werden wird.

Wenn wir offen sind, bietet alles, was wir bei der Begleitung eines Kindes erleben, Anlass zu gemeinsamem Wachstum. Kinder lehren uns so viele Dinge! Und insbesondere Wutausbrüche ermöglichen uns in jeder Beziehung eine persönliche Weiterentwicklung (wenn wir es wagen, uns wirklich darauf und auf alles, was sie uns beibringen können, einzulassen). Denn sie bergen eine kraftvolle Energie, die Kinder – aber auch uns Erwachsene – aufwühlt und innerlich durchrüttelt. Ein Wutausbruch ist wie ein Orkan, der durch uns hindurchjagt, unser angeschlagenes Gleichgewicht erschüttert und uns aus der Bahn wirft. Die Energie des Zorns kann sehr positiv sein, da sie uns vor Ungerechtigkeit und Gefahr zu schützen vermag, aber sie kann auch verheerend wirken, da sie mitunter alles verwüstet. Diese Energie für das gemeinsame Wachstum zu nutzen, es zu schaffen, sie in Verständnis und Liebe umzuwandeln, gehört zu den stärksten Erfahrungen, die wir mit unseren Kindern machen können.

> ❞ *Unsere Kinder sind so anders als wir! Sie denken und handeln so anders, dass wir ihnen gegenüber eine Menge Verständnis, Empathie, Anerkennung, Beistand und Liebe, viel Liebe, aufbringen müssen.*

Und das ist nicht nur gut für unsere Kinder. Es hilft auch uns zu wachsen und weitet unser Herz. Wir brauchen nur offen und bereit zu sein für diese großartige Reise.

Um die Wutausbrüche unserer Kinder und die Gründe, warum sie ab einem bestimmten Alter auftreten, durch und durch zu verstehen, müssen wir jedoch zunächst einmal begreifen, wie Kinder sind. Ich staune immer, wie ausgiebig sich Leute informieren, bevor sie etwas Neues kaufen, zum Beispiel ein Auto oder eine Waschmaschine, wie viele Vergleiche sie anstellen. Wenn es aber darum geht, Kinder zu bekommen und großzuziehen, bewegen sich die allermeisten Menschen fast blindlings vorwärts und wissen kaum, wie Kinder eigentlich sind und warum sie tun, was sie tun.

„Alle Welt hat Kinder, das kann doch nicht so schwierig sein“, sagen sie. Ha! ;-)

drei

Wie sind Kinder?

Zuallererst sei gesagt, dass alle Kinder auf der ganzen Welt vollständige Wesen sind. Sie sind vollständig, einzigartig, besonders und verschieden. Und natürlich müssen sie vieles lernen. Aber grundsätzlich ist wichtig, dass wir begreifen und verinnerlichen, dass Kinder (genau wie wir Erwachsenen) in jedem Moment vollständig sind. Nichts fehlt ihnen, nichts ist zu viel, es müssen keine Teile hinzugefügt werden, damit innerhalb einer bestimmten Zeit etwas aus ihnen wird. Sie sind vollständig, so wie sie sind. Auch du bist es. Das sage ich hier gleich zu Beginn in aller Deutlichkeit, weil es mir unerlässlich erscheint, um eine neue Sichtweise zu entwickeln und den Wutausbrüchen der eigenen Kinder bewusster, mit Weitblick und Empathie begegnen zu können.

Dein Kind ist einzigartig und wunderbar und unterscheidet sich in tausenderlei Hinsicht von allen anderen Kindern. Dein Kind ist gut.

» Dein Kind ist so, wie es jetzt ist, ein perfektes Wesen.

Wahrscheinlich hast du das soeben Gelesene noch nicht oft gelesen und erst recht nicht gehört. Denn unsere Kultur, unsere Gesellschaft und häufig auch unsere Familie geben uns zu verstehen, Kinder seien launenhaft, Kinder wollten, wenn man ihnen den kleinen Finger gibt, gleich die ganze Hand, Kinder seien kleine Tyrannen, man müsse sich vor ihnen in Acht nehmen, denn sie würden einem permanent auf der Nase herumtanzen. Kinder sind also – alles in allem – die schlimmsten Übeltäter!

Eines Tages habe ich im Radio einen Sprecher zur Hauptsendezeit sagen hören: „Wir wissen ja, dass Kinder grausam sind und einem beim kleinsten Anlass auf der Nase herumtanzen.“ Diese Annahme ist weit verbreitet, eine ungerechte, falsche, einseitige, erwachsenenzentrierte Annahme, die jeder Grundlage entbehrt. Als dieser Satz im Radio kam, war ich fassungslos. Wie um alles in der Welt soll sich unser Blick auf die Kindheit verändern, wenn in den Medien unverfroren solche ungeheuerlichen Dinge in Umlauf gebracht werden?

Stell dir vor, der Sprecher hätte dasselbe über alte Leute gesagt. „Wir wissen ja, dass alte Leute grausam sind und einem auf der Nase herumtanzen." Die Telefonleitungen des Senders wären aufgrund der Masse an empörten Anrufen zusammengebrochen, der Sender hätte Stellung nehmen und sich entschuldigen müssen. Aber da es um Kinder ging, kam es weder zum Kollaps der Telefonzentrale noch zu irgendeiner Entschuldigung. Denn bei Kindern gilt gewissermaßen die grundsätzliche Annahme, dass sie einem auf der Nase herumtanzen.

Jungen Müttern ist teilweise schon geraten worden, ihre Babys nicht auf den Arm zu nehmen, damit die Kleinen sie nicht um den Finger wickeln. Die Vorstellung, Kinder seien grausam und hielten einen zum Narren, nimmt absurde und völlig irrationale Ausmaße an. Grober Unfug!

» *Kinder sind gutmütig, von uns abhängig, verletzlich und unreif, und da sie nun mal klein sind, müssen sie unendlich viel lernen. Aber sie kommen weder auf die Welt, um uns das Leben schwer zu machen, noch, um grausam zu sein oder uns zu nerven.*

Mehr noch: Wenn sie die Wahl gehabt hätten, wären sie vielleicht gar nicht auf die Welt gekommen. Wir wollten sie, wir haben sie gezeugt und sie bekommen. Warum herrscht in weiten Teilen der Bevölkerung dann diese unbegründete, negative und verächtliche Einstellung gegenüber Kindern? Haben wir etwa vergessen, dass wir selbst mal Kinder waren? Und dass wir weder böse waren noch irgendjemandem auf der Nase herumtanzen wollten. Wir wollten geliebt, gesehen, respektiert, beachtet werden, wir wollten spüren, dass wir zu unserer Familie, zu unserem

Kreis von geliebten Personen gehören. Wir haben uns gewünscht, gehört und gesehen zu werden, und haben sehr wahrscheinlich gelitten.

Ich schlage dir vor, mal zu überlegen, wie du über das Wesen von Kindern denkst, und deine Ansichten zu hinterfragen. Denn deine Überzeugungen könnten dir genau dann in die Quere kommen, wenn du am wenigsten damit rechnest, und je nachdem worauf sie basieren, flößen sie dir womöglich Angst ein. Diese Angst wird dich dann zu unbewussten Reaktionen verleiten. Nimm dir deshalb, bevor es dazu kommt, einen Moment, ein paar Tage oder ein paar Wochen Zeit, um zu analysieren, was du wirklich über Kinder denkst.

★ Moment mal …

Nachdem du den vorangegangenen Teil gelesen hast, möchte ich dich dazu anregen, die Augen zu schließen und auf dein Herz zu hören. Wende dich zunächst deiner Atmung zu und beobachte, wie die Luft in deinen Körper hinein- und aus ihm herausströmt. Versuche, die Luft an die verspannten Stellen fließen zu lassen, um jegliche Verspannung zu lösen.

Jetzt biete ich dir an, auf dein Herz zu hören und zu versuchen, die folgenden Fragen zu beantworten. Was sagt dir dein Herz über die Kindheit? Achte auf alles, was jetzt kommt. Höre auch auf deinen Verstand: Was sagt er dir über Kinder? Stimmt die Antwort mit dem überein, was dein Herz sagt, oder besteht da ein Widerspruch? Versuche, dich zu erinnern, was bei dir zu Hause über Kinder oder über dich gesagt wurde. Bemühe dein Gedächtnis und spüre die Sätze auf, die in deiner Kindheit oder Adoleszenz in deiner Familie gängig waren und Vorstellungen darüber ausdrückten, was du warst oder nicht warst. Wie hast du dich dabei gefühlt? Und zum Schluss: Gelingt es dir, dich mit der Gutmütigkeit von Kindern zu verbinden? Mit dem unschuldigen, gutmütigen, offenen und präsenten Wesen von Kindern?

Bleibe eine Weile in dieser Stille. Versuche, dich mit dem Herzen der Kindheit zu verbinden, und beobachte, ob dein eigenes Herz sich diesem Rhythmus anpassen kann.

Sie sind klein

Ja, ich weiß, das ist eine Binsenwahrheit, aber wenn Kinder ausrasten, vergessen wir es manchmal und glauben, sie müssten sowohl begreifen, was ihnen gesagt wird, als auch die Art und Weise verstehen, wie es ihnen gesagt wird. Wir vergessen, dass sie klein sind und ihr Gehirn sich noch im Wachstum befindet. Es ist allerdings sehr wichtig, das nicht zu vergessen. Denn wenn wir bei einem Kind das gleiche Verständnis voraussetzen wie bei einem Erwachsenen, kann es leicht passieren, dass wir gekränkt sind und uns von unserem Kind distanzieren, das gerade jetzt unsere Hilfe braucht. Es ist klein und versteht uns nicht, oder zumindest versteht es nicht, warum wir ihm sagen, es könne nicht bekommen, was es will, oder müsse mit dem, was es gerade tut, aufhören.

Ein kleines Kind unterscheidet sich grundsätzlich von einem Erwachsenen. Man stelle sich vor, wir hätten es mit einem Außerirdischen zu tun, der keinerlei Ähnlichkeit mit uns hat. Ungefähr so sieht es zwischen Kindern und Erwachsenen aus: Beide betrachten die Welt mit einer jeweils anderen Logik. Ihre Sichtweisen sind so entgegengesetzt, dass man sich überhaupt nicht zu wundern braucht, wenn zwischen Kindern und Erwachsenen jede Menge Konflikte entstehen.

Eines ist klar: Kleine Kinder begreifen fast nichts von dem, worum wir sie bitten, was wir von ihnen verlangen oder ihnen erzählen. Und häufig begreifen auch wir nicht, wie kleine Kinder etwas sehen oder wie sie handeln. Gerade weil sie klein sind, ist ihr Gehirn es auch; es ist noch nicht annähernd so entwickelt wie das eines Erwachsenen. Und nicht nur das, es befindet sich „im Aufbau". Folglich kann unser logisches und rationales Denken beispielsweise von einem Zweijährigen nicht verstanden werden.

Ein Beispiel: Wir laufen durch die Stadt und müssen eine Straße überqueren. Eine ganze Weile haben wir uns nicht an der Hand gehalten, weil wir in einer Fußgängerzone unterwegs waren. Jetzt erreichen wir den Zebrastreifen und sagen zu unserem Kind: „Gib mir die Hand." Unser Kind, das gerade die spannende Welt des Nein erkundet, reagiert mit dem Superwort: „Nein." Kein Wunder. Da es uns bis jetzt nicht die Hand geben sollte, versteht es natürlich nicht, warum es das auf einmal tun soll.

Jetzt nehmen wir unsere Erwachsenenlogik zu Hilfe: „Du musst mir die Hand geben, weil hier Autos vorbeikommen und dich überfahren könnten."

Unsere Sätze sagen dem Kind nichts. Was ist „überfahren"? Es antwortet wieder: „Nein." „Wenn dich ein Auto überfährt, kommst du ins Krankenhaus." Was ist „Krankenhaus"? Und so weiter. Kinder verstehen unsere Denkweise nicht, weil die Logik der Erwachsenen Lichtjahre von der Logik der Kinder entfernt ist.

Später werde ich dir anhand dieses Beispiels erklären, wie du es schaffen kannst, dass dein Kind dir von selbst die Hand gibt, um über die Straße zu gehen.

Sie sind unreif

Im Bauch der Mutter sind sie eins mit ihr. Dann kommen sie auf die Welt und werden mit lauter seltsamen Empfindungen konfrontiert, die sie nach und nach akzeptieren und verinnerlichen müssen. Noch ist ihnen nicht bewusst, wer sie sind, und ihre Eigenwahrnehmung, die sich allmählich entwickeln und erweitern wird, steht noch ganz am Anfang. Von Monat zu Monat verstehen sie besser, dass Mama und sie selbst zwei körperlich verschiedene Wesen sind, die sich auch trennen können. Oft erleben sie nun Verlustangst. In dieser Phase kann es sein, dass ein Baby schon weint, als würde es Todesängste ausstehen, wenn die Mutter nur kurz aus dem Zimmer geht, um ein Handtuch zu holen. Es hat die Mutter aus dem Blick verloren und hat Angst, sie werde nie wiederkommen. In dieser Phase beginnt ein Kind zu verstehen, dass es selbst und seine Mutter zwei eigenständige Wesen sind, dass beide sich folglich trennen können, und genau das löst Angst bei ihm aus.

Das Kind entwickelt sich weiter und begreift eines Tages nicht nur, dass seine Mutter und es selbst zwei verschiedene Wesen sind, sondern dass beide auch unterschiedlich denken und fühlen. Diese Erkenntnis, ein großer Schritt in seiner Entwicklung, löst ebenfalls eine Gefühlsmischung aus, mit der ein Kind seines Alters manchmal nur schwer zurechtkommt.

Denn noch ist es klein und unreif. Vieles von dem, was mit ihm geschieht, vieles, worum wir es bitten, was es fühlt oder denkt, versteht es nicht. Auch kann es vieles noch nicht in bestimmte Zusammenhänge einordnen, wie ein größeres Kind es vermag. Manchmal ist genau das der Anlass für einen Wutanfall. Sage dir immer wieder, dass dein Kind klein und unreif ist. Selbst wenn es fünf Jahre alt ist und du es schon groß findest und meinst, es müsste dich verstehen. Wenn du dir klarmachst, dass es noch in einer frühen Entwicklungsphase steckt, wird dir diese Erkenntnis den Umgang mit seinen Wutanfällen erleichtern.

An diesem Punkt kann es hilfreich sein, einen Vergleich mit den Entwicklungen in der Natur anzustellen. Wie du weißt, blühen nicht alle Kirschbäume zur gleichen Zeit und werden auch nicht alle Kirschen am selben Tag reif. Genauso ist es bei Kindern.

Jedes Kind entwickelt sich in seinem eigenen Rhythmus und man sollte nicht versuchen, es schneller reifen zu lassen, als es dem Kind möglich ist.

Auch sollte man es nicht mit anderen Kindern vergleichen, die vielleicht schon dies oder das machen. Sage dir: Kinder sind wie unterschiedlich reife Kirschen und müssen nicht unbedingt alle zur gleichen Zeit vom Baum fallen.

Atme tief durch, entspanne dich und genieße es zu erleben, wie dein Kind von Tag zu Tag reifer wird.

Sie sind egozentrisch

Die Trotzphase fasziniert mich, da sie meiner Meinung nach von entscheidender Bedeutung und Wichtigkeit ist. Das betone ich bewusst, weil es auch eine sehr anstrengende Phase ist. Fangen wir also mit ihren guten Seiten an – und das sind nicht wenige. ;-)

Dein Kind erlebt sich jetzt selbst als das Zentrum des Universums, was absolut in Ordnung ist.

Mehr noch, in dieser Phase muss es sich fühlen, als sei die Sonne nur aufgegangen, weil es gerade die Augen aufgeschlagen hat. Denn es ist ja der Mittelpunkt der Welt. Das Problem ist im Grunde auch nicht so sehr, dass ein kleines Kind in der egozentrischen Phase steckt, das Problem sind eher die dreißig-, vierzig- oder fünfzigjährigen Erwachsenen, die diese Phase noch immer nicht hinter sich gelassen haben und glauben, die Welt drehe sich allein um sie. Aber damit ist es vorbei.

In dieser Phase solltest du die kindliche Egozentrik unbedingt als etwas Positives und Normales betrachten. Klar, manchmal nervt sie gewaltig. Aber es ist sehr wichtig, dass dein Kind diese Phase durchlebt, ohne dass du es verurteilst oder fertigmachst. Ab und zu jagt uns die Tatsache, dass es sich für den Mittelpunkt des Universums hält, richtig Angst ein. „Wird mein Kind als Erwachsener ein Tyrann sein? Ziehe ich ein Monster groß?" Eindeutig nicht, auch wenn es dir so vorkommen mag.

Das Kind erlebt gerade den Übergang vom Gefühl der Einheit mit seiner Mutter zur Individualisierung. Es beginnt, sein Ich zu spüren, das in teilweise maßlos anmutender Weise in Erscheinung tritt. Alles ist jetzt „ich" oder sein eigener Name, alles ist „meins", alles ist „jetzt". Das stresst dich natürlich, wenn du es nicht als das begreifst, was es ist: eine ganz normale und sehr wichtige Phase, in der Erwachsene zulassen müssen, dass die Individualität des Kindes zum Vorschein kommt und es anfängt, sie zum Ausdruck zu bringen, auch wenn das manchmal belastend ist.

Denn es kann zum Beispiel passieren, dass dein Kind an die Brust will, du aber gerade zur Toilette gehst und ihm sagst, es müsse einen Moment warten. Daraufhin dreht es durch. Es will sofort an die Brust, nicht später. Denn sein Bedürfnis danach, gestillt zu werden, ist in diesem Moment tausendmal größer als dein Bedürfnis, auf die Toilette zu gehen. Das ist nur verständlich: Dein Kind steckt in der egozentrischen Phase und kann in diesem Moment nicht mir dir mitfühlen und denken: „Arme Mama, sie war lange nicht auf der Toilette, ihre Blase muss zum Platzen voll sein. Am besten geht sie erst einmal auf die Toilette, und zwar allein, um mal für sich zu sein, denn seit es mich gibt, hat sie nur wenig Raum für sich." Schön wär's, oder? Aber so ist es eben nicht.

Was wird dein Kind tun? Es wird wütend werden und das, was es in diesem Moment haben will, mit aller Kraft fordern. Und du? Musst du vielleicht gar nicht auf die Toilette? Das glaube ich nicht, du musst wirklich. Aber gleichzeitig solltest du verstehen, dass dein Kind das Recht hat, sich zu ärgern. Es steckt nun mal in der egozentrischen Phase, da ist es normal, dass es Dinge verlangt, wie gestillt zu werden. Mit der Zeit wirst du ihm beibringen, wie es mit seinen Wünschen umgehen sollte, dass es sie anders vorbringen muss und nicht immer sofort alles haben kann, was es will. Aber du musst verstehen, warum es sich so verhält, und es vor allem akzeptieren.

» *Wenn du akzeptierst, dass dein Kind in dieser Phase steckt, kannst du das, was passiert, sogar genießen und mit Respekt betrachten. Du erlebst, wie aus einem mit der Mutter verschmolzenen Kind ein Individuum wird, das denkt, diskutiert, seine Meinung sagt und entscheidet.*

Wenn es dir gelingt, diese Zeit so zu sehen, ist sie wirklich faszinierend. Ich finde sie wunderbar, auch wenn es manchmal zu anstrengenden Situationen kommt, das gebe ich gerne zu. Aber so ist das Leben nun mal. Wundervoll, aber manchmal anstrengend. ;-)

Als meine jüngere Tochter mitten in der egozentrischen Phase steckte und eines Tages sehr fordernd war, hatte ich irgendwann die Nase voll von ihrem ewigen „ich, ich, ich, Mama, Mama, Mama". „Schatz, du bist nicht der Mittelpunkt der Welt", sagte ich verzweifelt, worauf sie mir antwortete: „Nein? Und wer ist es dann?" Zack! Ihre Mutter, also ich, war völlig erschöpft. Ich hatte mich meinerseits ganz auf mein Ego konzentriert, weil mein Bedürfnis nach einer Pause, danach, durchzuatmen, mich auch mal mit ihrer Schwester zu beschäftigen usw., nicht erfüllt wurde. Deshalb hatte ich ihr diesen provozierenden Satz vom Mittelpunkt der Welt entgegengehalten. Sie verwies mich an meinen Platz, den ich nicht hätte verlassen sollen, und das half mir, mich neu zu zentrieren. Natürlich glaubte sie, der Mittelpunkt der Welt zu sein! Ich dagegen war nicht genügend im Hier und Jetzt, um bewusster und nicht auf so dürftige Weise auf sie einzugehen.

Wie dem auch sei, Kinder sind großartig, und von Zeit zu Zeit verpassen sie uns diese „Ohrfeigen", die uns sofort ins Hier und Jetzt zurückholen.

Ich möchte dir vorschlagen, ihre Antworten nicht als Frechheiten zu betrachten, sondern als weise Geschenke von Kindern, die uns helfen, unser Ego hintanzustellen und wieder die Erwachsenen zu sein, die wir sind.

> *Wie du dir vorstellen kannst, ist es in dieser Phase sehr wichtig, dass dein Kind die Aufmerksamkeit bekommt, die es braucht.*

Es muss spüren, dass man ihm zuhört, es begleitet, es versteht und auf es eingeht. Es muss sich tatsächlich wie der Nabel der Welt fühlen, um sich zu verwurzeln, um ohne Angst oder Entbehrungen seine Persönlichkeit entfalten zu können, sich in seinem wahren Ich verwurzeln zu können. Nach und nach, im Zuge seines Reifungsprozesses, wird es erkennen und verstehen, dass manchmal andere Bedürfnisse dringender sind als seine (wenn zum Beispiel ein Brüderchen oder Schwesterchen geboren wird) oder dass auch die Wünsche und Bedürfnisse der Erwachsenen beachtet werden müssen. Es wird anfangen, Mitgefühl zu entwickeln.

Alles kommt zu seiner Zeit. Wenn du ein kleines Kind hast, ist eben sein „ich, jetzt, meins" an der Tagesordnung, und auch sein Zorn, wenn es nicht bekommt, was es will, oder das, was es bekommt, nicht seinen Vorstellungen entspricht. Es ist wichtig, dass Kinder diese Phase mit allem, was dazugehört, erleben können, ohne das Gefühl zu haben, etwas Schlimmes zu tun.

Wenn sie sich beachtet und einzigartig fühlen, wird sich ihr emotionaler Rucksack füllen, und so können sie mit der Zeit akzeptieren, dass sie nicht der Nabel der Welt sind und es auch ein Leben jenseits ihrer Person gibt.

Wenn ihr Rucksack voll ist, wenn sie erst die erfüllende Verschmelzung erfahren konnten und dann den achtsamen, aufrichtigen Blick, können sie anschließend ihren Weg weitergehen, ohne sich ihr Leben lang nach diesem Blick zu sehnen, der ihnen nie gegolten hat. Sie müssen sich dann nicht ständig um Aufmerksamkeit bemühen, obwohl sie schon zwanzig, dreißig oder vierzig Jahre alt sind, müssen nicht mehr nach den Augen von Mama und Papa suchen, die sie damals zu wenig angeschaut haben, sie kaum beachtet und ihnen nie das Gefühl gegeben haben, wichtig zu sein.

Damit meine ich nicht, dass euer Leben ununterbrochen um euer Kind kreisen muss, was ohnehin unmöglich ist. Es ist aber auch gar nicht nötig. Ihr habt eure Arbeit und noch andere Dinge zu tun, ihr müsst einkaufen gehen, mit eurem Kind dies und das erledigen, mit anderen Menschen reden. Aber ihr werdet euer Kind beachten (seine Bedürfnisse, seine besonderen Momente, seine Erfolge, seine Schwierigkeiten) und da sein, um es zu begleiten. Wenn ihr mit ihm spielt, ihm die Windeln wechselt, es badet, es ins Bett bringt, ihm zu essen gebt usw., solltet ihr mit Leib und Seele präsent sein. Um diesen Blick geht es.

> *Stell dir vor, dein Kind würde zu dir sagen: „Mama (oder Papa), schaust du mich an? Hörst du mir zu? Liebst du mich?“ Wie würde deine Antwort lauten?*

★ Moment mal …

Nach der Lektüre dieser Passage schlage ich dir vor, kurz innezuhalten, das Buch und deine Augen zu schließen und auf deine Atmung zu achten. Versuche, langsamer zu atmen und dabei zu beobachten, wie die Luft in deinen Körper hinein- und aus ihm herausströmt.

Ich möchte dich dazu anregen, ehrlich auf folgende Fragen zu antworten: Wie erträgst du die egozentrische Phase deines Kindes? Welches Gefühl macht sich bei dir bemerkbar, wenn dein Kind fordernd und ungeduldig ist und ständig „ich, ich, ich" sagt? Ich biete dir an, noch etwas weiterzugehen. Hast du das Gefühl, dass du in deiner Kindheit die egozentrische Phase voll und ganz erleben durftest? Hast du den achtsamen, respektvollen Blick deiner Eltern auf dir gespürt? Haben sie verstanden, dass dein Verhalten Teil deiner Entwicklung ist? Hattest du das Gefühl, beachtet und gehört zu werden, und wurde auf deine emotionalen Bedürfnisse eingegangen? Atme tief und langsam und achte auf das, was dein Körper dir erzählt.

Welche Gefühle regen sich in dir, was kommt hoch, welche Erinnerungen, welche körperlichen Empfindungen tauchen auf? Du brauchst nichts weiter zu tun, als zu beobachten und das anzunehmen, was in diesem Moment da ist. Kümmere dich um das, was an die Oberfläche dringt, verstehe es, lass es zu als der erwachsene Mensch, der du heute bist, mit Empathie und bedingungsloser Liebe zu dir selbst und deinem Reifeprozess.

Ich denke nicht, was du denkst

Nach und nach wächst das Kind heran und kommt in eine andere Phase, die ich dir hier anhand eines Beispiels veranschaulichen möchte:

Eines Tages stellte ich fest, dass meine ältere Tochter sich verändert hatte und sich in der Entwicklungsphase befand, die in Psychologie und Philosophie als *Theory of Mind* (oder *Theorie des Mentalen*) bezeichnet wird. Ich erinnere mich nicht mehr, wie alt sie damals war, aber sie war noch klein. Sie ärgerte sich über mich, weil ich sie gebeten hatte, etwas zu tun, was sie nicht tun wollte. Plötzlich sagte sie: „Ich denke eben nicht dasselbe wie du, Mama." Ein schlichter und zugleich absolut treffender Satz. Und er hat gesessen! Ich empfand ihn damals wie einen Schlag ins Gesicht.

Im Grunde gab sie mir Folgendes zu verstehen: „Ich weiß, was du willst und denkst, aber ich habe etwas anderes im Kopf. Für mich ist das stimmig, aber du gehst nicht darauf ein." Es war toll, so deutlich zu sehen, dass ich ein Mädchen vor mir hatte, das schon selbstständig dachte und seine eigenen Vorstellungen hatte. Und dass ich diese Tatsache nun stets würde berücksichtigen und respektieren müssen.

» *Die* Theory of Mind *beschreibt die Fähigkeit eines Menschen, den Unterschied zwischen dem eigenen Standpunkt und dem eines anderen zu erkennen.*

Dein Kind wird an den Punkt kommen, wo ihm bewusst wird, dass es denkt, dass es anders denkt als du und dass auch seine Gedanken gültig sind. Und es wird wollen, dass du dir diese Gedanken anhörst und sie gutheißt. Manchmal wird das möglich sein, manchmal auch nicht, aber diese Entwicklung zu erkennen und staunend zu begleiten, ist ein Privileg, das wir uns als Mütter und Väter nicht entgehen lassen sollten.

Nach diesen Ausführungen möchte ich auf etwas hinweisen, das ich hinsichtlich der Begleitung unserer Kinder bei ihren Wutausbrüchen für wichtig halte: Wir müssen verstehen, dass Kinder oft – um nicht zu sagen, fast immer – anders denken als wir. Weil sie die Welt von einem anderen Standpunkt, einem anderen Alter aus erleben, mit einem anderen Erfahrungshintergrund und aus einem anderen Blickwinkel.

Zu erwarten, sie sollten das Gleiche glauben, fühlen oder tun wie wir, wäre egozentrisch und absurd. Und doch passiert es uns oft, zum Beispiel wenn wir glauben, die Aufforderung, unser Kind solle sich im Auto auf den Kindersitz setzen, weil wir gleich dreißig Kilometer weit fahren müssen, sei etwas so Selbstverständliches, Einfaches und Normales, dass das Kind, ohne zu zögern, gehorchen müsste. Oder wenn wir ganz allgemein glauben, für unsere Kinder müsste alles so selbstverständlich sein wie für uns. Das ist es nicht, und somit erwarten wir Unmögliches. Nicht nur von unseren Kindern, von allen Mitmenschen.

Ich glaube, wir Erwachsenen erlangen erst wahre Reife, wenn wir wirklich begriffen haben, dass jeder die Welt auf seine Weise sieht und seine eigene Wirklichkeit lebt. Dass andere das, was wir selbst in einer bestimmten Situation wahrnehmen, glauben oder empfinden, in dieser Situation nicht zwangsläufig ebenso glauben oder empfinden. Weil wir verschieden sind und unterschiedliche Geschichten, Erlebnisse, Erfahrungen, Realitäten, Eltern, Familien haben. Weil unsere Kultur oder unsere Gesellschaft eine andere ist.

Dies in seiner ganzen Tiefe zu begreifen, wird dir helfen, dich freier und entspannter zu fühlen, und es wird dir helfen, dein Kind nicht als einen Rivalen zu betrachten, der dir widerspricht, sondern als eine Person mit eigenen Rechten, einen Menschen wie jeder andere, einen, der beginnt, kritisch zu denken. Es wird dir nicht nur im Umgang mit deinem Kind helfen, sondern auch in deiner Paarbeziehung, in der Beziehung zu deinen Eltern, Geschwistern, Freunden, Freundinnen, Arbeitskollegen. Zu begreifen, dass deine Ansichten vielleicht nur deine eigenen sind und dass das normal ist, weil wir alle verschieden sind, wird dir ganz sicher helfen, besser zu leben.

Sie leben in der Gegenwart

Die Art, wie Kinder in der Welt leben, unterscheidet sich grundlegend von unserer. Ein Erwachsener denkt an das, was kommen wird, blickt in die Zukunft, sorgt sich im Voraus. Und er macht sich Gedanken bzw. fühlt sich bedrückt wegen bereits Vergangenem. Das kann sich auf kurzzeitige Ereignisse oder jahrelange Phasen beziehen, die noch in der Gegenwart bestimmte Gefühle auslösen, auf Dinge, über die man immer wieder nachdenkt.

Manchmal sind wir, während wir mit unseren Kindern spielen, gar nicht richtig bei der Sache, sondern denken an das, was wir anschließend machen werden oder noch zu erledigen haben. Wir überlegen, was wir am Wochenende unternehmen könnten, oder erinnern uns, dass wir gestern vergessen haben, jemanden anzurufen, bei dem wir uns melden wollten. Gerade heute, im 21. Jahrhundert, ist es schwierig, stets präsent zu sein, da die schnelllebigen Zeiten und der stressige Alltagsrhythmus sich schwer damit vereinbaren lassen. Dabei ist es so wichtig, präsent zu sein. Vieles liefe anders, wenn wir Erwachsenen dazu häufiger in der Lage wären.

» *Kleine Kinder funktionieren nicht wie wir, sie leben ausschließlich in der Gegenwart. Sie sind permanent mit Leib und Seele im Hier und Jetzt. Sie denken nicht an das, was kommen wird oder was gestern war.*

Ein kleines Kind lebt nur im gegenwärtigen Augenblick, was im Grunde sehr weise ist, da die Gegenwart das Einzige ist, das wir haben. Uns Erwachsene aber wundert das.

Und manchmal begehen wir Anfängerfehler, wenn wir zum Beispiel unserem Kind ankündigen, wir würden am Wochenende in den Freizeitpark gehen, ohne darüber nachzudenken, dass es schnurstracks seine Jacke holen wird, um jetzt sofort in den Freizeitpark zu gehen.

Ich glaube, einer der häufigsten Fehler, den ich als Mutter begangen habe, war das verfrühte Ankündigen von Dingen. Ich rede einfach zu schnell drauflos! Oft denke ich nicht daran, dass da ein kleiner Mensch ist, der die Worte „morgen“ oder „Wochenende“ oder „Dienstag“ nicht versteht, weil er nur im Jetzt lebt.

Hier ein Beispiel für etwas, was ich oft erlebt habe: Ich hatte gerade am Telefon mit Freunden eine Wochenendunternehmung geplant, legte den Hörer auf und rief: „Am Samstag treffen wir uns mit Jan und Berta und gehen zusammen zum Pferdehof." Nur Sekundenbruchteile später rief eine meiner Töchter: „Jetzt, jetzt, Jan und Berta, jetzt Pferde, jetzt!" Tja, und das soll man dann wieder hinbiegen. Wie soll man einem Kind, das nur im Jetzt lebt, erklären, was Wochenende bedeutet? Schrecklich! In solchen Momenten habe ich mir immer geschworen, in Zukunft daran zu denken, nichts vorwegzunehmen. Aber ich muss gestehen, dass es mir immer noch ab und an passiert.

Weiter unten werde ich näher darauf eingehen, wie wichtig es ist, all das zu berücksichtigen, wenn man unnötige Wutausbrüche verhindern will. Vorerst aber nur so viel: Lebe in der Gegenwart, ausschließlich in der Gegenwart. Beobachte dein Kind und versuche, es ihm nachzutun und mit Leib und Seele in der Gegenwart zu sein. Dann wirst du es allmählich immer besser verstehen. Und das wird sich nicht nur auf dein Zusammenleben mit deinem Kind auswirken, sondern ganz allgemein auf deine Lebensqualität.

★ Moment mal …

Nachdem ich über die Gegenwart gesprochen habe, glaube ich, dass es wichtig ist, einen Moment innezuhalten und diesem so starken, entscheidenden Wort Raum zu geben. Ich schlage dir vor, deine Aufmerksamkeit auf deine Atmung zu richten und zu beobachten, wie die Luft in deinen Körper ein- und aus ihm herausströmt. Achte sowohl auf das Einatmen als auch auf das Ausatmen. Signalisiere deinem Körper, dass er alle Spannung loslassen kann, weil du jetzt präsent bist, auf ihn achtest und ihm Luft zuführst, damit er zur Ruhe kommen und lauschen kann.

Ein Kind zu haben, das präsent ist, und zu begreifen, dass dies sein Modus Vivendi ist, bietet einem die wunderbare Chance, es ihm gleichzutun und von ihm zu lernen. Du hast deinen eigenen Guru im Haus, Glückwunsch! Du brauchst gar keine teuren Retreats zu bezahlen, um zu lernen, im Jetzt und im Flow zu leben. Ich schlage dir vor, dein Kind zu beobachten und einmal auszuprobieren, es ihm gleichzutun. Nur im Hier und Jetzt zu leben. Nimm nun tiefe Verbindung zu dir selbst auf und versuche, folgende Fragen zu beantworten:

» Hast du das Gefühl, in deinem Alltag präsent zu sein, oder denkst du meistens an die Zukunft oder an bereits Vergangenes?
» Was würdest du sagen, wie sehr du im Hier und Jetzt präsent bist?
» Bist du ein Multitasking-Mensch oder eher jemand, der all seine Aufmerksamkeit auf das richtet, womit er sich gerade beschäftigt?
» Und wie sieht es aus, wenn du mit deinem Kind zusammen bist? Bist du dann wirklich präsent oder weit weg und in Gedanken bei tausend anderen Dingen?

Nachdem du diesen Abschnitt gelesen hast, möchte ich dich einladen, das Buch und deine Augen zu schließen und zu versuchen, im gegenwärtigen Augenblick präsent zu sein. Konzentriere dich zunächst auf deine Atmung, spüre, wie die Luft tief in deinen Körper hineinströmt und langsam wieder herausströmt. Lass die Luft fließen und forciere deine Atmung nicht. Achte auf die Temperatur, die dort herrscht, wo du dich gerade befindest. Spüre deine Haut, den Kontakt der Kleidung mit deinem Körper und achte auch auf mögliche Geräusche in deiner Umgebung. Sei ganz und gar präsent, ohne etwas anderes zu tun, als mit geschlossenen Augen bewusst zu atmen. Wie lange hältst du es so aus? Fühlt sich das Sitzen vielleicht unbequem an, würdest du gern aufstehen und weggehen oder fühlst du dich wohl und spürst, dass du dich entspannen kannst? Wie intensiv arbeitet dein Kopf, wenn du versuchst innezuhalten? Bleib eine Weile sitzen, atme nur und verbinde dich mit deinem Hier und Jetzt, und zwar hier und jetzt, hier und jetzt …

Alle Antworten, die sich nun einstellen, werden dir helfen, dir bewusst zu machen, wie sehr du präsent bist und achtsam im Hier und Jetzt lebst. Wenn die Ergebnisse dieser Übung dich nicht zufriedenstellen, beobachte einfach weiter dein Kind, ahme es nach und mache die Übung mindestens einmal am Tag fünf Minuten lang. Den Einwand „Ich habe keine fünf Minuten Zeit" lasse ich nicht gelten. ;-)

Sie sind durch und durch emotional

Kinder erleben alles intensiv, weil sie durch und durch emotional sind. Emotionen packen und überwältigen sie, sowohl wenn sie sehr glücklich sind oder sich freuen als auch wenn sie wütend oder eifersüchtig sind. Ein kleines Kind kann seine Gefühle noch nicht kontrollieren und nicht vernünftig mit ihnen umgehen. Sie tauchen einfach ungebremst auf.

Wenn ein Kind fröhlich ist, steckt es die ganze Familie an. Seine Emotionen erfassen seinen Körper und nehmen auch seine unmittelbare Umgebung ein, sodass die Anwesenden von seiner überschäumenden, wie ein frischer Wind wirkenden Freude angesteckt werden. Handelt es sich bei der Emotion, die das Kind erfasst, aber um Wut, mögen die Anwesenden das nicht unbedingt. Denn genau wie die Freude erfasst auch die Wut seine unmittelbare Umgebung.

Wir Erwachsenen sind fähig, unsere Gefühle zu regulieren oder für uns zu behalten, zum Beispiel wenn der Ort, an dem wir uns gerade befinden, uns nicht geeignet scheint, um zu zeigen, was wir empfinden, oder wenn wir nicht genug Vertrauen zu den Anwesenden haben und glauben, man würde uns nicht verstehen. Sicher werden die meisten von uns, wenn sie sich zum Beispiel an ihrem Arbeitsplatz über etwas ärgern, ihren Gefühlen erst zu Hause, wo sie sich wohler fühlen, freien Lauf lassen. Manche Menschen verbergen sogar schon im Moment des Unbehagens ihre Gefühle so sehr, dass niemand merkt, dass ihnen etwas nicht recht ist.

Erwachsene können ihre Emotionen auch kanalisieren (die einen besser, die anderen schlechter). Kinder können das nicht. Emotionen überfallen sie und schäumen häufig über. Ganz gleich, ob sie zu Hause sind oder im Supermarkt, wo viele Leute zuschauen. Wenn sie sich freuen, äußern sie es, wenn sie sich ärgern, ebenso. Von Filtern, Halbheiten, Nuancen keine Spur. In Sachen Emotionen sind sie völlig durchschaubar.

Erst im Lauf ihrer Entwicklung lernen Kinder nach und nach, besser mit ihren Gefühlen umzugehen. Und nicht nur das: Sie tragen dämpfende Schichten auf, bauen Filter ein und üben eine gewisse Selbstkontrolle, um ihre Gefühle nicht so zu zeigen, wie sie sie empfinden. Unbewusst halten sie sogar die vielen Emotionen, die sie mittlerweile zu beherrschen in der Lage sind, so lange zurück, bis sie sie zu Hause herauslassen können. Zu Hause, bei ihren erwachsenen Bezugspersonen, im vertrauten Umfeld, wo sie sich verstanden und sicher fühlen, bringen sie all das zum Ausdruck, was zum Vorschein kommen möchte.

Außerdem sind Kinder besonders sensibel. Natürlich in unterschiedlichem Maß, die einen mehr, die anderen weniger. Aber sensibel sind sie alle. Diese Sensibilität, verbunden mit der Intensität, mit der sie alles empfinden, und ihrer noch mangelnden Fähigkeit, ihre vielen Emotionen zu verarbeiten und zu kanalisieren, erzeugt jene hochexplosive Mischung, die zu einem Wutausbruch führen kann.

» *Wir Erwachsenen vergessen manchmal, dass Kinder so sensibel sind und in der Welt, in der wir leben, Sensibilität weder sonderlich berücksichtigt noch übermäßig geschätzt wird.*

Bedenke das. Fühle dich ein in die kindliche Sensibilität. Sie ist auch ein Geschenk, das dir helfen wird, dein Kind besser zu verstehen und – warum nicht? – dich mit deiner eigenen Sensibilität zu befassen.

Sie sind Spiel und Magie

Wenn Eltern mir erzählen, dass ihre zwei- oder dreijährigen Kinder ihren Anweisungen nicht folgen, frage ich sie: „Und wie haben Sie diese Anweisungen formuliert?" Als Antwort bekomme ich zum Beispiel: „Geh und putz dir die Zähne." Falsch. Warum? Weil Kinder Spiele verstehen, und zwar auf allen Gebieten, aber nicht Befehle. Befehle sind langweilig und passen nicht in die kindliche Logik. Spiele dagegen sehr wohl.

Wenn du also willst, dass dein Kind sich die Zähne putzt, den Schlafanzug anzieht oder ins Auto einsteigt, gehe es am besten spielerisch an. Dann klappt es besser, weil dein Kind es versteht.

Das bedeutet nicht, dass es so keinen Ärger gibt bzw. dass dein Kind zu allem Ja und Amen sagt. Du weißt ja, dass es ein eigenständiges Wesen ist und seine eigenen Vorstellungen hat. Aber wenn du das Zähneputzen als Spiel inszenierst, ist die Wahrscheinlichkeit, dass dein Kind mitmacht, größer, als wenn du es nicht tust.

Nehmen wir das oben geschilderte Beispiel: Wir müssen die Straße überqueren, gehen bis zum Zebrastreifen und bitten unser Kind, uns die Hand zu geben. Antwort: „Nein." Natürlich sagt es Nein, wo es doch die ganze Zeit neben uns hergelaufen ist, ohne dass wir es an die Hand genommen haben, und gemerkt hat, wie toll es ist, allein zu gehen und sich dabei schon viel größer zu fühlen. Warum sollte es uns jetzt die Hand geben? Wir erklären es ihm: „Um die Straße zu überqueren."

Gemäß seiner kindlichen Logik antwortet es womöglich, dass es die Straße auch gut allein überqueren kann. Wir würden es nun auf die Gefahr aufmerksam machen, überfahren zu werden, usw. Doch was heißt schon Überfahrenwerden für ein zweijähriges Kind? Nein, solange dein Kind noch klein ist, kommst du schneller ans Ziel, wenn du die Dinge spielerisch angehst.

Aber wie? Nehmen wir an, es hat eine Schwäche für Tiere. Du könntest zu ihm sagen, die weißen Streifen seien Stege, die euch helfen werden, einen Fluss zu überqueren, in dem lauter gefährliche Krokodile schwimmen. Und um größere Sprünge machen zu können, müsstet ihr euch die Hand geben. Probiere es aus.

» *Kinder haben viel Fantasie, viel mehr als wir. Wenn du dir das klarmachst, wird es dir leichtfallen, mit deinem Kind zu kommunizieren, es zu erreichen, dich mit ihm zu verbinden. Und zwar mittels Spiel und Magie.*

In der kindlichen Gedankenwelt ist alles möglich. Deshalb glauben Kinder, dass es den Weihnachtsmann, die Heiligen Drei Könige, die Zahnfee oder Gespenster gibt. Wäre ihre Welt nicht voller magischer Dinge und Wesen, würden sie das alles nicht glauben, ihr logisches Denken würde es hinterfragen. Aber das tut es nicht.

Und deshalb können wir bei der Verständigung mit unseren Kindern auf Magie, Fantasie und Spiel zurückgreifen. Es wird uns zwar einiges abverlangen, da wir Zeit brauchen, um uns auszudenken, wie es dem Kind Spaß machen könnte, ins Auto einzusteigen. Aber was ist uns lieber? Spielen oder erleben, dass unser Kind wütend wird und wir uns alle schlecht fühlen? Spielen ist ganz sicher der bessere Weg.

Spielen ist ein kindliches Grundbedürfnis und oft spielen wir zu wenig mit Kindern. Ich weiß, wir leiden häufig unter Zeitmangel und haben auch oft –warum es nicht zugeben? – keine Lust zu spielen oder sind zu müde. Das ist natürlich in Ordnung. Aber wir sollten wissen, dass Kinder das Spielen und oft höchstwahrscheinlich uns als Mitspieler brauchen.

Spielen ist wichtiger, als wir glauben, vor allem freies Spielen. Kinder müssen selbst die Möglichkeit haben, ein Spiel zu lenken. Ich erinnere mich noch gut, wie oft meine kleine Tochter mich früher gebeten hat, gemeinsam mit ihr mit ihren Puppen zu spielen. Wir besitzen einen Beutel voller unterschiedlichster Puppen. Auch kleine sind dabei, von denen vier in meine Tasche passen. Das ist sehr praktisch, weil man sie überallhin mitnehmen kann und Wartezeiten dadurch erträglicher werden.

Wenn wir zusammen mit Puppen spielten, passierte es oft, dass ich etwas sagte, sie mich aber unterbrach und zum Beispiel erklärte: „Nein, deine Puppe ist nicht die Mama, sie ist die Lehrerin und wohnt woanders." „Gut, dann bin ich die Lehrerin." „Jetzt nimmst du den Wolf und spielst, er würde zum Kindergarten kommen." „Gut. Hallo, ich bin der Wolf und besuche eure Gruppe." „Neeeiiin, Mama, nicht soooo, das darf der Wolf nicht sagen, er hat sich doch versteckt." „Ah, okay." Und so weiter und so fort. Natürlich passte nichts von dem, was ich sagte oder machte, zu dem, was meine Tochter im Sinn hatte. Für sie war es ganz wichtig, den Spielverlauf selbst zu bestimmen, ihn so zu lenken, wie sie es sich dachte. Und das war auch in Ordnung.

Viele Leute fühlen sich in einer derartigen Situation unwohl und denken vielleicht, ihr Kind sei ein kleiner Tyrann, der immer recht haben will. Man könne so nicht spielen, denn auch wir Erwachsenen wollten mit entscheiden. Ich würde diesen Personen sagen: „Entscheidet ihr nicht bereits vieles im Leben eures Kindes? Warum nicht mal zulassen, dass zur Abwechslung in den nächsten zwanzig Minuten, in denen ihr zusammen spielt, euer Kind die Zügel in der Hand hält? Was macht euch Angst beim Spielen mit Kindern?" Manchmal lenken wir jeden einzelnen ihrer Schritte, sogar wenn sie allein spielen. Wir unterbrechen sie, fragen, was sie da machen und warum, mischen uns ein usw. Wir fühlen uns unwohl, wenn wir einfach nur schweigen oder nicht mit ihnen teilen, was sie erleben.

Lassen wir sie doch beim Spielen mal ihre Freiheit ausprobieren! Lassen wir zu, dass sie in ihre Fantasie eintauchen, imaginäre Freunde haben, es genießen, sich Szenen, Geschichten und fantastische Welten auszudenken.

Wenn du mitbekommst, dass dein Kind spielt und dabei ganz im gegenwärtigen Erleben aufgeht, dann unterbrich es bitte nicht, lass dich vielmehr von diesem Moment berauschen, denn er ist pures Gold. Wenn unser Kind konzentriert spielt, müssten wir auf Zehenspitzen laufen, denn in diesem Augenblick ist es ganz mit seinen Ideen beschäftigt, erschafft etwas, erfindet, schöpft aus seinem Wesen und ist höchstwahrscheinlich sehr glücklich. Wenn wir ihm beim Spielen diese Flow-Momente erlauben, erlauben wir ihm, zu sein. Und das ist ganz wichtig.

Wir sollten Kinder frei fantasieren und spielen lassen, und falls ihr Spiel uns aufwühlt oder erschreckt, sollten wir uns um unsere eigenen Ängste kümmern, ihnen ins Gesicht schauen, überlegen, woher sie kommen, und nicht unsere Kinder damit belasten. Indem wir Verantwortung für unsere Ängste übernehmen, uns fragen, warum es uns stört, dass unsere Kinder uns beim Spielen Anweisungen erteilen oder nicht so spielen, wie oder womit es uns lieb wäre, entlasten wir sie und ermöglichen ihnen zusätzliche Glücksmomente. Gleichzeitig geben wir uns selbst die Chance, bewusster zu leben.

Ihnen fehlt Sprache

Ja, selbst zweieinhalbjährigen Kindern, die uns wie Papageien vorkommen, weil sie so viel plappern, fehlt noch viel Sprache. Sie können sich noch nicht so ausdrücken, wie sie es zwei Jahre später tun werden. Manche Kinder sprechen in diesem Alter sogar noch gar nicht. Sie sagen nur einzelne Wörter, machen sich zwar verständlich, sprechen aber nicht im eigentlichen Sinne.

„Mein Kind spricht aber." Ja, natürlich, es gibt Kinder, die mehr oder weniger früh zu sprechen begonnen haben und bei denen man das Gefühl hat, sie würden nicht eine Minute schweigen. Können sie aber deshalb, wenn sie wütend sind, genau erklären, was mit ihnen los ist? Zum Beispiel: „In der Musikstunde hat ein anderes Kind mich geschlagen, weil es das Instrument haben wollte, das ich gerade hatte. Da habe ich mich sehr einsam gefühlt und dich schrecklich vermisst, Mama." Nein, oder?

Das Kind steht mit seinen sprachlichen Fähigkeiten noch ganz am Anfang. Es kennt Wörter, kann ein paar Sätze bilden, aber noch fällt es ihm schwer, Dinge ausführlich zu erklären oder auszudrücken, was es fühlt und was mit ihm los ist. Aufgrund seiner fehlenden Reife weiß es vielleicht nicht einmal, was es fühlt. Dafür braucht es noch Zeit. Zeit, um nicht nur etwas über Sprache zu lernen, sondern auch über sich selbst, über die eigenen Gefühle, die es mit der Zeit immer bewusster als Angst, Wut oder Freude erleben wird.

Aber da es schon springen, laufen und sprechen kann, glauben wir, es werde uns während seines Wutausbruchs erklären, warum es sich ärgert, und fragen es, ohne lange nachzudenken: „Kannst du mir mal sagen, was mit dir los ist?" Manchmal stelle ich mir vor, wie ein zweieinhalbjähriges Kind auf dem Fußboden liegt, diese Frage hört und denkt: „Also, wenn du es nicht weißt, wo du doch meine Mutter bzw. mein Vater und fünfunddreißig Jahre alt bist, dann haben wir ein echtes Problem."

Denn so ist es doch. Viele kindliche Wutanfälle kommen überraschend, und das Kind, völlig außer sich, kann uns nicht erklären, was wirklich mit ihm los ist. Vielleicht glaubt es, es ärgere sich wegen des Lutschers, den wir ihm nicht gekauft haben, dabei steckt vermutlich etwas ganz anderes dahinter.

Manchmal passiert es auch, dass Kinder glauben, sie würden richtig gut sprechen, aber niemand versteht ein Wort. Bestimmt kennst du diese Miene deines Kindes, wenn es dich zu fragen scheint: „Wieso hast du mich immer noch nicht verstanden?“, nachdem du es zum x-ten Mal gebeten hast zu wiederholen, was es gerade gesagt hat. Das Kind stammelt etwas Unverständliches, in seinem Kopf aber spricht es die Wörter perfekt aus.

» Kinder sind wahnsinnig enttäuscht, wenn sie merken, dass keiner versteht, was sie sagen. Und werden natürlich wütend. Sehr wütend.

Derweil du dich immer noch fragst, was um alles in der Welt dein Kind dir zu sagen versucht. Nein, das ist wirklich nicht einfach, besonders wenn deine und seine Auffassung über Sprachbeherrschung sich dermaßen unterscheiden. In solchen Fällen brauchst du unglaublich viel Geduld und im Nachhinein, wenn dein Kind im Bett liegt und du mit deinem Partner oder deiner Partnerin oder mit einer Freundin über die Sache sprichst, brauchst du auch noch eine gute Portion Humor. Und genug Vertrauen darauf, dass dein Kind dir jeden Tag etwas besser wird erklären können, was es will oder was mit ihm los ist.

Im Allgemeinen messen wir der Sprache, dem gesprochenen Wort, große Bedeutung zu und vergessen, dass es noch andere, nonverbale Kommunikationsweisen gibt, die ebenso wichtig, in diesem Kindesalter sogar noch wichtiger sind. Doch die verbale Sprache sind wir gewohnt und bewerten sie hoch. Deshalb fühlen wir uns auch so machtlos, wenn wir nicht wissen, was wir zu unserem Kind sagen sollen, das zornig ist und uns nicht erklären kann, warum. Wir denken, es müsste uns sagen, was mit ihm los ist. „So schwer ist das doch nicht“, sagen manche Leute. Aber für Kinder ist es schwer, da sich ihr Sprachvermögen noch in der Entwicklung befindet.

★ Moment mal …

An diesem Punkt angekommen, möchte ich dich einladen, kurz innezuhalten und in dich hineinzuhorchen. Atme wieder bewusst und beobachte dabei, wie die Luft in deinen Körper hinein- und wieder aus ihm herausströmt. Achte auf eine tiefe Atmung, ohne sie zu forcieren. Nur so kann sie dir helfen, mit deinem Innersten in Kontakt zu kommen.

Die Phase, über die ich soeben gesprochen habe, ist eine Phase, die du dazu nutzen kannst, die Bedeutung anderer, nonverbaler Kommunikationsformen zu erkunden. Eine Phase, in der du versuchen kannst, die Bedeutung von Stille, Mienenspiel, Bewegung und Ungesagtem zu verstehen, in der du darauf achten kannst, mit welchen Mitteln dein Kind sich ausdrückt. Es ist eine wunderbare Gelegenheit, um dem Nonverbalen Raum zu geben, um häufiger zu schweigen und zu beobachten, zu schweigen und mit weit offenem Herzen zuzuhören.

Versuche nun, während du auf deine Atmung lauschst und sie in deinem Körper spürst, so ehrlich und spontan wie möglich die folgenden Fragen zu beantworten: Wie erlebst du verbale Kommunikation? Fällt Reden dir schwer oder redest du viel? Wie kommst du damit zurecht, dass dein Kind dir oft nicht so, wie du es gern hättest, erzählen kann, was mit ihm los ist oder was es erlebt hat? Wie fühlst du dich, wenn du nicht weißt, wie du ihm bestimmte Dinge erklären sollst, oder wenn du ihm etwas erzählst und merkst, dass es dich nicht richtig versteht? Was empfindest du bei Schwierigkeiten in der sprachlichen Verständigung?

Schaffe Raum für eine andere Art der Verständigung. Hast du das Gefühl, dass dir das gelingen könnte? Betrachte es als eine spannende Reise in ein neues, unbekanntes Land. Erkunde diese andere Art der Kommunikation, die ein wahres Geschenk für dich und für dein Kind sein wird. Erforsche die Stille, die Mimik, die ohne Worte auskommt, die Kommunikation über Blicke, Berührung, über das Herz … ohne Worte, indem du Verbindung zu einem weniger offensichtlichen, aber ebenfalls präsenten

Teil aufnimmst: zu Sensibilität und Intuition, zum Subtilen. Zu dem, was man nicht hört, was aber trotzdem da ist. Beglückende Entdeckungsreise!

Sie haben Bedürfnisse, die erfüllt werden wollen

Kinder haben Bedürfnisse, darunter einige eindeutige, nämlich die Grundbedürfnisse, die mit dem Überleben des Kindes zusammenhängen und für sein Wachstum und seine Entwicklung von elementarer Bedeutung sind.

» *Zu diesen Grundbedürfnissen oder primären Bedürfnissen gehören jene nach Nahrung, Schlaf, Bewegungsfreiheit, körperlicher Berührung, verlässlicher Zuneigung seitens der Bezugspersonen, Spielmöglichkeiten, elterlicher Nähe, Geborgenheit und Liebe usw.*

Diese Bedürfnisse hat das Kind während der gesamten Zeit seines Heranwachsens. Überdies empfindet es sogenannte Sekundärbedürfnisse, die nicht auf das Überleben des Kindes, sondern auf die Steigerung seines Wohlbefindens und seiner Lebensfreude ausgerichtet sind. Dazu kann zum Beispiel das Bedürfnis zählen, sich Zeichentrickfilme anzuschauen oder am Computer oder Tablet zu spielen. Diese Dinge braucht das Kind nicht zum Leben, verlangt aber (je nach Typ) danach, um sich besser zu fühlen.

Über die Bedeutung dieser Bedürfnisse sollten wir uns im Klaren sein. Sonst kann es passieren, dass wir gelegentlich einiges durcheinanderbringen und glauben, primäre Bedürfnisse seien nur sekundär, zum Beispiel das Bedürfnis nach Zuneigung. Damit würden wir übersehen, dass Kinder uns sehr brauchen, und dieses Bedürfnis womöglich sogar für eine bloße Laune halten. Doch sie brauchen uns unbedingt, daran besteht kein Zweifel.

Nehmen wir zum Beispiel die so gern kritisierte „Mamitis". „Dieses Kind ist ein richtiges Mamakind" ist so ein Satz, den man oft hört und der klingt, als handle es sich dabei um etwas Schlimmes oder eine Krankheit. Doch dass ein Kind mit seiner Mutter zusammen sein will, ist nichts Schlimmes. In den meisten Fällen und gerade in dem Alter, in dem Kinder als „Mamakinder" bezeichnet werden, ist diese Anhänglichkeit schlicht und einfach ein Bedürfnis. Wenn wir jedoch Bedürfnis mit Laune verwechseln, besteht die Gefahr, dass wir im Glauben, es sei gut für das Kind, dieses drängen, sich von seiner Mutter zu entfernen, obwohl es den tiefen körperlichen Wunsch verspürt, sich in ihrer Nähe sicher zu fühlen.

Aber warum erzähle ich dir das alles? Weil immer dann, wenn Grundbedürfnisse nicht erfüllt werden, Unbehagen entsteht. Das geht jedem Menschen so, ob Kind oder Erwachsener. Wie viele Erwachsene bekommen schlechte Laune, wenn sie Hunger haben? Und wie oft fühlt man sich morgens miserabel, wenn man nicht gut geschlafen hat? Wie viele Leute sind ziemlich ungenießbar, wenn sie müde oder gestresst sind?

Unerfüllte Grundbedürfnisse führen zu körperlichem und auch emotionalem Unbehagen. Folglich wird ein kleines Kind, das bestimmt noch nicht einmal eindeutig erkennt, dass es Hunger hat, vermutlich wütend, wenn ihm ein Sekundärbedürfnis bzw. etwas, was in den Augen Erwachsener eine „Lappalie" ist, nicht erfüllt wird.

Rate mal, in welchen Situationen die heftigsten Wutanfälle auftreten. Wenn dein Kind Hunger hat und müde ist. Dann kommt es zu den Hardcore-Wutanfällen, die zu den schlimmsten gehören, weil in diesen Momenten bei Kindern „eine Sicherung durchbrennt". Dann hast du statt deines Kindes eine Art Monster vor dir. Vergiss nicht, was ich eben gesagt habe, und denk daran, immer etwas zu essen dabeizuhaben (darauf komme ich später noch zurück).

> *Nimm dir jedes Mal, wenn dein Kind einen Wutanfall hat, ein paar Sekunden Zeit, um herauszufinden, ob eines seiner Grundbedürfnisse nicht gedeckt ist. Sehr wahrscheinlich erkennst du es, und damit ist das Problem schon halb gelöst.*

Vielleicht hat es dich aber auch vermisst, weil es sechs Stunden ohne dich auskommen musste. Vielleicht ist es schon halb zwei, dein Kind aber ist es gewohnt, um halb eins zu essen. Vielleicht habt ihr eine halbe Stunde beim Kinderarzt gesessen und es konnte sich nicht frei bewegen. Oder es konnte den ganzen Vormittag über nicht spielen, weil ihr Besorgungen gemacht habt.

Jetzt meldet sich bei dir eine leise Stimme, die sagt: „Aha, und was sollen wir machen? Nur weil es jetzt, wo wir beim Kinderarzt sind, ein Grundbedürfnis hat, soll es alles anfassen und wie wild herumrennen dürfen?" Nein, natürlich nicht. Aber zu wissen, was dem Kind fehlt und warum, kann dir helfen, Empathie zu empfinden. Du bist weniger nervös. Du verstehst, was los ist, und versuchst, ihm auf die richtige Weise zu helfen, mit Respekt vor den übrigen Personen, die mit dir im Wartezimmer sitzen.

Hier noch zwei Beispiele: Wir essen im Restaurant. Es ist laut, der Raum voller Gäste, es gibt wenig Platz und das Essen lässt auf sich warten. Unser Kind sitzt auf einem Kinderstuhl, hält aber natürlich nur eine Zeit lang still und will nach einer Weile vom Stuhl herunterklettern. Welche seiner Grundbedürfnisse werden gerade nicht erfüllt? Die nach Bewegung, Spiel, Nahrung ... Das allein kann schon sein Unbehagen und folglich auch seine schlechte Laune steigern. Heißt das aber, es darf jetzt durch das ganze Lokal rennen und womöglich andere Gäste und die Kellner stören? Natürlich nicht.

Falls die Situation nicht in einem großen Wutanfall enden soll und damit, dass sich alle schlecht fühlen, ist es also ratsam, wenn einer der Erwachsenen das Kind irgendwohin mitnimmt, zum Beispiel nach draußen, und es erst, wenn das Essen kommt, wieder auf sein Stühlchen setzt. Zu erwarten, ein Kind würde es anderthalb Stunden aushalten, an einem Tisch mit lauter Erwachsenen still zu sitzen und nicht zu meckern, ist utopisch. Es sei denn, wir geben ihm während des gesamten Restaurantaufenthalts ein Tablet zum Spielen, was aber nicht gerade ratsam wäre.

> ❞ *Sich der primären und sekundären Bedürfnisse eines Kindes bewusst zu sein, kann einem helfen vorauszuschauen. Und von Anfang an einfühlsamer zu sein.*

Hier ein weiteres auf realen Erlebnissen beruhendes Beispiel: Ein Abendessen mit Freunden, gemeinsam mit den beiden Mädchen. Wir hatten uns schon früh verabredet, aber man weiß ja, wie das läuft. Vor elf Uhr abends ist man nicht zu Hause. Jedenfalls wusste ich schon, bevor wir aufbrachen, dass die beiden an diesem Abend später als gewöhnlich ins Bett kommen, aber am nächsten Morgen garantiert zur gleichen Zeit wie immer aufwachen würden. Und natürlich – du hast es erraten – würden sie am nächsten Tag müde sein. (Ich weiß nicht, woran es liegt, dass so viele Kinder nicht ausschlafen, wenn man es gerne hätte. Wenn man will, dass sie länger schlafen, tun sie es nicht, wenn sie aber aufstehen müssen, um in den Kindergarten zu gehen, kriegt man sie nicht aus dem Bett! *C'est la vie.*)

Wie sehr hat es mir geholfen, das zu wissen? Sehr, denn vor unserem Abendessen habe ich mir gesagt: „Stell dich darauf ein, dass es morgen Ärger gibt." Ja, ich wusste, dass die Mädchen am nächsten Tag müde sein, sich folglich öfter streiten und mehr jammern würden und dass es mehr unangenehme Stürze und mehr Wutanfälle geben würde.

Das vorauszusehen, half mir, mich seelisch darauf vorzubereiten und die Müdigkeit meiner Töchter zu ertragen. Ich konnte versuchen, sie besser zu verstehen und auf sie einzugehen. Wenn sie sich über etwas ärgerten oder wütend wurden, nahm ich es nicht allzu wichtig und sagte mir immer wieder, dass sie einfach nur müde waren, ohne mich von ihrer emotionalen Verfassung nervös machen zu lassen. Denn die lag nun mal daran, dass sie zu wenig geschlafen hatten, also ihr Grundbedürfnis nach Erholung nicht befriedigt worden war.

Kindern geht es genau wie uns Erwachsenen. Wenn wir müde sind, sind wir auch nicht in der Lage, großartige Dinge zu bewältigen, oder? So ist das nun mal. Die Mädchen konnten keine Geduld aufbringen. Ich dagegen, die wusste, dass ihnen Schlaf fehlte, konnte es.

Die Grundbedürfnisse im Blick zu haben, ist sehr wichtig; denn wenn du sie erfüllst, wird es deinem Kind besser gehen und es wird sich nicht so schnell unwohl fühlen. Und sollten sie aus irgendeinem Grund nicht befriedigt werden können, wird das Wissen um diese Tatsache dir helfen, einfühlsam mit deinem Kind umzugehen, es zu verstehen, bewusster und souveräner mit ihm zu sprechen.

Ich will noch einmal auf die oben angesprochene Tasche zurückkommen. Solange dein Kind noch keine sieben Jahre alt ist, kann das folgende Survival-Kit dich vor kritischen Momenten bewahren. Es ist nichts Geheimnisvolles, nur ein Set mit Dingen zur Befriedigung kindlicher Grundbedürfnisse. Auf jeden Fall solltest du immer Wasser und eine Kleinigkeit zu essen dabeihaben (zum Beispiel Obst), für den Fall, dass ihr euch unerwartet verspätet und dein Kind Hunger bekommt, bevor ihr wieder zu Hause seid.

Nimm außerdem ein paar kleine Spielsachen mit wie Tiere oder Puppen, Playmobilfiguren usw. Zwei oder drei genügen schon, um eine Geschichte zu erfinden. Dein Kind kann eine Zeit lang mit den Figuren spielen, sich ablenken und wohlfühlen. In Wartezimmern, beim Schlangestehen an der Kasse, bei Autofahrten usw. ist das möglicherweise deine Rettung. Außerdem sollten in deiner Tasche ein kleines Heft und ein

Kugelschreiber oder ein paar Buntstifte liegen, damit ihr beide oder dein Kind zeichnen und dabei seiner Fantasie freien Lauf lassen kann. Ich habe immer Hefte und Stifte dabei, denn in langweiligen Wartesituationen ist das für meine Töchter genau das Richtige. Du wirst sicher noch einiges mehr in deine Tasche tun, aber das, was ich dir genannt habe, ist für mich unverzichtbar, weil es die Grundbedürfnisse befriedigen hilft: Essen, Wasser, Spielzeug, Heft, Stifte. Leg dir also am besten eine große Tasche zu, damit alles hineinpasst. :-)

Riesendrama

Irgendwann haben mein Mann und ich angefangen, von Riesendrama zu sprechen, wenn wir kindliche Wutausbrüche oder Anfälle von Jähzorn meinten, die wir ungewollt selbst ausgelöst hatten. Väter und Mütter sind Experten darin und merken es manchmal nicht einmal. Aber auch wenn es seltsam erscheinen mag, führt tatsächlich oft unser eigenes Verhalten dazu, dass unser Kind einen heftigen Wutanfall bekommt.

Hier zwei Beispiele: Man erzählt seinem Kind an einem Donnerstagabend, dass es am nächsten Tag zu seinem besten Freund gehen darf. Es lebt im Jetzt, also weint es, weil es jetzt sofort zu seinem Freund will. Wie du dich erinnerst, ist es unfähig zu warten. Oder das Kind spielt gerade mit seinem Freund oder seiner Freundin und man ruft: „Wer will einen Keks?“, hat aber zuvor nicht nachgeschaut, ob noch mehr als einer da ist. Und tatsächlich ist nur noch ein Keks da. Wirklich schlau!

Eines Tages habe ich in den sozialen Netzwerken etwas zum Thema Riesendrama gepostet und es war sehr amüsant, was die Leute daraufhin so alles erzählten. Es ging um die Fettnäpfchen, in die wir Eltern gelegentlich treten, wenn unsere Kinder gerade mitten in ihrer egozentrischen

Phase stecken. Um die Wutausbrüche, die wir ungewollt provozieren. Damals habe ich den folgenden Text verfasst, um mir einiges von der Seele zu schreiben:

RIESENDRAMA: Heute sind die Mädchen aufgewacht, als wäre Montag, deshalb muss ich jetzt einfach mal lachen. Gestern habe ich sogar richtig laut gelacht, als ich merkte, wie ich MIR SELBST ein Bein gestellt und SELBST ein Riesendrama „provoziert" habe. Ich hatte doch tatsächlich an einem Freitagabend um halb sieben verkündet: „Okay, wir gehen zum Spielplatz." In meinem Leben als Mutter habe ich mir jeeeede Menge solcher Sachen geleistet: Bananen in der Mitte durchgeschnitten, obwohl ich wusste, dass das ein absolutes No-Go ist, an einem Dienstag eine Fahrt an den Strand für Samstag angekündigt (natürlich wollten sie SOFORT hin), bin um sieben Uhr abends mit einem zweieinhalbjährigen Mädchen zum Großmarkt einkaufen gefahren, habe an einem Freitagnachmittag Kinder zu uns nach Hause eingeladen. Danach habe ich dann jedes Mal gedacht: „Tirado, du lernst es nie, warum machst du so was?"

Na ja, weil ich manchmal nicht daran denke, dass wir in verschiedenen Welten leben, dass die beiden Mädchen die Welt mit anderen Augen sehen als ich, dass sie zu anderen Zeiten müde werden als ich. Weil mir manchmal meine Illusionen zum Verhängnis werden, aber vor allem weil ich die RIESENDRAMEN vergesse, bis sie irgendwann genau vor meiner Nase stattfinden. Dabei habe ich sie selbst verursacht!

Das passiert mir oft und ich nehme an, es passiert uns allen. Gestern habe ich mich über eure Beiträge schiefgelacht und dachte, dass ich das eigentlich mit euch teilen müsste. Die sozialen Netzwerke sollten einem Gelegenheit geben, auch über sich selbst zu lachen und zu begreifen, dass es Sachen gibt, die man sich bei Kindern zwischen null und sechs Jahren lieber verkneifen sollte.

Tu dir also keinen Zwang an, erzähl uns von deinem eigenen Riesendrama, vom größten Mist, den du verzapft hast. Erzähl uns davon, damit wir sehen, dass wir nicht die Einzigen sind, dass wir alle Fehler machen, dass so was uns allen passieren kann und wir hinterher alle das Theater ertragen müssen. Es ist doch wirklich hart, ein Kind zu sein und Eltern zu haben, die nicht nachdenken und einem das Leben schwer machen. Apropos, ein Riesendrama ist ein extremer Wutanfall, der vollkommen vermeidbar gewesen wäre.

Nach der Veröffentlichung dieses Beitrags kam alles Mögliche zutage. Eine Leserin erzählte zum Beispiel, wie sie mit ihrem zweieinhalbjährigen Kind für ein anderes Kind ein Geschenk gekauft hatte, eine andere, wie sie ihrem Kind im Juni angekündigt hatte, im September käme es im Kindergarten in die Gruppe der Großen und das würde bestimmt ganz toll werden, und natürlich gab es dann jeden Morgen Theater, weil das Kind jetzt gleich in die Gruppe der Großen wollte. Eine dritte Leserin erzählte davon, wie sie eine Wanderung im Gebirge angekündigt hatte, wofür man aber natürlich erst mal eine Zeit lang im Auto sitzen musste. Resultat: Riesendrama, weil sie diesen Teil verschwiegen hatte und das Kind nicht Auto fahren wollte. Oder die Sache mit der Sommerkleidung der Tochter, die die Mutter aus dem Schrank geholt und schon mal in die Kommode geräumt hatte, obwohl es noch gar nicht warm war. Resultat: Das Mädchen wollte im März in seinem Hochsommerkleidchen nach draußen gehen, und als es das nicht durfte, gab es natürlich ein Riesendrama. So könnte ich endlos weitererzählen.

Sei nicht deprimiert. Bestimmt wirst du noch viele Riesendramen auslösen. Das ist uns allen passiert. Wichtig ist nur, dass du lernst, über dich selbst zu lachen, dass ihr, du und dein Partner oder deine Partnerin, deine Freunde, deine Familie, die Sache mit Humor nehmt und du einsiehst, dass kein Mensch vollkommen ist. Wir sind vollkommen unvollkommen.

Notizen

vier

Nicht du bist das Problem, sondern ich

Ich bin mir sicher, dass du mittlerweile weißt, worauf ich hinauswill. Wenn wir wirklich begreifen, dass unser Kind ein anderer Mensch ist als wir und dass es seine eigenen Vorstellungen hat, wenn wir begreifen, dass seine Empfindungen legitim sind, dass unser Kind klein, unreif und vieles mehr ist, warum kommen wir dann trotzdem so schlecht mit seinen Wutausbrüchen zurecht?

Weil wir sie persönlich nehmen. Dabei meinen sie es gar nicht so. Im Grunde sind nicht die Kinder das Problem. Sie machen das, was in ihrem Alter üblich ist. Wir aber nicht.

» *Wir verhalten uns nicht altersgemäß, sondern oft eher so, als wären wir wieder in frühere Zeiten zurückversetzt und genau wie unsere Kinder erst zwei, drei, vier oder fünf Jahre alt.*

Nicht die Kinder sind das Problem, sondern wir. Wir, die wir mit unserem Gepäck und unseren Erwartungen eine klare Vorstellung davon haben, was wir wollen: nämlich keine Probleme bekommen und keine Konflikte erleben. Wir wollen, dass unser Kind die unserer Meinung nach elementaren Dinge versteht, und wir wollen grundsätzlich, dass es uns gehorcht. Das ist normal. Wer macht sich schon gern selbst das Leben schwer?

» *Aber wir müssen begreifen, dass wir unsere egozentrische Phase inzwischen hinter uns haben sollten und daher das, was wir wollen oder nicht wollen, hier nicht die geringste Rolle spielt.*

Wir können selbst erkennen, wann wir einen Wutausbruch persönlich nehmen. Es sind die Momente, in denen wir nicht mehr auf den Erwachsenen in uns hören, sondern irrational und unbewusst handeln. Dann sagen wir Sachen, die alles nur noch schlimmer machen, und tun Dinge, die wir später bereuen. Weil wir glauben, der Wutausbruch unseres Kindes sei gegen uns gerichtet, wir seien diejenigen, denen das, was gerade passiert, angetan wird. Dabei stimmt das nicht.

Wie viele von uns haben nicht schon mal gesagt: „Mein Kind MACHT MICH wütend." Oder: „Mein Kind BRINGT MICH auf die Palme." Aber unsere Kinder tun uns nichts an. Wir ganz allein sind diejenigen, die sich etwas antun. Wir geben immer gern anderen die Schuld für etwas, doch in diesem Fall können wir das nicht, denn alles geht von uns selbst aus.

„ Was Kinder tun, hängt meistens mit ihrem Alter zusammen.

Sie versuchen, unsere Aufmerksamkeit zu erregen, weil sie etwas von uns brauchen, das ihnen möglicherweise fehlt. Sie wollen zum Beispiel, dass wir da sind, sie wollen viele Stunden mit uns verbringen. Manchmal verstehen sie die Welt nicht, manchmal erleben sie sie als feindselig und haben Angst. Oder sie haben einfach Hunger und sind müde. Und dann reagieren sie so, wie Kinder eben reagieren.

Wir aber gehen mit ihnen so um, wie wir uns gerade fühlen, mal wunderbar, mal wie Monster, wenn wir sie zum Beispiel anfauchen: „Ich hab dir gesagt, du sollst endlich aufhören, verdammt noch mal!" Beides steckt in uns. Wenn wir wütend werden, dann weil die Emotionen unserer Kinder etwas in uns ausgelöst haben. Doch nicht sie sind das Problem, sondern wir. Zum Glück liegt es aber in unserer Macht, entweder diese emotionale Aktivierung zuzulassen, also auf das, was gerade passiert, zu reagieren, oder achtsam zu beobachten, was wir fühlen, durchzuatmen und unsere Emotionen zu verstehen und nicht an anderen auszulassen.

Wir leben mit Wunden, unverarbeiteten Gefühlen, die sich in unserem Körper eingenistet haben, weil sie nicht im rechten Moment geheilt wurden.

Unsere hochsensiblen Kinder äußern viele Gefühle und im Zusammensein mit ihnen werden unsere eigenen Gefühle wiederbelebt und alte Wunden brechen auf. Das ist nicht ihre Schuld. Und auch nicht unsere. Es ist, wie es ist.

Es ist das Leben. Und es ist wichtig, dass wir Verantwortung für unsere eigenen Gefühle übernehmen, damit wir unseren Kindern nicht Lasten aufbürden, die gar nichts mit ihnen zu tun haben. Wir sollten Gefühlsübertragungen vermeiden und den Kindern ermöglichen, freier zu sein. Frage dich bei jedem Wutausbruch: Wird das, was ich jetzt sagen oder tun werde, die Situation verbessern oder verschlimmern? Und wenn du das Gefühl hast, dass sich die Waagschale eher zugunsten der zweiten Option neigt, halte inne, atme durch und sage oder tue nichts. Bleib wachsam und aufmerksam und überlege dir einen anderen Weg. Sehr oft ist unser Verhalten reaktiv. Wir reagieren instinktiv auf das, was uns aufwühlt.

›› Ich schlage dir vor, achtsam zu bleiben und nicht länger reaktiv zu handeln.

Andernfalls besteht die Gefahr, dass du die Situation noch verschlimmerst. Dein Kind ist dann nicht nur wütend, sondern hat sich vielleicht über deine Worte oder darüber, wie du sie gesagt hast, erschrocken. Du hast die Nerven verloren, fühlst dich gleich darauf schuldig und musst nun mit dem Schlamassel, den du angerichtet hast, fertigwerden. Du hast es nicht geschafft, kurz innezuhalten und dir klarzumachen, was mit deinem Kind und mit dir selbst los ist. Deine Reaktion hat dich von der Gegenwart und auch von deinem Kind abgekoppelt.

Nach einer Weile wirst du dann all die schlimmen Dinge denken, die einen beschäftigen, wenn man nicht gut mit einem Konflikt umgegangen ist. Du weißt schon, Sachen wie „Ich bin eine schlechte Mutter, ich habe mich unmöglich verhalten, warum bloß, er (oder sie) ist doch nur ein Kind“ usw. Dein Schuldgefühl wird dich aber auch darauf hinweisen, dass du etwas tun musst: Beobachte und analysiere, wie du dich fühlst, warum du dich so fühlst, und mach dir das Problem bewusst, damit du dich beim nächsten Mal anders verhältst.

Warum nur bei mir?

Ich weiß nicht, wie oft ich das Gefühl hatte, ich sei das Lieblingsopfer meiner Töchter, diejenige, bei der sie am liebsten eine Riesenszene machten! Alles war wie am Schnürchen gelaufen, bis ich zur Tür hereinkam. Da fingen das Weinen, die schlechte Laune und die Nörgeleien an. Mit anderen gab es nie Streit, natürlich auch nicht mit den Großeltern. Und nur selten, wenn sie mit ihrem Vater allein waren. Die anderen sagten oft: „Alles lief super, bis du gekommen bist.“ Ehrlich gesagt hat mich das manchmal richtig wütend gemacht.

Zum Glück wusste ich, dass es der Preis dafür war, dass ich ihre Mutter bin. Aber ich kann dir versichern, diesen Titel zu tragen, habe ich wirklich als Last empfunden, und manchmal hat er mich regelrecht in Rage versetzt. „Warum machen sie das nur bei mir, ihrer Mutter? Warum?“, habe ich gedacht. „Dabei kümmere ich mich so sehr um sie, verbringe so viel Zeit mit ihnen, passe auf sie auf. Ausgerechnet bei mir, die sie im Bauch getragen hat, die sie geboren und aufgezogen hat. Bei mir, die sich Erziehungsurlaub genommen hat, um mich um sie kümmern zu können, die deswegen zwei Jahre lang nicht gearbeitet hat? Warum? Warum?“ Tja, Míriam, genau darum.Meine Klientinnen erzählen mir fast immer das Gleiche: „Die schlimmen Wutausbrüche kriege immer nur ich ab.“ Oder: „Wenn ihr Vater da ist, tut sie das nicht, nur wenn ich da bin.“

Oder: „Bei den Großeltern ist er angeblich der reinste Engel, aber wenn ich ihn abhole, geht sofort das Theater los! Dabei habe ich mich so auf ihn gefreut." In diesen Sätzen steckt die ganze Enttäuschung, Ohnmacht oder auch Traurigkeit, erleben zu müssen, dass das eigene Kind einen schlechter behandelt als alle anderen. Aber schauen wir uns die Sache mal von einer anderen Seite an und tauschen wir die Rollen:

Dein Partner kommt nach Hause und ist müde und vielleicht genervt wegen irgendwas, das bei der Arbeit passiert ist. Nach einer Weile macht er eine freche oder unangebrachte Bemerkung. Du verweist ihn in seine Schranken, und er erwidert: „Entschuldigung, tut mir leid, aber ich bin einfach fix und fertig, ich hatte einen schrecklichen Tag."

Es könnte aber auch umgekehrt laufen: Du kommst nach Hause (oder bist den ganzen Tag nicht aus dem Haus gekommen), bist müde, bist wegen irgendwas genervt, und zack, beim kleinsten Anlass rutscht dir eine verletzende Bemerkung raus oder schlägst du einen falschen Ton an, den dein Partner absolut nicht verdient hat. Er weist dich zurecht und du bittest ihn um Entschuldigung. Ihr sprecht über die Situation und du bemühst dich, die Wogen zu glätten.

Dasselbe kann einem, auch wenn man schon erwachsen ist, mit der eigenen Mutter passieren. Normalerweise liegt für viele Leute gerade da der wunde Punkt. Das Verhältnis zur Schwiegermutter ist noch mal ein anderes Kapitel, aber bei der eigenen Mutter lassen sich vermutlich die Allermeisten gehen. Warum? Warum reden wir manchmal ausgerechnet mit den Menschen, die uns am nächsten stehen und zu denen wir am meisten Vertrauen haben, in so gereiztem Ton und benutzen Wörter, die wir bestimmt auch durch andere, freundlichere ersetzen könnten? Eben weil es die Menschen sind, die wir am meisten lieben und die uns sehr wahrscheinlich am ehesten und am besten unsere Ungehörigkeit verzeihen werden. Die, bei denen wir uns am leichtesten so zeigen können, wie wir uns gerade fühlen, bei denen wir uns nicht verstellen oder die Dinge auf die Waagschale legen müssen.

Warum weint und schreit ein Kind manchmal immer nur dann, wenn seine Mama da ist? Weil es neun Monate in ihrem Bauch war und in den meisten Fällen sie diejenige war, die es in den ersten Monaten seines Lebens rund um die Uhr betreut hat, die es geduldig wieder und wieder gestillt hat. Bei ihr lässt es sich gehen, zu ihr hat es besonders viel Vertrauen und bei ihr hat es das Gefühl, es kann seine dunkelste Seite zeigen und hoffen, trotzdem von ihr geliebt zu werden.

» *Die engste Vertrauensperson eines Menschen zu sein, ist etwas Wunderschönes, doch dazu gehört, dass man neben dessen liebenswürdigster, süßester und schönster Seite auch die Kehrseite erlebt, den Gegenpol, die unangenehmen Facetten seiner Person.*

Das ist normal, denn wir alle haben viele Facetten, viele Emotionen und sichtbare Anteile sowie andere, die verborgen bleiben, die wir nur zulassen und wirklich zeigen können, wenn unser Gegenüber jemand ist, von dem wir wissen, dass er nicht fortgehen und uns nicht verurteilen wird. Dass dieser Mensch trotz allem da sein wird.

Das bedeutet nicht, dass ein Kind nicht auch zu seinem Vater oder anderen Menschen Vertrauen haben kann, dass es sich nicht auch bei ihnen sicher und ihnen sehr nah fühlen kann. Aber mit der Mutter verbindet es ein besonderes Maß an Intimität, wegen all der Dinge, die es mit ihr erlebt und geteilt hat. Deshalb hat es besonders großes Vertrauen zu ihr. Es spürt, dass Mama auch da sein wird, wenn es ihm nicht gut geht, dass es zwischen ihnen beiden einen besonderen „Raum" gibt, eine Bindung, die auch dann nicht zerbricht, wenn es seine unangenehmen, harten Seiten zeigt.

Dass Kinder „nur" uns, ihrer Mutter, ihre dunkelsten Facetten zeigen, sollte uns nicht kränken. Mit diesem Verhalten sagen sie uns eine Menge. Möglicherweise gefällt es uns nicht, was verständlich ist. Mürrische Mienen zu ertragen, ist nicht leicht, aber es muss sein. Unsere Kinder haben nun mal auch ihre weniger angenehmen Charakterzüge und müssen ihnen gelegentlich Raum geben, sie zum Zuge kommen lassen, nicht so, wie sie es möchten, sondern so, wie sie es können. Und wir müssen da sein, um ihnen zu erklären und beizubringen, wie sie am besten mit ihrer Traurigkeit oder ihrer Wut umgehen oder mit ihrer Müdigkeit nach einem langen Tag voller Stolpersteine.

Ich glaube, nur wenn wir ein Kind nicht verurteilen, nicht bestrafen und ihm keine Schuldgefühle vermitteln, nur wenn es spürt, dass wir für es da sind und seine „dunkle Seite" annehmen, kann es auch selbst beginnen, anders damit umzugehen. Damit meine ich: Wenn du dich fragst: „Warum nur bei mir?", dann antworte dir: „Weil mein Kind mir damit sagt, dass es mich liebt und dass es meine Hilfe braucht. Nach und nach wird es lernen, mir beides auf andere Art zu sagen."

Lua mochte es nie, wenn man ihr die Haare wusch. Jahrelang hat sie jedes Mal geheult und geschrien, wenn man ihr Wasser über den Kopf gießen, Shampoo im Haar verteilen und es anschließend ausspülen musste. Jedes Mal, ungelogen. Eines Tages war es vorbei, ab da hielt sie es besser aus. Trotzdem passierte es noch ab und zu, dass sie ärgerlich protestierte. Eines Tages fing sie beim Haarewaschen wieder mal an zu meckern und „Ich will nicht!" zu schreien. Als sie sich beruhigt hatte, fragte ich sie, ob sie sich bei ihrer Großmutter, die sie auch manchmal badete, genauso benähme wie bei mir. „Nein, Mama", antwortete sie mir. „Ich mag es bei niemandem, aber bei dir kann ich leichter sagen, was ich fühle und dass es mich total stört." Damals war sie fünfeinhalb.

Denk also daran: Es ist nicht persönlich gemeint. Kinder tanzen uns nicht auf der Nase herum. Sie halten uns nicht für Idioten und wollen uns auch nicht ärgern oder manipulieren. Wir sind keine Schwächlinge, und sie haben keine „Mamitis". Und es stimmt auch nicht, dass Eltern unfähig sind, Grenzen zu setzen, dass Mütter zu lange stillen oder nicht streng genug mit den Kindern umgehen. Oder dass bewusstes Erziehen ein Fehler ist. Nichts von dem, was du vielleicht dachtest und schon tausendmal gehört hast, ist der Grund für ihr Verhalten. Es hat einfach damit zu tun, dass Kinder spüren, dass ihre Mutter ein „sicherer Raum“ ist, jemand, bei dem sie rauslassen können, was ihnen auf der Seele liegt.

» Sie wissen, dass sie uns erzählen können, wie sie Dinge erleben, weil sie spüren, dass wir sie trotz allem lieben werden.

Sie mildern nichts ab, sie sind noch nicht selbstsicher, deshalb drücken sie ihre Gefühle bisweilen auf so unangenehme Weise aus. Aber sie werden größer, und mit unserer Hilfe werden sie lernen, sich besser auszudrücken, ohne andere zu verletzen. Nach und nach. Schritt für Schritt. Groß werden ist nicht einfach. Es wäre schön, wenn wir genauso auf sie vertrauen würden wie sie auf uns.

Vielleicht sagt dir das, was du soeben gelesen hast, überhaupt nichts, weil du bei dir zu Hause nichts Derartiges erlebst oder sogar das Gegenteil der Fall ist: Dein Kind macht nicht bei dir Theater, sondern bei deinem Partner. Keine Panik, du weißt ja, Verallgemeinerungen führen zu nichts, da nicht alle Menschen gleich sind. Es gibt so viele verschiedene Fälle, wie es Kinder auf dieser Welt gibt. Tatsächlich flippen manche Kinder nicht bei Mama aus, sondern bei Papa. Das bedeutet nicht, dass dein Kind dich nicht liebt oder nicht das Gefühl hat, du seist für es da, es bedeutet nur, dass es sich aus irgendeinem Grund bei deinem Partner oder deiner Partnerin freier fühlt, seine „dunkle Seite“ zu zeigen. Vielleicht weil es spürt, dass er (oder sie) es anders begleiten kann oder sich nicht so aufregt wie du. Vielleicht weil es nicht will, dass du traurig wirst oder dich ärgerst – oder aus anderen Gründen, wer weiß. Wie auch immer, atme durch und versuche, dich nicht davon beunruhigen zu lassen, nicht zuzulassen, dass es deinem Selbstwertgefühl schadet. Nimm Verbindung zu deinem Kind auf und vertrau auf das, was ihr beiden habt.

Warum wird es so wütend, obwohl wir es gut behandeln?

Bezüglich respektvoller, bewusster Erziehung herrscht eine weitverbreitete Illusion, und zwar die Vorstellung, dass unsere Kinder lieb sind und sich nicht unangemessen verhalten, wenn wir sie mit Achtung und Verständnis behandeln. Wir neigen zu der Annahme, dass besonders die Kinder widerspenstig sind, deren Eltern ihnen kein Verständnis und kein Mitgefühl entgegenbringen, deren Eltern sie gemäß traditionellen Mustern erziehen.

Ich gebe zu, dass auch ich ein bisschen in diesem falschen Glauben Mutter geworden bin. Ich glaubte irgendwie fest daran, dass meine Kinder keine dieser irrsinnigen Wutanfälle bekommen würden, wie ich sie mal auf der Straße miterlebt hatte. Denn ich würde meine Kinder gut behandeln, mit viel Respekt und Kommunikation. Und deshalb hätten sie nicht das Bedürfnis, so zu toben. Stell dir die kalte Realitätsdusche vor, die ich abbekommen habe! Sie tut mir heute noch weh, hahaha! Ich habe damals schnell gemerkt, dass es genau umgekehrt war: Weil ich meine Töchter respektierte, ihnen zuhörte und sie ernst nahm, spürten sie, dass ihre Meinung wichtig war. Und deshalb äußerten sie sie ohne Hemmungen und angstfrei.

Weil sie begleitet wurden und so sein durften, wie sie waren, hatten sie keine Angst, jederzeit kundzutun, was sie empfanden, und sie taten es so, wie kleine Kinder es tun: lautstark und ungefiltert. Ich habe damals schnell gemerkt, dass mein Wunschtraum eine realitätsferne Illusion war. Meine Erwartungen prallten frontal mit der Realität zusammen. Ganz offensichtlich waren sie zu hoch und entbehrten jeder Grundlage.

Ich musste mich neu orientieren und begreifen, dass eine bewusste, respektvolle Erziehung Kinder zu selbstbewussten Wesen mit eigener Stimme macht. Und diese Stimme benutzen sie, wann immer ihnen danach ist.

Aber war es nicht genau das, was ich wollte? Freie Kinder erziehen, die in der Welt eine eigene Stimme haben? Das hatte ich also schon mal erreicht. Was ich mir aber nicht vorgestellt hatte, war, dass ihre Stimme, obwohl sie noch so klein waren, sich schon so kraftvoll äußern würde. Gerade wenn Kinder klein sind, probieren sie ihre Stimme und ihren Platz in der Welt aus, denn die Grundlagen für ihr Selbstwertgefühl, ihre Selbstachtung und ihr Selbstvertrauen werden in der frühen Kindheit gelegt.

» *Wenn du also feststellst, dass dein Kind einen starken Willen hat und dir das auch zu verstehen gibt, dann sag dir, dass es etwas Positives ist, und versuche, der Angst keinen Raum zu geben.*

Die Angst taucht vermutlich in Form von Und-wenn-Fragen auf: „Und wenn wir ein tyrannisches Kind großziehen? Und wenn dieses schreckliche Verhalten nie aufhört? Und wenn er oder sie irgendwann zu einem unverschämten, egozentrischen und respektlosen Menschen wird wie die, die man im Fernsehen Türen einschlagen sieht?“

Angst verbindet dich immer mit Gefühlen von Mangel und Bedürftigkeit, mit Zweifeln und Unsicherheit. Versuche, diese Angst wegzuatmen. Sie hat mit all dem zu tun, was wir aus der traditionellen Erziehung geerbt haben, zum Beispiel mit der Vorstellung, man müsse Kinder an der kurzen Leine halten, sonst würden sie einem auf der Nase herumtanzen. Finde wieder deine Mitte, spüre dem nach, was du tief drinnen fühlst, und vertraue auf den Weg der Liebe und der Verbundenheit. Das Verhalten deines Kindes mag momentan nicht das angenehmste sein, aber vergiss nicht, dass es klein ist. Es ist unreif, steckt in einer egozentrischen Phase und muss vieles lernen. Keep calm. Wir werden uns weiter unten eingehender mit kindlichem Verhalten beschäftigen, zunächst aber ist vor allem wichtig, dass du deine Angst beherrschst, denn sie trennt dich von deinem Kind und lässt dich nicht mehr bewusst handeln.

Erwartungen bringen ein weiteres Problem mit sich, nämlich dass wir eigentlich das Gefühl haben, die Dinge sollten anders sein, als sie sind. Wenn wir bestimmte Erwartungen an unser Kind knüpfen, geben wir ihm gewissermaßen zu verstehen, dass es nicht so ist, wie wir es gern hätten oder wie es sein „sollte“. Das spürt das Kind, auch wenn wir selbst es gar nicht merken und nichts davon zur Sprache kommt. Die Erkenntnis, dass das Kind, das wir haben, womöglich nicht dem Kind entspricht, das wir haben wollten, holt uns auf den Boden der Tatsachen zurück.

» *Es ist wichtig, dass wir uns von unseren Erwartungen lösen und das Kind, das wir vor uns haben, definitiv und ohne Einschränkungen so akzeptieren, wie es ist. Denn selbst wenn es anders auf uns wirkt, weil es uns vielleicht anschreit oder schlägt – es ist ein wertvolles, vollkommenes, perfektes Wesen.*

Einfach ist das nicht, besonders wenn die Erwartungen hoch waren. Falls du merkst, dass du bestimmte Erwartungen hattest, die nicht in Erfüllung gegangen sind, möchte ich dir einen Vorschlag machen: Versuche zu ergründen, woher diese Erwartungen kommen. Waren es deine eigenen? Waren sie durch dein kulturelles, soziales oder familiäres Umfeld vorgegeben? Denn es ist wichtig, dass du diese Erwartungen ablegst und dir klarmachst, ob du dir nicht vielleicht die Möglichkeit nimmst, dein Hier und Jetzt intensiv zu erleben und zu genießen. Erwartungen führen im Grunde zu einer an Bedingungen geknüpften Liebe. Damit wir voll und ganz auf unsere Kinder und ihr wahres Wesen eingehen können, müssen wir jegliche Erwartungen oder Pläne, die wir für sie hatten, loslassen und aufgeben und unsere Kinder so annehmen, wie sie hier und jetzt sind.

★ Moment mal …

Ich schlage dir nun vor, kurz innezuhalten, um das Gelesene auch körperlich aufzunehmen. Verbinde dich mit deinem Körper und richte die Aufmerksamkeit auf deine Atmung. Beobachte und registriere, wie die Luft ein- und ausströmt. Atme ein, atme aus. Beobachte, wie die Luft in deinen Körper fließt und deine Lungen füllt, wie sie sich im ganzen Körper verteilt und beim Ausatmen wieder aus dem Körper entweicht. Bleibe in Kontakt mit deiner Atmung, atme so langsam und so tief wie möglich.

Horche in deinen Körper hinein und spüre nach, ob sich beim Lesen der letzten Seiten etwas in dir geregt hat. Welches Gefühl ist deiner Meinung nach gerade in dir lebendig? Atme dieses Gefühl, akzeptiere es und gib ihm Raum.

Jetzt lade ich dich ein, deine Aufmerksamkeit auf die Erwartungen und Wunschvorstellungen zu richten, die du als Mutter oder Vater möglicherweise beibehalten kannst. Versuche zu erkennen, was du erwartet hast und was nicht in Erfüllung geht, und nimm die Enttäuschung oder kalte Dusche an, die diese Nichterfüllung für dein Ego und deine Illusionen bedeutet.

Ich schlage dir vor, deine Wunschvorstellungen durch bewusstes Hinschauen zu ersetzen, deine Perspektive und deinen Blick zu weiten und die schöne Geschichte, die du dir zusammengereimt hast, ins Reich der Märchen oder in die Samstagabend-Fernsehwelt zu verbannen. Mit Wunschvorstellungen im Kopf kannst du nicht so sein, wie deine Kinder dich brauchen. Schau dir genau an, um was für Vorstellungen es sich handelt und woher sie kommen. Hast du sie selbst entwickelt oder gehen sie in irgendeiner Weise auf Überzeugungen zurück, die in deiner Familie oder deiner Umgebung herrschten? Bist du bereit, dein Kind auf eine andere Art zu begleiten, die weniger von Wunschvorstellungen geprägt, sondern realistischer und bewusster ist? Wie fühlst du dich jetzt mit dieser Verantwortung und deinem Erwachsensein?

Atme in diesem Bewusstsein, beobachte deinen Körper, das, was sich gerade regt, und erlaube den Gefühlen, sich zu manifestieren. Es ist wichtig, dass sich in deinem Inneren etwas bewegt. Dein Bewusstsein erweitert sich, was auch eine Erschütterung der Grundfesten bedeutet. Das ist gut so. Erlaube, dass alles in Bewegung gerät. Und selbst wenn es sich jetzt nicht so anfühlt, wird der Boden nach der Erschütterung fester, stabiler und sicherer sein als zuvor. Geh weiter, hab keine Angst. ;-)

Neuland

Weiter oben habe ich von der Suche in unserem geistigen Archiv gesprochen. Wenn wir zu irgendetwas Informationen benötigen, schauen wir zuallererst auf unserer eigenen Festplatte nach. Dort wird uns angezeigt, was wir über bestimmte Dinge wissen, welche Informationen und Überzeugungen wir diesbezüglich haben. Aber natürlich findet sich auf unserer Festplatte nicht zu allem und jedem etwas. Manchmal sucht man im Hauptarchiv nach Formen des bewussten und respektvollen Erziehens und es erscheint nur: *File not found*. Das bedeutet so viel wie: „Ihre Suche nach ‚respektvoller, bewusster Umgang mit diesem Konflikt' hat keine Treffer erzielt."

Warum wir bei der Suche nach „bewusster, respektvoller Erziehung" in unserem innersten Archiv auf keinerlei Ergebnisse stoßen, ist nicht leicht zu verstehen. Tatsache ist aber, dass wir uns an niemandem orientieren können. Fast jeder Mensch wurde nach dem traditionellen Erziehungsmuster erzogen, über das ich in diesem Buch schon gesprochen habe. Machen wir uns nichts vor: Bewusste, respektvolle Erziehung ist weltweit immer noch Sache einer sehr kleinen Minderheit von Müttern und Vätern. Einer viel zu kleinen, würde ich sagen. Mitunter scheint sie uns weit verbreitet, wenn wir zum Beispiel sehen, dass unsere Freunde versuchen, ihre Kinder genauso zu erziehen wie wir. Doch das ist definitiv nicht der Fall. Leider sind wir eine Minderheit. Aber ich glaube und wünsche mir, dass wir immer mehr werden.

Wie dem auch sei, wir haben keine Vorbilder oder Bezugsgrößen. Kindererziehung, bei der man als Erwachsener für seine eigenen Empfindungen, sein Erleben und Verhalten Verantwortung übernimmt, bei der man Seite an Seite mit den eigenen Kindern wächst, wohl wissend, dass man nichts weiß und viel lernen muss, ist noch mehr oder weniger Neuland.

Deshalb wirst du bei der Suche nach jemandem in deiner Familie, an dem du dich orientieren könntest, sehr wahrscheinlich niemanden finden. Denn weder haben dich deine Eltern auf diese Weise erzogen, noch haben deine Schwager und Schwägerinnen, Cousins und Cousinen, Tanten und Onkel usw. etwas Ähnliches gemacht wie du. Gut möglich, dass du nicht einmal Freunde oder Bekannte hast, die ihre Kinder so respektvoll und bewusst erziehen, wie du es machen möchtest.

» Folglich fühlst du dich manchmal nicht nur allein damit, sondern so, als stündest du in der Wüste.

Du schaust dich nach allen Seiten um, aber da ist niemand. Und wenn du „Hallo?" rufst, kommt nur dein eigenes Echo zurück. Da du keine Vorbilder hast, stehst du ziemlich nackt und voller Zweifel da. Alles ist Neuland. Wenn du wie deine Eltern erziehen wolltest, wüsstest du bereits, wie mit einem kindlichen Wutanfall umzugehen wäre: Du würdest eine bestimmte Datei aufrufen und ein entsprechendes Ergebnis erhalten. Suchst du aber im Zusammenhang mit einem Wutanfall nach einer bewussten, souveränen und respektvollen Reaktion, findest du nichts in deinem Archiv.

Das Internet und die sozialen Netzwerke haben Communitys einander nähergebracht. In der realen Wüste hat sich sozusagen ein Fenster zur virtuellen Welt geöffnet, in der man andere Orientierungen finden kann, die einem aus der Ferne und über den Bildschirm vermitteln, dass es möglich ist, sein Kind so zu erziehen, wie man es gern tun würde. Und nicht nur das, sondern dass es das Beste ist, was man tun kann. Das macht Mut und gibt Auftrieb. Doch dass man in Sachen Vorbilder 1.0 wie ein Waisenkind dasteht, erschwert das Ganze ein wenig.

Ein neuer Blick und ein neuer Preis dafür

In diesem Buch schlage ich wie in meiner gesamten bisherigen Arbeit vor, dass wir uns von einer auf dem traditionellen, erwachsenenzentrierten Muster basierenden Elternschaft und Erziehung verabschieden – einer Erziehung, die Kontrolle mittels Angst beinhaltet – und uns stattdessen für eine auf bewusster Erziehung basierende Elternschaft entscheiden. Weil wir die Erkenntnis gewonnen haben, dass wir nur, indem wir unserem verletzten inneren Kind wachsen helfen, indem wir es unterstützen, verstehen und bei seiner Reifung begleiten, auch unsere Kinder beim Heranwachsen unterstützen und ihnen helfen können, zu freien, bewussten, souveränen und starken Erwachsenen zu werden.

Alles im Leben hat seinen Preis, das müssen wir uns klarmachen, sonst halten wir weiter an der Wunschvorstellung fest, für keine unserer Entscheidungen zahlen zu müssen. Doch alles hat seinen Preis. Häufig wählen wir Option A, ohne an den damit verbundenen Preis zu denken, und vergessen, dass das nicht funktionieren wird. Anschließend beklagen wir uns, wollen aber auch nicht Option B wählen. Wie man es auch dreht und wendet, diese Haltung ist eine kindliche. Darüber sollten wir uns im Klaren sein.

> ❞ *Wir sollten einen erwachsenen, verantwortungsvollen Standpunkt einnehmen und unsere Wahl im Wissen um den Preis treffen, den wir zu zahlen bereit sind.*

Kinder nicht anzuschreien, bewusst und respektvoll mit ihnen umzugehen, ihre Bedürfnisse zu befriedigen, sie beim Heranwachsen zu begleiten und dabei besonnene, verantwortungsvolle Grenzen zu setzen, hat – wie alles – seinen Preis.

Und dieser Preis besteht darin, dass es ermüdend ist und man viele Stunden mit den Kindern verbringen muss. Unter Umständen bedeutet es auch, dass man sich eine andere Arbeit suchen muss, damit man alles miteinander vereinbaren und präsenter sein kann. Aber das wird nicht der einzige Preis sein. Kinder auf diese Weise zu erziehen, bedeutet auch, sich selbst zu betrachten, zu weinen und eigene Wunden zu versorgen, von denen man nicht mal wusste, dass man sie hat. Es bedeutet, Verantwortung für die eigenen Gefühle zu übernehmen und sie nicht seinen Kindern aufzubürden, indem man sie für das eigene Unglück verantwortlich macht.

> ❞ *Eine solche Erziehung bedeutet schlicht und einfach viel Arbeit: Arbeit an sich selbst, an der Paarbeziehung, an den Kindern. Diesen Preis muss man bezahlen.*

Eine Erziehung nach traditionellem Muster hat einen ganz anderen Preis. Wenn ich mein Kind anschreie, es schlage, es schlecht behandle, es manipuliere und all meine nicht verheilten Wunden, all meine Frustrationen und Erwartungen bei ihm ablade, werde ich wahrscheinlich nur schwer Verbundenheit mit ihm erreichen. Es ist ein hoher Preis, denn möglicherweise wird mein Kind ein „falsches Ich“ entwickeln, weil es versucht, mir zu gefallen, damit ich mit ihm zufrieden bin. So wird es sich von dem Menschen entfernen, der es wirklich ist. Der Preis besteht also darin, dass ich das Kind mit meinem Verhalten von mir und auch von ihm selbst (was viel schlimmer ist) entferne. Wenn es irgendwann ein Problem hat, wird es sehr wahrscheinlich nicht mir davon erzählen und nicht mich um Hilfe bitten, weil es begriffen hat, dass ich es nicht unterstützen kann. Der Preis wird zudem darin bestehen, dass sein Selbstwertgefühl und sein Gefühl, einen sicheren Platz in der Welt zu haben, sein Gefühl zu genügen, Schaden nehmen werden. Möglicherweise wird er sogar Ängstlichkeit, Unbehagen und Flucht bedeuten, weil das Kind auf alle möglichen Arten versuchen wird, seinen inneren Schmerz zu lindern.

In beiden Fällen steht der Preis fest, und er ist nicht eben gering. Jetzt, da wir die Preise kennen, sollten wir bewusst wählen, welchen wir lieber zahlen wollen. Was allerdings nicht geht, ist, Option A zu wählen, ohne den entsprechenden Preis zu zahlen, oder Option B mit den Vorteilen von Option A, jedoch ohne den Preis zu akzeptieren, den Option B impliziert. Das ist definitiv unmöglich.

Überlege also einen Moment, analysiere beide Optionen und ihre jeweiligen Konsequenzen. Und wähle anschließend ganz bewusst den Preis, den du lieber zahlen möchtest. Geh nun als der erwachsene Mensch, der du bist, mit deinem Portemonnaie zur Kasse, bereit, das zu zahlen, was auf dem Preisschild steht, ohne auf Ermäßigungen zu hoffen oder zu tricksen.

Stell dir vor, du bist mit einer Expedition im Himalaya unterwegs und ihr wollt den K 2 besteigen. Da viel Schnee liegt und der Aufstieg in so großer Höhe sehr anstrengend ist, löst ihr euch beim Bahnen des Weges ab. Eine Zeit lang führst du die Expedition an, dann übernimmt jemand anders diese Aufgabe und du kannst weiter hinten laufen, wo du dich nicht so anstrengen musst, da dein Gefährte oder deine Gefährtin in den Schneemassen, die das Gehen erschweren, einen Weg bahnt. So erlebst du abwechselnd Phasen größter Anstrengung und Phasen des Verschnaufens, in denen jemand anders die Führung übernimmt und für dich einen Weg freilegt.

> ❞ *Die schlechte Nachricht ist aber leider die, dass dich auf dem neuen Weg, den du gerade beschreitest, niemand ablöst.*

Sich hier einen Weg zu bahnen, ist genauso beschwerlich oder sogar noch beschwerlicher als am K 2, da du keine Anhaltspunkte hast und auf der unbekannten Strecke noch niemand eine Spur hinterlassen hat, der du folgen könntest.

Außerdem kannst du dir keine Verschnaufpausen gönnen, kannst nicht sagen: „Jemand soll mich mal ablösen." Denn selbst wenn du einen Partner oder eine Partnerin hast und ihr in Sachen Kindererziehung ein ideales Team bildet, bist nur du allein die Mutter (oder der Vater), kannst also nur du deinen Weg gehen. Natürlich ist es angenehmer und etwas einfacher, gemeinsam mit jemandem zu laufen, aber nur du selbst kannst deine Einstellung ändern, deine Art, mit den Dingen umzugehen, Konflikte zu managen, Gefühlsausbrüche zu begleiten. Nur du kannst das traditionelle Erziehungsmuster durch ein anderes ersetzen, eines mit mehr Verbundenheit, ein liebevolleres, bewussteres und souveräneres. Denn wer sich ändern muss, bist du, und diese Arbeit kann dir niemand abnehmen.

Das Anstrengendste von allem ist, dass der neue Weg, den man eines Tages beschritten hat, immer weiter und weiter führt. Aber es ist nicht nur anstrengend, sondern wundervoll. Denn es bedeutet, man lernt eine neue Welt kennen, man legt unterwegs sein Gepäck voller erlernter, aber mittlerweile alter und überholter Muster ab, die einem nichts mehr nützen, da man sich verändert hat. Wenn man bewusster handelt, haben unbewusste Verhaltensweisen für einen keine Gültigkeit mehr. Wenn man bewusster lebt, leuchten einem falsche, unbewusste, übernommene Überzeugungen nicht mehr ein und nützen einem nichts mehr. Man muss sie infrage stellen und sich von ihnen lösen, um zu neuen Formen des Denkens, Funktionierens und Fühlens zu gelangen.

Findest du das nicht spannend? Für mich ist es das auf jeden Fall. Zweifellos ist es das Spannendste, das ich je erlebt habe: dieser Weg der Bewusstwerdung an der Seite meiner Töchter und meines Partners, die mir helfen, täglich ein besserer Mensch zu werden, zu wachsen, mich weiterzuentwickeln und zu verändern. Doch wie jeder Weg verläuft auch dieser nicht ohne Hindernisse.

Eines dieser Hindernisse ist die Einsamkeit. Denn wenn man sich auf den neuen Weg begibt, werden sehr wahrscheinlich Menschen zurückbleiben, zu denen man bisher eine enge Beziehung hatte. Das ist ein natürlicher Prozess. Je mehr Dinge einem bewusst werden, umso weniger will man sich mit Menschen umgeben, deren Handeln auf unbewussten Überzeugungen und Gefühlen beruht. Man muss akzeptieren, dass Beziehungen eine Weile bestehen und oft dann enden, wenn sie einem nichts mehr bringen, wenn man mit ihnen nicht weiterwachsen kann.

Man wandert nun eine Zeit lang durch die Wüste und denkt, man sei allein auf weiter Flur, habe mit den früheren Freunden nichts mehr gemein und könne nicht mehr so weitermachen wie bisher. Doch man hat nur noch keine neuen Begleiterinnen oder Begleiter gefunden. Man schaut sich nach allen Seiten um und sieht möglicherweise noch niemanden.

Das ist keine ungewöhnliche Entwicklung. Aber natürlich würde ich verstehen, dass du dich unwohl fühlst, wenn du dich in das, was ich dir erzähle, hineinversetzt. Dieses Gefühl des Alleinseins sind wir nicht gewohnt, und natürlich ist es ziemlich unangenehm, es lässt eigene Unsicherheiten, Verletzlichkeiten und Zweifel neu aufleben. Geh den Weg trotzdem weiter. Du hast keine andere Wahl. Schau weiterhin nach rechts und links, während du festen Schrittes weiterläufst, stark und sicher bei dem, was du tust ... Glaub mir, eines Tages wirst du jemanden sehen, hier oder in der Ferne, mit dem du auf einer Linie liegst. Und der Einklang zwischen euch wird größer sein als der, den du mit bisherigen Weggefährten erlebt hast, weil er mit einem stärkeren Bewusstsein einhergehen wird. Deine Augen werden glänzen: Du warst gar nicht allein, du musstest nur eine Weile suchen. Ihr werdet jetzt gemeinsam weiterlaufen und in der Ferne werdet ihr noch jemanden sehen, werdet eine neue Begleiterin oder einen neuen Begleiter finden. So wirst du dir nach und nach eine Gemeinschaft aufbauen und mit größerer Kraft und Überzeugung den Weg des Wachstums und Bewusstwerdens verfolgen, den du eines Tages beschritten hast. Geh weiter, die Mühe lohnt sich.

Ein weiteres Hindernis wird die Meinung der anderen sein. Wenn du siehst, dass es in deinem engsten Umfeld niemanden gibt, der deine Einstellung teilt, vermittelt dir das möglicherweise das Gefühl, ein komischer Vogel zu sein und von den Leuten schief angeschaut zu werden. Auch das ist normal. Jemand, der miterlebt, wie anders du in bestimmten Situationen mit deinem Kind umgehst – ob Eltern, Geschwister, Freunde oder Freundinnen usw. –, fühlt sich vielleicht selbst infrage gestellt, weil er oder sie die Dinge nicht so gemacht hat oder macht wie du. Möglicherweise verwirrt es die Betreffenden mitanzusehen, wie du dich verhältst. Und da sie deine bewusste Einstellung nicht teilen, kritisieren sie dich, statt sich selbst und die Wunden, die ihnen die traditionelle Erziehung zugefügt hat, infrage zu stellen.

> ” *Mach dir klar, dass du nicht viel mehr tun kannst, als zu verstehen, warum andere Leute dich negativ beurteilen oder bestimmte Kommentare abgeben.*

Sie leben in ihrer Welt, mit ihren Überzeugungen und Erfahrungen, und haben vielleicht absolut keine Lust zu ergründen, warum dein respektvoller und bewusster Umgang mit deinem Kind etwas in ihnen aufwühlt. Wie du weißt, ist es einfacher, andere zu kritisieren, zu verurteilen, infrage zu stellen oder gar zu beschuldigen, als intensiv über sich selbst nachzudenken und sich zu fragen: „Was tut sich da in meinem Inneren? Weshalb wühlt ihre/seine Erziehungsmethode mich dermaßen auf?“ Mach dir deswegen nicht zu viele Sorgen – *c'est la vie*. Sieh nur zu, dass das fehlende Bewusstsein dieser Menschen dich nicht bremst und auf dem neuen Weg, den du dir bahnen musst, für zusätzliche Meter Schnee sorgt. Dass ihre Zweifel dich nicht verunsichern. Was andere fühlen, denken und sagen, hat mit ihnen zu tun, nicht mit dir. Und denk daran: Je mehr du von dem überzeugt bist, was du tust, umso weniger wirst du darauf angewiesen sein, dass andere es gutheißen.

★ Moment mal …

Während meiner Ausführungen ist bei dir möglicherweise einiges in Bewegung geraten. Ich schlage dir daher vor, kurz innezuhalten und dich selbst zu beobachten. Verspürst du in diesem Moment irgendeine körperliche Anspannung? Wie fühlst du dich, nachdem ich soeben von Paradigmenwechsel gesprochen habe und davon, keine Orientierung zu bekommen und sich allein einen Weg bahnen zu müssen? Vielleicht fühlst du dich überfordert … Atme mit diesem Gefühl, spüre dem nach, was in dir in Bewegung geraten ist, beobachte, was du körperlich empfindest, und atme tief und langsam ein und aus.

Falls du dich verletzlich fühlst, ist das in Ordnung und legitim. Erlaube dir, dich als der erwachsene Mensch, der du bist, selbst zu öffnen. Erlaube dir die Angst und die Verletzlichkeit, die du empfindest, weil du dich allein und orientierungslos fühlst. Der erwachsene Anteil in dir kann dem Kind in dir, das vom Sichvorwärtskämpfen verängstigt und müde ist, Halt geben. Es ist ganz normal, dass du müde bist, du erledigst eine anstrengende Aufgabe. Hab Verständnis mit dir selbst. Erlaube dir, ab und zu eine Pause einzulegen und zu verschnaufen, Energie zu tanken, um weiterlaufen zu können.

An dieser Stelle solltest du unbedingt prüfen, wie fürsorglich du mit dir selbst umgehst. Erforsche deine Gefühle bezüglich eigener unbefriedigter Bedürfnisse und sei ehrlich zu dir selbst: Was brauchst du? Sorgst du gut für dich selbst? Liebst du dich? Die Antworten auf diese Fragen sind entscheidend, falls du, sofern es nötig ist, anders mit dir umgehen willst, nämlich mit Eigenliebe, Respekt und Selbstfürsorge. Vergiss nicht, dass ein Mensch, der für einen anderen sorgt, auch für sich selbst sorgen muss. Das hat nichts mit Egoismus zu tun. Es bedeutet, sich dessen bewusst zu sein, dass man, wenn es einem selbst nicht gut geht, auch gegenüber seinen Kindern oder anderen Menschen nicht die beste Version seiner selbst abgeben kann. Es ist viel egoistischer, nicht für sich selbst zu sorgen und das entsprechende Unbehagen den Menschen aufzubürden, die einem nahestehen. Vergiss das nicht.

Pass auf dich auf und setze deinen Weg fort.

Frustrierte Mütter und Väter, frustrierte Kinder

Weißt du, was passiert, wenn uns nicht bewusst ist, welchen Weg wir wählen und welchen Preis wir dafür zahlen müssen? Wir sind frustriert. Denn in unseren Wunschträumen haben wir uns vorgestellt, der Weg wäre kinderleicht und wir müssten keinen Preis dafür bezahlen. Wir treffen nicht gern bewusst eine Wahl und bezahlen auch nicht gern. Meine Güte, alle Welt hat Kinder, da kann Erziehung doch nicht so schwer sein, dachten wir. Und haben uns ganz schön was eingebrockt. Denn dass alle Welt Kinder hat, heißt nicht, dass Erziehung ein Kinderspiel ist – weit gefehlt.

Wenn wir nicht bewusst handeln, sondern in unserem Glauben verharren, alles werde schon so laufen, wie wir es geplant haben, wie wir es uns ausmalen und erhoffen, werden wir frustriert sein. Und dann wird die Frage auftauchen: „Warum hat einem das niemand erzählt?“ Ganz einfach:

Vielleicht hat es dir niemand erzählt, weil die meisten Leute genauso sind wie du und es erst gemerkt haben, nachdem sie ein paarmal auf die Nase gefallen sind. Oder man hat es dir erzählt und du wolltest es nicht hören.

Die raue Wirklichkeit zeigt uns schließlich, dass sich vor uns eine Menge Arbeit auftürmt, die verdammt einem Achttausender ähnelt. Und außerdem fällt uns wieder ein, dass uns niemand einen Weg bahnen wird. „Ach, du Schande“, denken wir, „nichts wie weg hier!“ Vor uns steht unser Kind, schaut uns an und spürt die Energie, die wir ausstrahlen. Den absoluten Frust. Denn wir merken, dass wir das alles nicht so wollten, wie es ist. Frust, weil wir nicht wissen, welchen Weg wir einschlagen sollen, ob wir mutig genug sind, eine erwachsene, verantwortungsvolle Entscheidung zu treffen. Frust, wenn wir unserem Kind in die Augen schauen, das uns zu sagen scheint: „Und was jetzt, Mama? Und was jetzt, Papa?“

Das sind die Augenblicke, in denen wir am liebsten wieder auf Mamas Schoß klettern und zu ihr sagen würden: „Erwachsensein ist großer Mist, Mama. Nimm mich in die Arme, halt mich fest und lass mich hierbleiben, in Sicherheit, für immer nah bei dir.“ Wir wünschen uns, wieder ein kleines Kind zu sein und uns vor Verantwortungen zu drücken. Wir würden am liebsten ein Schild mit der Aufschrift „Nicht stören“ an unsere Zimmertür hängen und uns unter der Bettdecke verkriechen.

Und das alles wegen der frustrierenden Entdeckung, dass die Wirklichkeit nicht so ist, wie wir sie uns vorgestellt haben, als wir – endlich – durchs große Tor in die Welt der Erwachsenen eingetreten sind.

Wenn du jetzt an diesem Punkt stehst, wenn du spürst, dass diese Worte dich mitten ins Herz treffen, atme erst einmal durch und dann akzeptiere deinen Weg. Mir ist es genauso ergangen, ich stand an diesem Punkt und weiß, wie schwer das ist. Aber man übersteht es, das kann ich dir versprechen.

> *„Du musst es in erster Linie für dich tun, weil du es verdient hast, dein maximales Potenzial als erwachsener Mensch auszuschöpfen, die Zügel in die Hand zu nehmen und das Leben zu lenken, wohin dein Herz dich führt. Aber du musst es auch für dein Kind tun, das vor dir steht und wartet.*

Wenn du deinen Frust nicht in etwas Positives umwandelst, gibst du ihn an dein Kind weiter. Wenn du mit diesem Frust weiterlebst, steckst du dein Kind damit an, genau wie es dich mit seinem Frust ansteckt, sobald es nicht bekommt, was es will – falls du nicht sehr fokussiert und bewusst bist. Am schlimmsten aber ist Folgendes: Sollte dein Kind in dieser Erziehungsphase deinen Frust spüren, könnte es glauben, es sei nicht gut genug, es sei nicht „richtig“, weil es dich nicht glücklich macht. Denk daran, es steckt in seiner egozentrischen Phase und erlebt Folgendes: Wenn Mama glücklich ist, dann weil ich großartig bin; aber wenn sie es nicht ist, dann stimmt irgendwas nicht mit mir, sonst würde ich sie glücklich machen.

An deinem Kind ist nichts falsch. Wie du weißt, liegt das Problem bei dir. Kinder tun uns nichts an. Doch wir geben ihnen genau dieses Gefühl, wenn wir mit unserem Frust und unserer bitteren Miene herumlaufen, die so viel bedeutet wie: „Mich um dich zu kümmern, ist so schwierig, dass ich davon ganz erschöpft bin.“

Wie würdest du dich denn fühlen, wenn es dir mit deinem Partner oder deiner Partnerin so erginge? Wenn er oder sie dauernd frustriert wäre, weil es so schwer ist, das Leben mit dir zu teilen? Wenn du ständig spüren würdest, dass er oder sie das Zusammensein mit dir als die komplizierteste Sache der Welt empfindet? Vermutlich wärst du ebenfalls frustriert und würdest denken, dass du vielleicht mehr tun müsstest, damit dein Partner glücklicher und zufriedener ist. Oder du wärst müde und distanziert und würdest dich immer häufiger mit deinem Partner oder deiner Partnerin streiten, weil du das Gefühl hättest, er oder sie sei weder liebevoll noch gerecht noch ein Mensch, mit dem es schön ist, den Alltag zu teilen.

Falls du dich zurzeit frustriert fühlst, akzeptiere es, versuche aber zugleich, deinen Frust in etwas Positives umzuwandeln, damit er dir hilft, weiter zu wachsen. Er sollte ein Trampolin sein, keine Grube. Und um ihn besser umwandeln zu können, horche auf deinen Körper.

★ Moment mal …

Mach dir bewusst, wie es dir mit den Frustrationen, Erwartungen und Illusionen hinsichtlich der Erziehung deines Kindes geht und inwiefern du diese Erziehung als schwierig empfindest. Achte vor allem darauf, wie es dir geht, wenn dein Kind zornig wird, einen Wutanfall bekommt oder anderer Meinung ist als du. Denn dein Frust wird auch seiner sein und seiner wird deiner sein – und so geratet ihr in einen Teufelskreis, der für euch beide und in eurer Beziehung zu einem Verhaltensmuster werden kann, das Schmerz und Leid noch vergrößert.

Falls du merkst, dass sich dieses Verhaltensmuster schon installiert hat, halte einen Moment inne. Schließ nach der Lektüre des vorangegangenen Abschnitts die Augen und atme tief und langsam ein und aus. Du hast es nicht absichtlich zugelassen. Niemand möchte ein unbewusstes Verhaltensmuster annehmen, das Leiden erzeugt. Versuche, dir mit Mitgefühl zu begegnen und dir keine Schuld zu geben, sondern die Dinge so anzunehmen, wie sie sind, denn ihr steckt nun in dieser Situation und müsst wieder hinausfinden.

Atme, akzeptiere, dass du an diesem Punkt angelangt bist, weil ihr nicht fähig wart, es besser zu machen. So etwas passiert uns allen, wir sind nur Menschen. Nichts geschieht ohne Grund. Versuche, dir keine Schuldgefühle einzureden. Atme. Spüre in deinen Körper hinein. Was sagt er dir? Welche Energie geht im Moment von dir aus? Horche auf deine innere Stimme, den weisesten Teil in dir. Sie wird dir helfen, aus dem Schlamassel herauszukommen, in dem ihr beide steckt. Du selbst kennst die Antwort, glaube mir. Du weißt, wie du wieder mit dir selbst und mit deinem Kind Verbindung aufnehmen kannst.

Akzeptiere deine Frustration und nimm sie an. Sie hat dich hierhergeführt und ermöglicht dir, einen Tiefpunkt zu erreichen und sie in Wachstum, Entwicklung und Bewusstseinserweiterung umzuwandeln. Deshalb solltest du die Frustration willkommen heißen. Sage zu ihr: „Vielen Dank, dass du zu mir gekommen bist, dass du mich dazu gebracht hast, in mich zu gehen und mich ein bisschen besser kennenzulernen. Aber jetzt darfst du mich loslassen. Ich danke dir für das, was du mir gegeben hast. Ich brauche dich nicht mehr." Und nun atme tief durch und horche auf das, was dein Körper sagt. Nimm diesen Moment an, hier und jetzt, während dein Bewusstsein sich erweitert und du wächst. Du machst es sehr gut, mach weiter so.

Die großen Unbekannten

Unsere Gesellschaft ist Lichtjahre davon entfernt, emotional intelligent zu sein. Emotionen werden seit Jahrhunderten ignoriert, abgewertet und mit Geringschätzung bedacht. Wichtig war und ist nicht das Fühlen, sondern das Tun und Denken. Mit dieser Einstellung sind wir dort angelangt, wo wir heute stehen. Wir leben mit viel innerer Leere, weil wir etliche Gefühle unterdrücken, statt sie zu integrieren, Gefühle, die dann lange Zeit schmerzen, manchmal sogar, ohne dass wir es merken.

Wenn wir gefragt werden, wie wir uns fühlen, wissen wir nicht, was wir sagen sollen. Gut. Normal. Wir wüssten unseren Gefühlen aber auch

gar keinen konkreten Namen zu geben, weil wir nicht einmal wissen, wie wir auf uns selbst hören sollen.
Allmählich erkennt die Forschung, wie wichtig emotionale Intelligenz ist: sich selbst zu kennen, kanalisieren zu können, was in einem aufsteigt, Worte dafür zu finden, es zu verarbeiten, zu überwinden und loszulassen.

Denn wir können unsere Gefühle zwar ignorieren, aber nicht deshalb sind sie nicht mehr da. Das Ganze ist wahrhaft absurd. Wir verhalten uns wie kleine Kinder, die sich hinter ihren eigenen Händen verstecken und glauben, man würde sie nicht sehen. Genauso machen wir es mit unseren Gefühlen, wir halten uns die Hände vor die Augen, um sie nicht sehen und uns nicht mit ihnen befassen zu müssen, und glauben, so würden sie verschwinden und uns in Ruhe lassen. Aber das tun sie natürlich nicht.

›› Leider muss ich dir noch mal sagen, dass Erwachsensein auch bedeutet, Verantwortung für die eigene emotionale Ignoranz zu übernehmen und anzufangen, etwas daran zu ändern.

Wachsen bedeutet, dass man beginnt (falls man es noch nicht tut), auf sich selbst zu hören, darauf zu achten, was in einem vorgeht, und zu verstehen, dass es sogar wichtiger ist als das, was draußen vorgeht.

Damit komme ich zu einer weiteren unumstößlichen Wahrheit: Nichts Äußeres wird dein Inneres beruhigen. Nichts Äußeres wird dich retten. Deshalb ist das, was in deinem Inneren passiert, wirklich wichtig. Denn wenn du in dich hineinschaust, kannst du deine Wunden heilen, kannst du dich nach und nach selbst entdecken, dich immer besser kennenlernen, von dir selbst lernen und anfangen, dich und die Welt bewusster und umfassender zu sehen.

Genauso wichtig ist es, dass du deinem Kind hilfst, seine Emotionen zu verstehen, mit ihnen umzugehen und sie loszulassen. Doch du kannst ihm nicht helfen, wenn du nicht zuvor dir selbst geholfen hast, wenn du nicht selbst diese Aufgabe erfüllt hast. Na ja, du könntest es umgehen und versuchen, deinem Kind dennoch zu helfen, aber es wird merken, dass das, was du sagst, nicht für dich selbst gilt, und sich folglich eher an das halten, was du tust, nicht an das, was du erzählst.

Sei also selbst ein Beispiel, erforsche deine Gefühle, lerne sie kennen, spüre und durchlebe sie. Du wirst damit nicht nur dir selbst helfen, sondern es wird dir dazu dienen, dein Kind in seiner Gefühlswelt zu begleiten und ihm zu helfen, nach und nach mehr emotionale Intelligenz zu entwickeln. Glaub mir, die Mühe und der Weg lohnen sich.

Emotionen nicht bewerten

Es ist ganz wichtig zu begreifen, dass alle Gefühle ihre Berechtigung haben und legitim sind. Das hört sich vielleicht selbstverständlich an, ist es aber nicht. Früher wurden nur solche Gefühle anerkannt, die angenehme Empfindungen auslösten, sowohl bei einem selbst als auch bei den Anwesenden. Auf heikle und unbequeme Emotionen wie Wut, Angst, Eifersucht, Neid usw. traf das nie zu.

Es gibt aber keine guten oder schlechten Emotionen. Emotionen oder Gefühle sind da. Dagegen gibt es durchaus verschiedene Arten, Emotionen zu erleben und körperlich wahrzunehmen.

> ›› *Manche fühlen sich angenehm an (Freude, Glück, Ruhe, große Zufriedenheit), andere sehr unangenehm (Angst, Zorn, Frustration, Neid oder Eifersucht usw.).*

Bevor wir zu dem Kapitel kommen, das sich mit der Frage befasst, wie man Wutanfälle begleiten kann, müssen wir uns unbedingt mit Emotionen ganz allgemein beschäftigen. Unsere tief sitzenden Ansichten über Emotionen, die unangenehme Empfindungen auslösen, können uns in dem Moment, wo unser Kind sie heraufbeschwört, zu unbewusstem Handeln verleiten. Deshalb wird es Zeit, die eigene Einstellung zu diesen Emotionen zu durchleuchten. Denn verinnerlichte Ansichten führen immer zu einer Denkweise, die in dem Moment, wo man sein Kind bei einem Wutanfall begleiten will, bestimmte Emotionen auslöst.

Wir müssen uns selbst erforschen und beobachten, wie wir uns angesichts der verschiedenen Emotionen verhalten, die in uns aufsteigen oder die andere in unserem Umfeld empfinden. Wir müssen uns fragen, ob wir sie wirklich alle anerkennen und gelten lassen. Ob wir, wenn unser Kind heulend und jammernd zu uns kommt, denken: „Was für ein Blödsinn ist ihr denn jetzt wieder passiert?“, oder Sätze zu ihm sagen wie: „Rede normal mit mir, sonst höre ich dir nicht zu.“ Oder ob wir ihm, wenn es zum x-ten Mal sagt, es habe Angst, aufs Klo zu gehen, entgegnen: „Schon wieder? Aber es gibt doch gar keine Monster!“

Diese Beispiele zeigen Fälle, in denen eine Emotion nicht akzeptiert oder ihre Berechtigung angezweifelt wird. Weil sie uns stört, ermüdet, bedrückt und belastet. Und weil wir sie nicht berechtigt bzw. legitim finden. Dabei sind alle, absolut alle Gefühlsregungen legitim. In den geschilderten Situationen kümmern wir uns mehr um unser eigenes Unbehagen als um das unseres Kindes, das gerade eine bestimmte Emotion spürt. Deshalb will ich noch mal das Allerwichtigste betonen: Gefühle und Emotionen sind da, und diese Tatsache verträgt sich nicht mit unserem Widerwillen, die Dinge einfach so zu akzeptieren, wie sie sind. Wir müssen anfangen, die Wirklichkeit ohne positive oder negative Adjektive zu betrachten. Ohne Bewertung. Schaffen wir das?

Wir sind es gewohnt, Dinge zu bewerten, auch Emotionen: als schrecklich, frustrierend, bedrückend usw. Und dass wir die Wirklichkeit, die im Wesentlichen neutral ist, auf diese Weise wahrnehmen, erzeugt Leid. Das kommt natürlich daher, dass uns Familie, Kultur und Gesellschaft eine nicht gerade leichte Last mitgegeben haben. Umso mehr müssen wir uns klarmachen, dass Gefühle bzw. Emotionen weder gut noch schlecht, weder positiv noch negativ sind. Sie sind ganz einfach. Wir nehmen Dinge als „gut“ oder „schlecht“ wahr, und jeder von uns hat seine eigene Wahrnehmung. Doch je eher wir akzeptieren, dass Emotionen ihre Berechtigung haben und wir sie nicht unterdrücken oder verleugnen sollten, umso besser werden wir mit ihnen zurechtkommen.

» *Wozu sind Emotionen eigentlich da? Welche Funktion haben sie? Sie helfen uns, „etwas“ zu sehen, auf das wir achten müssen.*

Sie haben die Aufgabe, Dinge ans Licht zu bringen, zu zeigen und sichtbar zu machen, die gesehen, beachtet, gehört, durchlebt werden müssen, damit wir sie integrieren, etwas unternehmen und sie sich schließlich auflösen und in etwas Lehrreiches, in Wachstum und Entwicklung verwandeln.

Mach dir keine Sorgen, wenn dir das, was du jetzt liest, noch spanisch vorkommt, wenn es sich für dich so sonderbar anhört wie eine Fremdsprache, von der du nicht mal die wichtigsten Wörter kennst. Unsere Gesellschaft ist im Allgemeinen in Gefühlsdingen sehr unwissend, da sie jahrhundertelang alles, was nicht mit Tun und Denken zu tun hatte, nicht weiter beachtet hat. Deshalb stehen wir heute auch an einem Punkt, an dem wir nur wenig über Emotionen wissen und darüber, was wir selbst und was unsere Kinder fühlen. Das ist nur logisch und war zu erwarten. Keine Sorge, nach und nach wirst du immer mehr dazulernen und es wird sein, als würdest du in geschlossenen Räumen Licht machen, in denen nicht einmal Stromleitungen verlegt sind.

★ Moment mal …

Ich schlage dir vor, einen Moment innezuhalten und deinen Körper zu beobachten. Achte auf deine Atmung und nimm sie bewusst wahr. Spüre, wie die Luft in deinen Körper hinein- und wieder aus ihm herausströmt und wie du in einen Zustand tiefer Entspannung kommst. Verbinde dich ganz mit deinem Hier und Jetzt.

Nun wende dich der Vergangenheit zu und versuche, dich daran zu erinnern, wie viel emotionale Begleitung und Information du in der Familie, in der Schule usw. erhalten hast. Stell dir folgende Fragen: Mit welcher meiner Emotionen komme ich am schlechtesten zurecht? Welcher Emotion versuche ich, mit aller Macht auszuweichen? Welche Emotion bemühe ich mich, bei anderen (Kindern, Partner oder Partnerin, Freunden usw.) zu verändern oder nicht aufkommen zu lassen? Dabei kann es sich um dieselbe oder eine andere Emotion handeln. Setz dich damit auseinander.

Sobald du herausgefunden hast, womit du das größte Problem hast, verbinde dich mit deinem Körper, mit dem, was du fühlst, während du diese Worte liest und dich selbst erforschst, und frage dich nach den Gründen. Was geschieht mit mir, wenn ich diese Emotion spüre? Warum nervt sie mich (zum Beispiel, wenn mein Kind im Jammerton mit mir redet)? Oder warum stört es mich, wenn mein Mann/meine Frau schlechte Laune hat oder traurig ist? Wovor habe ich Angst? Wohin führt mich diese körperliche Empfindung? Welche Erinnerungen ruft sie wach?

Forsche weiter. Verbirgst du deine Gefühle? Sprichst du über sie oder fällt dir das schwer? Redest du mit deinem Partner oder deiner Partnerin darüber, was mit euch beiden los ist, was ihr empfindet? Oder redet immer nur einer von euch? Würdest du gern mehr darüber reden, weißt aber nicht, wie du deine Gefühle in Worte fassen sollst? Mit wem fällt es dir am leichtesten, über Gefühle zu sprechen?

Die Antworten auf diese Fragen sind sicher sehr aufschlussreich und interessant und können dir helfen, bestimmte Zusammenhänge zu erkennen. Die Antworten, bei denen du dich am schlechtesten fühlst, solltest du mit Warnblinkern versehen und du solltest dich von jetzt an in deinem Alltag besonders aufmerksam beobachten, damit du merkst, wie du mit deinen Emotionen umgehst und wie du die Emotionen anderer begleitest. Ein Beispiel: Wenn sich Angst bei dir meldet, halte einen Moment inne, atme und versuche herauszufinden, ab wann du dich so gefühlt hast, was passiert ist, welches Gefühl deine Brustatmung beschleunigt hat usw.

Ich kann dir versichern, wenn du dich auf diese Gefühlsarbeit einlässt, wird der Mensch, der du heute bist, kaum noch dem Menschen gleichen, der du mit der Zeit werden wirst. Du wirst wachsen, und nicht gerade wenig. Du wirst dich besser kennenlernen, sehr viel besser. Deshalb möchte ich dich dazu animieren, dich auf dich selbst einzulassen und dich in diese Beschäftigung mit deiner Person zu vertiefen.

Mit Emotionen umgehen

Der erste Schritt wird sein, wahrzunehmen, was du empfindest, und die damit verbundene Kraft und Energie in deinem Körper zu spüren. Dann kommt der zweite Schritt, die Frage: „Okay, und was mache ich jetzt?" An dieser Stelle könnte es sein, dass du erschrickst. Da das, was du empfindest, sehr unangenehm ist (angenehme Emotionen wie Glück oder Freude wirst du normalerweise nicht erforschen, sondern dir erlauben, sie bedenkenlos zu empfinden), willst du es so schnell wie möglich wieder loswerden.

Im Grunde wurde uns ja genau das in der Familie beigebracht und von der Gesellschaft vermittelt: Versteck, was du fühlst, und äußere stattdessen eine angenehmere Emotion, damit die Energie deiner unangenehmen Emotion andere nicht trifft und sie sich nicht schlecht fühlen. Jeder junge Mensch wurde auf bestimmte Weise emotional begleitet oder nicht begleitet.

Manche Leute bieten ihrem Kind, wenn es wütend wird, etwas zu essen an oder irgendetwas, was es sehr mag, um es schnellstens umzustimmen. Oder sie versprechen ihm etwas Schönes, damit es sich freut und nicht länger wütend ist. Auf jeden Fall bemühen sie sich darum, dass das Kind möglichst rasch keine Wut mehr empfindet. Andere wiederum schreien ihr Kind an, damit es aufhört zu toben, und erreichen durch Einschüchterung das Gleiche: dass alle sich schnell wieder beruhigen.

Was dabei vergessen wird, ist die Tatsache, dass etwas nicht automatisch verschwindet, nur weil man es unterdrückt. Man erreicht vielleicht, dass ein unterdrücktes Gefühl sich nicht mehr manifestiert, aber das bedeutet nicht, dass sich das Gefühl in Luft aufgelöst hat.

Zudem hat jeder Mensch seine eigenen Strategien. Manche Leute rufen schnell jemanden an, um das, was sie fühlen, loszuwerden und es nicht länger empfinden zu müssen. Mit jemandem zu reden, hilft dabei, sich abzulenken, die durch die Emotion erzeugte Beklemmung rasch loszuwerden und etwas Angenehmeres zu empfinden. Andere Leute essen oder trinken zwanghaft oder flüchten sich in Spiele oder Fernsehserien. Wieder andere stürzen sich wie besessen in den Sport oder verfallen einer Sucht. Wir alle haben unsere Methoden, um weniger zu leiden, vergessen dabei aber oft, dass die Emotionen, selbst wenn wir sie verscheuchen, nicht verschwinden und möglicherweise immer wieder hochkommen, solange wir nicht innehalten und uns ehrlich mit ihnen auseinandersetzen.

So leicht werden wir sie also nicht los. Eigentlich werden wir sie gar nicht los, sondern ziehen das Leiden mit unserem Verhalten nur in die Länge. Wir verharren in unserer „Alles ist gut“-Blase, ohne einen Schritt weiterzukommen, und machen nach demselben Verhaltensmuster weiter wie bisher: Wir weichen den Emotionen aus, genau wie wir es beispielsweise bei unseren Eltern erlebt haben. Und dazu gibt es in der Tat einiges an Information in unserem persönlichen Archiv!

Möglicherweise ist dir jetzt etwas mulmig zumute. „Und was zum Teufel soll ich tun?“, fragst du dich. Die Antwort ist so unglaublich einfach, dass du womöglich denkst, ich mach mich über dich lustig. Aber da irrst du dich.

» Was du tun musst, ist, dir deine Emotion zu erlauben. Erlaube dir, sie tief zu empfinden, gib ihr in deinem Inneren Raum, lasse sie hier und jetzt zutage treten.

Frustriert dich das, was ich gerade gesagt habe? Das kann ich nachvollziehen. Als ich mich einmal selbst sehr schlecht gefühlt habe, bin ich hilfesuchend zu meiner Mutter gegangen. Eigentlich wollte ich mehr von ihr als nur Hilfe, ich hatte den Wunsch des kleinen Mädchens, das die Mutter bittet: „Verscheuche sofort dieses Unangenehme, das in mir sitzt.“ Natürlich habe ich das nicht gesagt, aber ich habe gehofft, sie werde mir raten, was ich tun soll, um mich nicht länger schlecht zu fühlen.

„Was mache ich nur mit dieser großen Traurigkeit, die in mir steckt?“, habe ich weinend gefragt. „Sie spüren“, lautete ihre Antwort. Wie bitte? Wieso spüren? Ich wollte, dass meine Mutter mich schleunigst davon erlöst, nicht, dass sie mir rät, sie zu spüren! Hatte sie denn nicht begriffen, dass dieses Gefühl schon so, ohne dass ich mich ihm hingab, unangenehm genug war? „Verdammt“, dachte ich, „mir geht es doch gerade deshalb so schlecht, weil ich so traurig bin.“ Im Grunde aber spürte ich die Traurigkeit gar nicht richtig. Weil ich mich innerlich dagegen wehrte und mir wünschte, sie nicht länger erleben zu müssen. Ich hoffte, irgendetwas tun zu können, um sie weit von mir wegzuschieben. Ich wollte nicht mehr weinen, mich nicht mehr traurig fühlen, ich wollte, dass dieser schreckliche Zustand für immer endet. Eigentlich spürte ich meine Traurigkeit aber gar nicht bewusst, das Gefühl hatte mich einfach gepackt und diesmal konnte ich ihm nicht mehr entkommen, da es einfach zu stark war.

Mir blieb also nur, mich geschlagen zu geben und die Tatsachen zu akzeptieren: Ich war tieftraurig und musste es wirklich spüren. Wie wenn man traurig ist und sich Listen mit melancholischen Liedern zusammenstellt, um mal ausgiebig weinen zu können und sich danach leichter und freier zu fühlen.

Ich war so traurig, dass ich nicht mehr länger die Kraft hatte zu flüchten. Wenn man sich Gefühlen ausliefert, weiß man natürlich, wie und warum man sich darauf einlässt. Aber da ich meine Emotionen nie bewusst und tief durchlebt hatte, zeigte die Traurigkeit sich nun mit aller Macht. Ich meine mich zu erinnern, dass ich drei Tage lang fast ununterbrochen geweint habe. Morgens schlug ich die Augen auf, und sobald ich an meine Traurigkeit dachte, fing ich an zu weinen. Und abends schlief ich tränenüberströmt ein.

Ich glaube, damals stieg eine uralte Traurigkeit in mir auf. Ich vergoss mehr Tränen, als ich mir je zugetraut hätte. Doch nach und nach und während sich das Gefühl entlud, befreite ich mich immer mehr davon und andere Gefühle konnten sich entfalten. In dieser Zeit war meine Mutter in meiner Nähe, sie war für mich da, war bereit, mir zuzuhören und mich zu begleiten. Sie erlaubte mir, zu empfinden und zu sein, was ich in diesem Moment war, eine verunsicherte Frau, die auf neue Art fühlte und sich den Dingen stellte. Da meiner Mutter nicht daran lag, meinen Gefühlszustand zu verändern, fühlte ich mich wertgeschätzt. Sie war fähig, neutral oder mehr oder weniger neutral zu bleiben, und ließ mich spüren, dass meine Traurigkeit sie nicht beunruhigte. Sie konnte zulassen, dass meine Gefühle sich äußerten und auflösten.

Da ich spürte, dass sie mir erlaubte, in dieser von mir als jämmerlich empfundenen Verfassung zu sein, konnte ich mich langsam so akzeptieren, wie ich war, traurig und am Boden zerstört.

Denn eigentlich ist es ja so: Nicht, dass die anderen unsere Emotionen womöglich nicht akzeptieren, tut am meisten weh, sondern dass wir selbst uns mit diesen Emotionen nicht akzeptieren. Diese Selbstverleugnung schmerzt unendlich.

So aber konnte ich nach und nach, Träne für Träne, meinen Rucksack voll angesammelter Traurigkeit leeren. Und nicht nur lernte ich mich dabei besser kennen, sondern ich stellte fest, dass ich auch anders mit meinen Gefühlen umgehen konnte und mich außerdem anschließend besser fühlte.

Als ich nach diesen Tagen allmählich fähig war, Tonlage und Farbe meiner Traurigkeit zu verändern, fühlte ich mich gewissermaßen, als hätte ich mich gehäutet. Wie eine Schlange, die ihre alte Haut abstreift, weil sie ihr nichts mehr nützt. Ich hatte meinen inneren Widerstand gegen das Erleben bestimmter Emotionen aufgegeben und gemerkt (und das war das Beste), dass nichts Schlimmes passiert war. Dass ich sie folglich spüren konnte, ohne etwas befürchten zu müssen. Mehr noch: Dadurch, dass ich meine Emotionen spürte und mich dennoch akzeptierte, dass ich mich verstand, mich wertschätzte und mich mit all meinen Sonnen- und Schattenseiten mochte, fühlte ich mich nun besser: stärker, reifer, bewusster und erwachsener. Ich fühlte mich gut.

Es war eine Art Befreiung. Wenn ich keine Angst mehr vor meinen Gefühlen zu haben brauchte, brauchte ich auch nicht mehr vor mir selbst zu flüchten. Was für eine wunderbare Entdeckung! Hätte ich sie schon früher gemacht, sähe alles anders aus! Aber es ist, wie es ist, und alles kommt, wenn es kommt, auch die Zeit des Lernens.

Ich wünsche mir, dass meine persönliche Erfahrung mit Emotionen dir anhand dieses Beispiels von der Traurigkeit klargemacht hat, wie du auf ein aufsteigendes Gefühl reagieren kannst. Aber wir können noch mehr tun und es wird uns helfen, alles noch besser zu verstehen.

» Wenn eine Emotion einen belastet, sollte man einen Moment innehalten und sich klarmachen, was in einem vorgeht.

Da der Körper einem dabei helfen kann, sollte man sich mittels bewusster Atmung mit ihm verbinden, durchatmen und zunächst einmal die Emotion akzeptieren. Dann sollte man versuchen, sich daran zu erinnern und sich bewusst zu machen, welcher Gedanke die Emotion ausgelöst hat. Was ist passiert, was hat dazu geführt, dass dieses Gefühl aufgetaucht ist? Hat jemand etwas Bestimmtes gesagt? Falls ja, welche Gedanken hat das bei mir ausgelöst? Zum Beispiel könnte jemand gesagt haben: „Oh, deine Tochter hat aber heftige Wutausbrüche, findest du nicht? Ist das normal?“ Und ich hätte vielleicht sofort gedacht, sie dürfe nicht tun, was sie tut, und wäre automatisch frustriert und besorgt, fühlte mich traurig und machtlos. Achte stets darauf, welche Gedanken in deinem Geist auftauchen, und versuche, nicht an ihnen hängen zu bleiben.

Ein anderes Beispiel: Dein Partner oder deine Partnerin kommt spät nach Hause und noch bevor du erfährst, warum, bist du sauer. Beobachte dich selbst und du wirst feststellen, dass dieses Gefühl von Gedanken folgender Art herrührt: „Das ist wirklich die Höhe. Ich bin ihm wohl nicht wichtig. Den ganzen Tag bin ich allein mit dem Baby zu Hause und er kommt so spät.“ Deine Gedanken haben in dir das Gefühl ausgelöst, nicht beachtet zu werden. Zu erkennen, was in deinem Kopf vorgeht, kann dir helfen zu verstehen, warum du fühlst, was du fühlst, und – was noch wichtiger ist – inwiefern das, was du fühlst, mit dem Hier und Jetzt zu tun hat oder nicht. Es könnte nämlich gut sein, dass es mit etwas zusammenhängt, was viele Leute in ihrem Leben empfinden: dass sie anderen nicht genügen, dass sie nicht wirklich ernst genommen werden. Und jedes Mal, wenn im Hier und Jetzt etwas passiert, das sie erneut daran erinnert, gehen ihnen dieselben Gedanken durch den Kopf und werden vom selben Gefühl begleitet.

Man kann noch weiter bohren und sich fragen, welche Überzeugungen den Gedanken zugrunde liegen, die einem soeben durch den Kopf gegangen sind und womöglich etwas in einem in Gang gesetzt haben. Man kann sich überlegen, ob diese Überzeugungen immer noch für einen gelten oder nicht. Stell dir vor, dein Kind hat einen Wutanfall und du wirst auch selbst wütend. Dann halte kurz inne, achte auf deine Emotion und versuche zu erkennen, was in deinem Kopf vorgeht. Wenn du genau hinhörst, sagt dir dein Verstand: „Das geht wirklich zu weit, vielleicht hat ja mein Vater recht, wenn er sagt, mein Kind würde mir auf der Nase herumtanzen. Ich ertrage es einfach nicht mehr, dass dieses Kind immer so ein Theater macht, wenn es wütend wird." Um der Sache auf den Grund zu gehen, musst du dich mit dem Glauben befassen, der hinter diesen Gedanken steht. Was den ersten Gedanken betrifft, kann es gut sein, dass du glaubst, Kinder würden ihren Eltern auf der Nase herumtanzen. Der zweite Gedanke zeigt, dass du glaubst, dein Kind dürfte nicht so ein Theater machen, wenn es wütend wird, es müsste bereits über andere Mittel verfügen, dir seine Gefühle deutlich zu machen.

An diesem Punkt musst du deine Einstellung hinterfragen. Hat sie hier und jetzt für dich noch Gültigkeit? Tanzen Kinder ihren Eltern wirklich auf der Nase herum? Tanzt dein Kind dir wirklich auf der Nase herum? Dürfte dein Kind sich nicht mehr mittels Wutausbrüchen äußern? Stimmt das tatsächlich? Sehr wahrscheinlich wirst du merken, dass dir deine Überzeugungen, wenn du sie dir mal genau anschaust, nicht mehr stimmig erscheinen. Zwar sind es weitverbreitete Überzeugungen, aber möglicherweise findest du sie überholt. Obwohl du sie als eigene Überzeugungen verinnerlicht hast, entdeckst du durch genaueres Hinschauen, dass sie für dich nicht mehr stimmen. Weder glaubst du, dass Kinder, wenn sie einen Wutausbruch haben, ihren Eltern auf der Nase herumtanzen, noch glaubst du, dass sie, wenn sie von ihren Emotionen überrollt werden, schon fähig sein müssten, sie anders auszudrücken. Gerade dass sie es auf diese Weise tun, zeigt ja, dass ihnen die Sprache, die Selbstkenntnis, die entsprechenden Mittel und Instrumente fehlen. Weil sie kleine Kinder sind.

Ist das Ärgernis ausgeräumt, das zum Wutausbruch geführt hat, kannst du dein Ego beiseiteschieben und dich ganz mit dem verbinden, was tatsächlich vor sich geht. Du kannst deine Emotion akzeptieren, durchatmen und sie überwinden, weil du weißt, woher sie kommt. Du kannst sie empathisch betrachten, ohne dich an ihr festzuklammern. Du kannst weiter als nur auf das Verhalten deines Kindes schauen und dich mit dem verbinden, was dahintersteckt.

Wenn du dein Ego beiseiteschiebst, kannst du das Wesen deines Kindes und das von ihm geäußerte Bedürfnis erkennen und bewusst, anteilnehmend und liebevoll damit umgehen.

Vielleicht findest du das jetzt alles höchst sonderbar und schwer umzusetzen. Mag sein. Aber fang einfach an, den Fokus auf dich selbst zu richten, deine Emotionen zu beobachten und zu überlegen, woher sie kommen und was sie ausgelöst hat. Dann hinterfrage deine Einstellung und folge der Spur, die deine Intuition dir weist. Je öfter du übst, umso leichter und schneller wirst du diese Art der Selbstbetrachtung beherrschen. Manchmal wird sie dich nur einen Sekundenbruchteil kosten.

Wenn du fühlst

Erlaube dir, zu fühlen ...

Erinnere dich daran, dass Emotionen eine Aufgabe erfüllen. Sie zeigen dir etwas, dem du dich zuwenden musst. Sei achtsam und nimm die Information dankbar und bereitwillig an.

Falls du Angst bekommst, denk daran, dass es berechtigt und legitim ist, wenn dein Verstand sich vor Neuem, Unbekanntem zu schützen versucht. Atme diese Angst weg und erlaube dir, in jedem Augenblick jedes auftauchende und nachhallende Gefühl zu begleiten. Wenn du dich mit dem Hier und Jetzt verbindest, wirst du leichter mit der Angst fertigwerden.

Du brauchst keine Angst zu haben, dir das Fühlen zu erlauben. Hab Vertrauen. Du fühlst, weil du lebendig bist. Wenn du Emotionen abwehrst, entsteht Bitterkeit, und ohnehin werden die Emotionen so oft wie nötig wiederkommen, bis du sie zulässt und dich mit ihnen befasst. Warum also so lange warten?

Deine Atmung ist der Pfeiler, an dem du dich festhalten kannst, wenn du Angst hast vor den Emotionen, die dein Körper in dir wachruft. Schließ die Augen und atme tief und langsam ein und aus. Das wird dir helfen, wieder zur Ruhe zu kommen und dich mit dem weisesten Teil in dir zu verbinden, darauf zu vertrauen, dass alles bestens ist, so wie es ist, und dass du fühlen darfst. Du brauchst keine Angst zu haben …

Erlaube dir, Emotionen zu empfinden, ohne sie zu bewerten. Wenn du es schaffst, voll und ganz zu akzeptieren, was du fühlst, wirst du auch das, was dein Kind fühlt, voll und ganz akzeptieren können.

Je mehr du das übst, umso leichter wirst du deinem Kind den emotionalen Raum geben können, den es braucht (so wie meine Mutter es mit meiner Traurigkeit getan hat), und ihm erlauben können, so zu sein, wie es ist, mit seinen Schatten- und Sonnenseiten. Du wirst verfügbar, offen, liebevoll, bewusst und neutral sein können, ohne die Art zu bewerten, wie es seine Gefühle äußert.

Wenn du dir bewusst und als beständig lernender Mensch das Fühlen erlaubst, gibst du deinem Kind ein wertvolles Beispiel, nicht mittels Worten, sondern mittels Energie. Du sagst ihm in gewisser Weise: „Respektiere dich selbst. Was du fühlst, ist wichtig. Kümmere dich um dich selbst, denn du bist wichtig."

» Geh den Dingen möglichst auf den Grund und prüfe, ob eine Emotion durch einen bestimmten Gedanken ausgelöst wurde.

Wenn du ihn erkannt hast, analysiere, welche Überzeugungen diesem Gedanken zugrunde liegen. Hinterfrage sie. Findest du sie immer noch berechtigt? Hallen sie noch nach? Wenn nicht, lass sie los und werde dir deiner inneren Veränderung bewusst.

Gefühle nicht länger zu verdrängen, sondern sie nach und nach intensiver zu spüren, sich zu erlauben, sie zu durchleben, ist ein Prozess, der Zeit braucht. Versuche, geduldig zu sein und jeden kleinen Schritt als Erfolg zu würdigen. Würdige den Weg, den du zurückgelegt hast, denn er wird dich zum Weitergehen motivieren.

fünf

Das Wichtigste bei der Begleitung eines Wutausbruchs

Jetzt kommen wir zur Sache – darauf wartest du sicher schon die ganze Zeit –, nämlich zu der Frage: „Was soll ich tun?" Bevor ich sie beantworte, möchte ich dich aber noch einmal daran erinnern, dass ich keinen Zauberstab besitze. Ich wäre gern wie Mary Poppins und hätte am liebsten für jeden einzelnen Fall die passende Antwort, eine magische Formel, mit der man von Krise auf Harmonie umschalten kann. Aber die kann ich dir leider nicht geben. Weder ich noch irgendjemand sonst. Wie du gesehen hast, bedeutet bewusstes Erziehen Arbeit, Selbsterforschung, Einsatz, persönliches Wachstum und (viel) Übung. Es bedeutet, stets weiterzugehen und sich seinen Weg zu bahnen. Glaubst du, in diese Realität passen Zauberformeln? Natürlich nicht, denn Zauberformeln gehören zu den Wunschvorstellungen, die wir im vierten Kapitel hinter uns gelassen haben, als es um die x-te kalte Dusche ging, weißt du noch? :-)

Deshalb werde ich dir keine Zauberformel an die Hand geben, sondern einen Tipp, von dem ich glaube, dass er für die Begleitung eines Wutanfalls und auch jeder anderen Emotionsäußerung viel wichtiger ist:

» *Bewahre während des Wutausbruchs deines Kindes eine neutrale Haltung. Auf seine Emotionen nicht zu reagieren, ist der entscheidende Punkt.*

Versuche, nicht instinktiv emotional zu handeln, sondern beobachte die Gefühlsäußerungen deines Kindes und halte die Emotionen, die dadurch bei dir ausgelöst werden, in Schach, ohne sie an irgendjemandem auszulassen. Sonst wird alles nur noch schmerzhafter und deine Emotionen werden sich mit denen deines Kindes vermischen.

Man könnte meinen, eine solche neutrale Position zu wahren, würde bedeuten, distanziert zu sein, keine Empathie für den anderen zu empfinden oder sich nicht für ihn zu interessieren – weit gefehlt. Wenn wir uns in den anderen einfühlen, versetzen wir uns in ihn hinein und empfinden, was er empfindet, wir verstehen und begleiten ihn. Wir können uns sehr wohl einfühlen, ohne uns von den Gefühlen unseres Gegenübers aufwühlen zu lassen, ihn verstehen und in einer neutralen, nicht wertenden Haltung mit ihm verbunden sein, gerade weil wir ihn verstehen und uns dessen bewusst sind, was gerade geschieht und was der andere braucht. Wir verstehen, dass unser Gegenüber gerade bestimmte Emotionen empfindet und auszuhalten lernt, dass dies der Weg ist, den er bzw. sie gehen muss.

Einige Beispiele machen dies verständlicher. Stellen wir uns einen kindlichen Wutanfall bei mir zu Hause vor: Meine Tochter gerät in Rage, weil sie müde ist und weil sie einen Zeichentrickfilm sehen wollte, was ich ihr aber verboten habe. Sie fängt an zu toben, als gäbe es kein Morgen. Sie schreit wie besessen und sieht mich mit hasserfülltem Blick an. In diesem Moment bestünde eine souveräne, bewusste Reaktion darin zu verstehen, dass ihre Enttäuschung über mein Verbot, einen Zeichentrickfilm anzuschauen, wegen ihrer Müdigkeit (also wegen eines unbefriedigten Grundbedürfnisses) zu einem Wutausbruch geführt hat. Ich verstehe es und kann mich in sie einfühlen. Aber ich bleibe neutral, ohne sie zu verurteilen, ohne mich aufzuregen oder zu erwarten, dass sie still ist, und versuche auch nicht, sie von dem abzulenken, was sie fühlt.

> *Ich nehme es nicht persönlich, ich begleite sie und helfe ihr, aus der Situation herauszufinden, um ihr das geben zu können, was sie jetzt braucht: Erholung.*

Dabei habe ich zwei Dinge im Blick: zum einen meine Tochter und das, was sie braucht, zum anderen mich selbst. Ich beobachte, wie ich mich fühle, ob etwas in mir hochdrängt, eine bestimmte Emotion aufsteigt oder mein innerer Vulkan aktiv wird. Da ich mich im Blick habe, bleibe ich wachsam und behalte die auftauchenden Gefühle im Griff, lasse mich also nicht in irgendeinem Moment zu einer unbewussten Reaktion hinreißen, die für beide noch schmerzhafter wäre. Mit diesem doppelten Fokus bleibe ich in Verbindung mit meiner Tochter und mit mir selbst. Und versuche zugleich, stets im Hier und Jetzt zu sein, als erwachsene Frau, die achtsam verfolgt, was gerade passiert, und das, was ist, voll akzeptiert.

Ich beobachte, ob sich ein innerer Widerstand regt (ob ich nicht will, dass das, was gerade geschieht, tatsächlich passiert). Falls ja, atme ich tief durch und lasse los. Ich sage mir: „Es ist, wie es ist. Verbinde dich damit." Ich lasse zu, dass die Dinge sich in diesem Moment so zeigen, wie sie sind. Ich bleibe achtsam und in Verbindung mit meiner Tochter, um ihr zu helfen, falls sie es braucht. Entweder indem ich ihr eine klare Grenze setze, mit ihr rede, falls ich glaube, etwas sagen zu müssen, oder indem ich sie umarme, falls sie es braucht und zulässt.

Ich rege mich nicht auf, ich steigere mich nicht in Ängste hinein, indem ich Dinge denke wie: „Wenn sie sich jetzt so verhält, wie verhält sie sich dann mit fünfzehn." Ich versuche, mein Ego und damit auch das Mädchen, das ich einmal war und mit dessen Wutanfällen man vielleicht nicht so umgegangen ist, unter Kontrolle zu halten.

Um in einem Zustand der Neutralität bleiben zu können, darf ich das, was bei diesem Wutausbruch geschieht, was meine Tochter tut oder sagt, auf keinen Fall persönlich nehmen. Sobald ich es persönlich nehme, kommt mein Ego ins Spiel und übernimmt die Regie über die Situation.

Dann fühle ich mich verletzt und frustriert und entferne mich emotional von meiner Tochter. Und aus dieser emotionalen Entfernung heraus kann ich nicht mit ihr verbunden sein. Doch wenn ich das nicht kann, wie soll ich ihr da helfen?

Das Gegenteil der soeben geschilderten Begleitung meiner Tochter bei einem Wutanfall wäre das, was so oft passiert: Ich spüre, wie ich mich innerlich dagegen sträube, dass sie dieses Theater veranstaltet. Ich will nicht, dass sie jetzt ausrastet. Vielleicht bin ich müde oder gestresst oder habe es eilig oder im Moment nicht die geringste Lust auf Probleme. Da ich innerlich auf Abwehr bin, kappe ich die Verbindung zu ihr. Mein Ego kommt ins Spiel, ergreift die Zügel, und schon bin ich emotional aktiviert. Meine eigene Wut oder Lustlosigkeit oder mein Frust oder alles zusammen vermischen sich mit den Emotionen meiner Tochter. Ich schaffe es nicht, das, was ich fühle, zu beherrschen und es nicht an ihr auszulassen, sie nicht dafür verantwortlich zu machen. Also sage ich Sachen, die ich gar nicht sagen will, und mache Sachen, die ich gar nicht machen will. Theoretisch weiß ich Bescheid, aber in der Praxis gehen alle guten Absichten zum Teufel, und ich spüre, wie ich abdrifte. Sie sitzt in ihrem Boot und heult und kreischt, und ich sitze in meinem Boot und denke: „Wer zum Teufel wird uns retten?“ Und schon bin ich wieder eng verbunden mit dem Mädchen, das ich einmal war, fühle mich verletzlich, unfähig, machtlos, frustriert und zugleich wie eine miserable Mutter, die es nicht schafft, die Situation gelassen zu ertragen und das, was ist, zu akzeptieren.

Falls es so abläuft, wird alles nur noch schlimmer.

Mit folgendem Bild ließe sich die Situation darstellen: Meine Tochter hat in ihrem Wutanfall einen Teller zerbrochen, doch als auch bei mir die Wut hochgekocht ist, habe ich in unserem Esszimmer das gesamte Geschirr zerdeppert. Wegen eines einzigen Tellers.

Der Weg von der Theorie, also vom Kopf, in dem all das steckt, was wir gelesen oder gelernt haben, zum Herzen, mit dem wir die neue Vorgehensweise umsetzen müssen, kann lang sein, ein Weg, den man nicht an einem Tag zurücklegt. Aber wir können ihn bewältigen und ich möchte dich dazu ermutigen, dir die dargestellten Zusammenhänge klar vor Augen zu führen und zu üben, zu üben und immer wieder zu üben.

›› *Übe, das, was ist, zuzulassen.*

Erlaube dir eine neutrale Haltung, bei der du mit deinem Kind in Verbindung bleibst, ohne deine und seine Emotionen zu vermischen. Behalte dabei den doppelten Fokus als bewusster, erwachsener Mensch bei, um nicht wieder vom Kurs abzukommen. Bewahre die Kontrolle über dein Ego und das kleine Mädchen, das du einmal warst. Du kannst es, da bin ich mir sicher. Doch dafür ist bewusstes Wahrnehmen und aktives Üben nötig. Dann wirst du nach und nach Veränderungen feststellen, bis du eines Tages alles ganz automatisch hinbekommst.

Es wird auch Momente geben, in denen du Rückfälle erlebst, Tage, an denen du denkst: „Oh Gott, ich habe es wie früher vermasselt, es ist mir wieder passiert." Das ist normal, wir sind alle nur Menschen. Na und, wir sind eben nicht perfekt und brauchen es auch gar nicht zu sein. Veränderungen verlaufen nicht linear. Es geht nicht darum, einer schnurgerade aufsteigenden Linie zu folgen, denn persönliches Wachstum kennt Höhen und Tiefen, Umwege und viele Kurven und Rückschritte. So ist es nun mal, das sollte man akzeptieren. Nach und nach aber wird es immer seltenere und weniger dramatische Talfahrten geben.

» Falls es zu Rückschlägen kommt, solltest du gut mit dir umgehen, dich mitfühlend und liebevoll behandeln.

Dein Verhalten war ja keine Absicht, du bist auf dem Weg, eine immer bewusstere Mutter zu werden. Schritt für Schritt, mit Liebe, Mut, Einsatz und einem klaren Kurs. Bahne dir weiter deine Spur, bleib dran. ;-)

Um aus einer neutralen Haltung heraus mit den Emotionen unserer Kinder umgehen zu können, ohne uns an ihnen festzubeißen, sollten wir uns fragen, wie sehr wir im Alltag Menschen und Dinge bewerten. Kritisieren wir viel? Beurteilen wir andere oft? Versehen wir alles mit Attributen und Etiketten? Gut, schlecht usw.? Falls wir merken, dass wir dazu neigen, alles zu bewerten, sollten wir uns bewusst damit auseinandersetzen und anfangen, die Realität durch eine andere Brille zu betrachten, eine mitfühlendere, liebevollere und weniger wertende. Interessant wäre auch zu beobachten, wie sehr wir uns selbst bewerten;

möglicherweise passiert es uns ja sehr oft, dass wir uns kritisieren, boykottieren oder fertigmachen.

Falls wir dazu neigen, uns selbst zu bewerten, wird es uns schwerfallen, nicht auch andere und ganz konkret unsere Kinder zu bewerten. Wir sollten bewusst versuchen, Bewertungen durch einen mitfühlenden Blick zu ersetzen: Wir alle tun, was wir können, entsprechend unserem jeweiligen Bewusstsein.

Es wird viel Übung und Zeit nötig sein und wir müssen uns das ständige Bewerten und die alten Gewohnheiten abtrainieren. Schritt für Schritt, ohne Eile, aber auch ohne Pause müssen wir uns einen anderen, bewussteren Blick angewöhnen, einen liebevolleren Blick auf uns selbst und auf andere, einen wesentlich mitfühlenderen als bisher.

★ Moment mal …

Richte nun deinen Blick nach innen. Atme tief und bewusst ein und aus. Was fühlst du gerade? Was ist in deinem Inneren in Bewegung geraten, nachdem du von Neutralität, emotionaler Begleitung und Bewertungen gelesen hast? Atme tief, gib deinen Gefühlen Raum, damit sie sich zeigen können. Versuche, das, was du fühlst, nicht zu bewerten, überlege nicht, ob du dies oder das fühlen solltest oder nicht. Alles ist bestens, so wie es ist. Vertraue auf den gegenwärtigen Augenblick.

Schaffst du es, deine Gefühle im Griff zu behalten, wenn dein Kind einen Wutanfall bekommt? Wird dein innerer Vulkan aktiv, verlierst du die Beherrschung? Hast du das Gefühl, du kannst dein Kind begleiten, indem du ihm erlaubst, auch mal so zu sein und sich so zu zeigen? Denk zurück an eure letzte Auseinandersetzung. Welche Ängste haben sie in dir ausgelöst? Was hat deiner Meinung nach dazu geführt, dass du deine Erwachsenenposition aufgegeben hast?

Schau bewusst hin, schaffe Raum für Selbsterkenntnis, so gewinnst du Orientierung und die Puzzleteile werden sich langsam zusammenfügen. Atme alles, was kommt, ein und aus, gib ihm Raum, um es zu verstehen. Und nimm dich aus einer neutralen Haltung heraus auch selbst an, so wie du hier und jetzt bist. Ohne dich zu bewerten oder dir Vorwürfe zu machen. Deine Gefühle sind legitim, lasse sie gelten.

Das, was ist, zulassen

Schön, wie es da geschrieben steht, oder? Das, was ist, zulassen. Wenn ein Kind wüsste, was dieser Satz bedeutet, würde es sagen: „Na klar, wieso sollte man das, was schon ist, nicht auch zulassen?“ Kinder machen es nämlich die ganze Zeit. Sie sind voll und ganz im Hier und Jetzt und lassen zu, dass sich das, was ist, manifestiert.

Sie beurteilen es nicht, denken nicht darüber nach, ob es anders sein sollte. Ein Baby zum Beispiel ist Flow par excellence, es ist stets mit ganzer Aufmerksamkeit in der Gegenwart. Wie gesagt: ein Guru im eigenen Haus. Wir Erwachsenen nicht. Wir überlegen ständig, wie alles sein sollte, statt es so zu akzeptieren, wie es ist. In unserem Kopf läuft unser eigener Film ab, wir wollen, dass Fantasie und Wirklichkeit übereinstimmen und sich nach unserem inneren, mit Bedingungen gespickten Drehbuch richten. Häufig wollen wir auch, dass die anderen so denken wie wir oder so handeln, wie wir es täten, und wundern uns, wenn unser Kind Verhaltensweisen zeigt, die nicht unseren Vorstellungen entsprechen.

Es fällt uns schwer zuzulassen, dass Dinge und Personen so sind, wie sie sind. Selbst wenn sie so ähnlich sind, wie wir sie uns wünschen, suchen wir weiter nach dem Haar in der Suppe, weil sie nicht genauso sind, wie sie laut dem, was unser Verstand uns sagt, sein sollten.

Auf einer tieferen Ebene fällt es uns sogar schwer zu akzeptieren, dass unsere Kinder so sind, wie sie sind. Wir wollen sie genau so haben wie die Kinder, die wir geplant und uns vorgestellt hatten.

In meinem Fall zum Beispiel wie die Tochter, die ich im Kopf hatte, bevor ich eine Tochter bekam. Oder wie das perfekte Kind, das ich mir vorstellte, noch bevor ich schwanger war. Wir wollen, dass sie einen anderen Rhythmus haben, dass sie schon Dinge wissen, die sie noch nicht wissen können, oder sich so verhalten, wie sie es noch gar nicht können. Es fällt uns schwer, ihr tiefstes inneres Wesen so anzunehmen, wie es sich in jedem Moment manifestiert.

» *Wir glauben, sie müssten so oder so sein und auch immer so bleiben.*

Wir erlauben ihnen nicht, spirituelle Wesen in menschlichen Körpern zu sein, die sich entwickeln und fortwährend verändern. Allerdings ist das wohl normal: Wieso sollten wir sie voll und ganz akzeptieren, wenn uns das noch nicht mal bei uns selbst gelingt?

„Ich müsste eine bessere Mutter sein oder einen flacheren Bauch haben oder mehr so oder so sein." Alles, nur nicht das, was wir sind. Als dürften wir nicht sein, wer wir sind, als wüssten wir besser als das Universum, wie alles zu sein hat. Tja, ein bisschen egozentrisch sind wir Erwachsenen schon, stimmt's? ;-)

In Wirklichkeit sind wir so, wie wir in jedem Moment sein müssen. Nichts ist zu viel, nichts zu wenig.

» *Wir sind so, wie wir entsprechend unserem Lebensweg und dem Stand unseres Bewusstseins hier und jetzt sein müssen.*

Diese Tatsache anzunehmen, mag schwerfallen, wenn es einem nie jemand gesagt hat oder wenn man nie das Gefühl hatte, man sei in Ordnung so, wie man ist. Ich vermute, du ahnst, woher das kommt. Genau: von dem, was ich weiter oben angesprochen habe, diesem in unserer Kindheit latent verspürten Gefühl, nicht zu genügen oder nicht in Ordnung zu sein, weil wir es nicht geschafft haben, unsere Eltern glücklich zu machen. Weil sich ihre Emotionen so stark mit unseren vermischt haben, dass wir uns schließlich dafür verantwortlich fühlten, wie sie sich fühlten: für ihre Wut oder ihre tiefe Unzufriedenheit mit dem Leben. Und wir, wir machen bei mehr als einer Gelegenheit genau das Gleiche mit unseren Kindern. Es ist nicht nur der Bereich unserer Eltern, sondern unser gemeinsamer. Hoffen wir, dass er das jeden Tag weniger ist. Ich glaube allerdings, viele von uns sehen sich immer noch dort, zumindest ab und zu.

Wir sind erwachsen geworden und behalten dennoch die einstige Denkweise bei, finden, dass das, was ist, nicht so sein sollte, dass da etwas fehlt oder zu viel ist, dass es so, wie es ist, nicht perfekt ist, weil es nicht unserer Vorstellung entspricht.

Die Bedeutung von Akzeptanz habe ich zutiefst begriffen, als mir klar wurde, dass die Akzeptanz des Hier und Jetzt nicht heißt, alles, was geschieht, müsste mir gefallen oder mich zufriedenstellen. Das Hier und Jetzt zu akzeptieren, heißt lediglich, die Realität des gegenwärtigen Moments wahrzunehmen und sich ihr so, wie sie ist, zu überlassen – auch wenn es mir lieber wäre, sie wäre anders. Ich hatte das Gefühl, sie aus der Ferne und aus einer bestimmten Perspektive zu betrachten, ohne mich an das zu klammern, was mein Verstand wollte oder nicht mehr wollte. Ich habe mich dem, was war, hingegeben und die Tricks erkannt, die mein Denken anwendet, um sich nicht auf das, was ist, einzulassen: Mein Verstand hat immer einen besseren Plan auf Lager und weiß immer besser, wie alles zu sein hat.

Als mir klar wurde, was dahintersteckte – nämlich die Angst, die Kontrolle zu verlieren, wenn ich mich dem Flow der Gegenwart überließe –, war ich meinem Verstand auf die Schliche gekommen und musste lächeln. „Aha, jetzt weiß ich, worauf du hinauswillst. Immer heckst du etwas anderes aus als das, was ist. Na gut, mach weiter so, wenn du willst, ich habe dich jedenfalls ertappt und werde mich jetzt im Wesentlichen dem hingeben, was ist."

★ Moment mal …

Halten wir eine Weile inne, um den Dingen auf den Grund zu gehen, und nehmen wir Verbindung zu unserem Körper auf. Spüre deinen Atem und achte bewusst darauf, wie die Luft in deinen Körper strömt, deine Lungen füllt und wieder aus deinem Körper fließt. Lass überall dort locker, wo du eine Verspannung spürst. Nun horche auf deine Empfindungen, auf das, was sich in deinem Körper geregt hat. Was sagt dir das Wort „akzeptieren", woran denkst du dabei? Fällt es dir schwer, das, was ist, zu akzeptieren? Spürst du, dass du manchmal nicht nur gegenüber deinen Kindern eine Abwehrhaltung einnimmst, sondern auch in anderen Bereichen und gegenüber anderen Menschen in deinem Leben? Dich auf den gegenwärtigen Moment einzulassen, wird dir helfen, dir dies bewusst zu machen und zu schauen, ob du in den jeweiligen Situationen nicht besser im Flow sein kannst.

Immer im Hier und Jetzt im Flow zu sein … gelingt dir das? Wenn nicht, was hindert dich deiner Meinung nach daran? Was für Beispiele hattest du bisher für ein Leben im Hier und Jetzt? Ist dir so etwas vertraut? Oder verstehst du nicht wirklich, was ich dir erzähle?

Atme bewusst und tief ein und aus … Horche in dich hinein. Ich schlage dir vor, nach der Lektüre dieses Absatzes die Augen zu schließen und an einen Fluss mit seinem langsam strömenden Wasser zu denken. Stell dir vor, du wärst Teil dieses Flusses. Dieser Fluss ist das Leben. Spüre, wie du mit ihm fließt, wie du mit diesem allumfassenden Leben fließt, das etwas mit dir vorhat, obwohl du nicht sehen kannst, was es ist. Beobachte, ob du dich dagegen wehrst, dich von diesem Leben tragen zu lassen, das dir Menschen, Situationen, Hindernisse, Erlebnisse schickt, damit du stetig an ihnen wächst, dich weiterentwickelst und zu dem Menschen wirst, zu dem du bestimmt bist. Werde selbst zum Fluss und fließe – und genieße es, dich vom Leben getragen zu fühlen.

Wie bist du am Riesendrama beteiligt?

Du hast jetzt die Gelegenheit, alles, was ich weiter oben erklärt habe, in die Praxis umzusetzen. Eine Tür öffnet sich, durch die du Verbindung zu dir selbst und zu deinem Kind aufnehmen kannst. Wenn du diese Gelegenheit als eine Möglichkeit wahrnimmst, vieles zu lernen, zu wachsen und dich gemeinsam mit deinem Kind weiterzuentwickeln, wird mit Sicherheit alles wesentlich leichter zu ertragen sein.

Die Stunde der Wahrheit ist gekommen, der Moment, von der Theorie zur Praxis überzugehen. Wenn ich Vorträge über Wutausbrüche halte, sagen die Eltern am Ende oft: „Ich habe schon richtig Lust darauf, dass mein Kind seinen nächsten Wutanfall bekommt, damit ich alles, was du uns erzählt hast, anwenden und es jeden Tag ein bisschen besser machen kann." Das ist genau die richtige Einstellung: die Bereitschaft zu lernen, eine Gelegenheit wahrzunehmen, jeden Moment, den man mit seinen Kindern erlebt, als eine Wachstumsmöglichkeit zu nutzen.

Es mag zwar trivial klingen, aber das Wichtigste dabei ist ein neuer Blick, der Wechsel von „Wie lästig, wieder ein Wutanfall!" zu „Wieder ein Wutanfall: Jetzt brauchen wir Verbundenheit und für uns beide ist er eine Gelegenheit zu wachsen". Diese drei Zeilen fassen das Wesentliche zusammen. Denn die Art und Weise, wie du mit dem Wutanfall umgehst, und die Energie, die du dabei ausstrahlst, sind entscheidend.

Ab dem Moment, wo wir mit anderen Menschen interagieren, sind wir an der zwischen uns entstehenden Energie beteiligt. Alle haben Anteil daran, denn wir steuern unsere Energie, unsere Einstellung, unseren Blick, unsere Überzeugungen, unsere Worte und Gesten bei. Daher solltest du dir unbedingt klarmachen, dass du Teil des Wutausbruchs deines Kindes bist. Das heißt, du wirst das, was geschehen wird, mit beeinflussen und hast die gegenwärtige Situation zum Teil auch mit geschaffen.

» *Wenn es in diesem Leben etwas gibt, das in meinen Augen immer Gültigkeit hat, ist es das Gesetz von Ursache und Wirkung.*

Alles ist die Wirkung irgendeiner Ursache, alles ist miteinander verbunden und steht in einer ständigen Beziehung von Ursache und Wirkung zwischen zahlreichen Variablen und miteinander verknüpften Ereignissen. Folglich sind wir alle an unserer Gegenwart beteiligt.

Allein schon die Energie, mit der wir in dieser Gegenwart leben, ist auf eine bestimmte Art an der Schaffung des Hier und Jetzt beteiligt. Wenn wir dann noch mit anderen Menschen zusammen sind, trägt jeder von uns sein kleines Sandkorn zur Gestaltung des Hier und Jetzt bei. Du liest in diesem Moment meinen Text mit einer bestimmten Energie und deine Energie erzeugt zusätzlich zu der Energie, die von mir in jedes Wort geflossen ist, ebenfalls eine bestimmte Energie. Achte mal einen Moment darauf, mit welcher Energie du meinen Text liest. Was für ein Leseerlebnis schaffst du mit? Bist du wirklich ganz da oder denkst du an etwas anderes? Genießt du die Lektüre oder langweilst du dich dabei?

Dieser Blick auf die jeweilige Situation wird dir bei Konflikten zwischen dir und deinen Kindern oder anderen Menschen sehr helfen. Die Frage „Welche Energie trage ich zu dieser Situation bei?“ wird dazu führen, dass du dich mit einer erwachsenen und bewussten Haltung am Geschehen beteiligst. Dass du deinen Teil der Verantwortung an der Situation übernimmst. Aber Achtung, ich spreche hier keineswegs von Schuld, sondern von Verantwortung. Verantwortung für das, was man selbst beiträgt und was mit dazu geführt hat oder dazu führen könnte, wie eine bestimmte Situation aussieht.

Das wirst du bei jeder Interaktion mit deinem Kind deutlich sehen. Stell dir vor, dein Kind kommt gerade vom Kindergarten und du bist etwas gestresst, weil du einen anstrengenden Tag hinter dir hast und noch viel erledigen musst. Zugleich möchtest du aber, dass dein Kind spürt, dass du bei ihm bist und es dir wichtig ist. Du fängst an, Fragen zu stellen: „Wie war es heute im Kindergarten? Mit wem hast du gespielt? Was habt ihr gemacht? Und was gab es zu essen?“ Sehr wahrscheinlich bemerkt dein Kind deine innere Unruhe und deine Erschöpfung, denn selbst wenn du nicht darüber sprichst, spürt es beides an deinem Energielevel und wird daher höchstwahrscheinlich wenig Lust haben zu erzählen.

Wenn du nun merkst, dass dein Kind sich verschließt, bekommst du vielleicht Angst, dass es etwas Unangenehmes erlebt hat, dass es ihm nicht gut geht oder es etwas vor dir verbirgt. Du kannst nun ein bisschen nachbohren, weitere Fragen stellen, um herauszufinden, was mit ihm los ist. Dadurch wird es sich aber noch mehr verschließen. Ursache-Wirkung: Ihr beide schafft gemeinsam einen Zustand der Distanz und mangelnden Verbundenheit, weil es euch nicht gelungen ist, euch bewusst einander anzunähern. Schließlich könnte es passieren, dass dein Kind etwas Patziges sagt. Du fühlst dich jetzt wahrscheinlich angegriffen, nachdem dein Kind versucht hat, deinen Druck abzuwehren. So vergrößert sich die Distanz noch mehr und du fragst dich vermutlich: „Warum redet er/sie nicht mit mir? Was mache ich falsch? Warum behandelt er/sie mich so?“ Schuldgefühle, Ohnmacht und Frustration tauchen auf. Kommt dir das bekannt vor?

Wie wäre es, wenn du dein Kind mit einer bewussten Haltung vom Kindergarten abholen würdest? Vor allem im Bewusstsein, dass du einen vollgepackten Tag hattest und hektisch bist. Bevor du dein Kind abholen würdest, könntest du dich schon auf den Moment der Begegnung einstellen, könntest tief durchatmen und dir sagen: „Das war heute ein voller Tag, aber jetzt ist jetzt und gleich treffen wir uns. Ich atme tief durch, um diese Situation ruhig, vertrauensvoll und in Verbundenheit zu erleben."

» Durchzuatmen und dir bewusst zu machen, wie es dir geht, wird dir helfen, dich anders mit dem Hier und Jetzt zu verbinden und deine Emotionen und dein Gefühl von Erschöpfung und Hetze zu beherrschen.

So kannst du dein Kind mit offenen Armen empfangen und versuchen, dich mit seiner seelischen Verfassung zu verbinden, jedoch in einer beobachtenden Haltung und nicht, indem du ihm lauter Fragen stellst, um Antworten zu bekommen, die dich beruhigen sollen. Es wäre eine Begegnung nach dem Motto: „Ich respektiere, wie du im Hier und Jetzt bist, und ich lasse dir die Zeit, die du brauchst, um dich auf mich einzustellen und dich, falls du es möchtest, zu öffnen. Ich bin für dich da."

Ganz wichtig ist dabei die Stille: die innere und die äußere Stille. Wir können uns nur schwer mit dem anderen verbinden, wenn wir alles mit Worten füllen. Wenn ich im Gespräch mit Müttern die große Bedeutung von Stille erwähnt habe, entgegneten manche von ihnen, sie hätten Angst davor, ihr Kind könnte denken, sie würden sich nicht für es interessieren. Weit gefehlt!

Wenn Kinder aus der Schule oder dem Kindergarten kommen, wo sie stundenlang mit fünfzehn, zwanzig oder fünfundzwanzig anderen Kindern zusammen waren, ist Stille das, was sie am meisten brauchen. Indem wir diese zulassen, geben wir ihnen die Möglichkeit, erst einmal zu sich selbst zu kommen.

Und das ist tatsächlich noch wichtiger als die Verbindung mit uns. Denn die Verbindung mit anderen Menschen beginnt erst dann, wenn man mit sich selbst verbunden ist, da man selbst im eigenen Leben der wichtigste Mensch ist. Geben wir den Kindern also diesen Raum, damit sie eine tiefe innere Verbindung zu sich selbst herstellen und anschließend, falls sie Lust dazu haben, mit uns reden und uns Dinge erzählen können.

Kommen wir noch mal zurück zu den zwei verschiedenen Situationen bei der Wiederbegegnung mit dem eigenen Kind nach dem Kindergarten. Fällt dir der Unterschied auf? Merkst du, wie alles ablaufen kann, wenn man bewusst im Hier und Jetzt ist, und wie man sich fühlt, wenn dies nicht der Fall ist? Jede Wirkung hat ihre jeweils andere Ursache. Sich klarzumachen, dass man ein aktiver Teil der Ursachen ist, kann einem helfen, Verantwortung zu übernehmen – eine wunderbare Sache, denn eins steht fest:

» Das Leben ist kein Glücksspiel, du bist aktiv daran beteiligt.

Wie soll dein Leben aussehen? Handle dementsprechend. Es liegt bei dir, du hast das Steuer in der Hand.

Ich möchte dich auch dazu anregen, dich selbst aus einem anderen Blickwinkel zu betrachten und folgende Fragen zu beantworten: Empfindest du das, was dein Kind macht, als Problem? Hast du das Gefühl, du hast es dabei mit etwas sehr Kompliziertem, sehr Schwierigem zu tun? Das hieße, du gehst mit festen Überzeugungen und Bewertungen an die Sache heran. Du betrachtest das Ganze als ein kompliziertes, schwieriges Problem. Was vermittelst du damit deinem Kind? Selbst wenn du es nicht aussprichst, spürt es sicher an deiner Energie, dass du das Gefühl hast, einen verdammt hohen Berg vor dir zu haben, den du erklimmen musst. Dein Kind spürt dein Unbehagen und deine Verzweiflung. Stell dir vor, du selbst wärst ein paar Tage lang schlecht gelaunt und dein Partner oder deine Partnerin würde das als Riesenproblem empfinden (wo es doch im Grunde etwas Normales ist, da wir nicht immer hundertprozentig gut drauf sein können, weil wir zyklische Wesen sind und in unserem Alltag immer irgendetwas passiert). Wie würdest du dich da fühlen? Bestimmt würdest du denken, dein Partner oder deine Partnerin versteht dich nicht, und dich fragen, ob es zwischen euch vielleicht ein ernstes Problem gibt. Prüfe, wie du das, was geschieht, wahrnimmst und mit welchem Etikett du es womöglich versiehst. Und dann lass es los. ;-)

★ Moment mal …

Wende dich nun wieder kurz deinem Körper zu. Es ist Zeit, dass du innehältst und nachdenkst, vor allem aber, dass du spürst, was die Lektüre in deinem Körper in Bewegung gebracht hat. Ich schlage dir deshalb vor, zur Bauchatmung überzugehen und zu beobachten, wie die Luft in deinen Körper ein- und wieder aus ihm herausströmt. Entspanne dich, indem du versuchst, überall im Körper Verspannungen zu lösen. Nimm Verbindung auf zu dem Raum, in dem du dich befindest, zu dem Platz, an dem du sitzt. Atme langsam und tief ein und aus, beobachte deinen Atem.

Frage dich in diesem entspannten Zustand, ob du schon mal darüber nachgedacht hast, dass du in jedem Moment deines Lebens Anteil an dem hast, was geschieht. Überlege, was es bedeutet, etwas mit zu erzeugen, und achte darauf, was sich dabei in dir regt. Tut sich etwas? Falls ja, atme tief durch und beobachte, was dein Körper dir sagt und inwieweit dir bewusst war oder nicht, dass du jederzeit Anteil an dem hast, was geschieht. Belastet es dich oder befreit und freut es dich zu wissen, dass die Dinge auch in deiner Hand liegen?

Ich schlage dir vor, dein Gedächtnis zu aktivieren und zu versuchen, dich mit der Energie zu verbinden, die deine Eltern in der Interaktion mit dir ausgestrahlt haben. Wie waren sie deiner Meinung nach an der Schaffung der gemeinsam erlebten Situationen beteiligt? Mit welcher

Energie haben sie Verbindung zu dir aufgenommen? Möglicherweise erkennst du, dass ein Teil dieser Energie noch heute in dir steckt und bei der Interaktion mit deinen Kindern erneut aktiviert wird. Das alte Muster … Mach es dir bewusst.

Nun beobachte, wie du an den Situationen beteiligt bist, die du mit deinem Kind erlebst. Was für eine Energie bringst du deiner Meinung nach mit? Was strahlt dein Körper aus? Was strahlen deine Worte aus? Der Klang deiner Stimme? Ist es eine positive oder negative Energie? Schau bewusst hin, und falls du das Gefühl hast, etwas ändern zu müssen, wage es. Es wird für euch alle ein Gewinn sein.

Emotion versus Verhalten

Wir müssen lernen, Emotion und Verhalten voneinander zu trennen. Eine Emotion ist immer berechtigt und legitim. Wir alle haben das volle Recht zu fühlen, was wir fühlen, und haben auch unsere eigenen Gründe für diese Gefühle. Das auch für unsere Kinder gelten zu lassen, fällt uns manchmal schwer. Denn gewisse Emotionen treiben sie zu unangemessenem Verhalten, sodass Grenzen gesetzt werden müssen. Zum Beispiel wenn sie bei einem Wutausbruch sich selbst oder anderen wehtun, wenn sie Dinge tun, die für sie selbst oder andere gefährlich sein bzw. Gegenstände oder Räume beschädigen könnten.

Oft verwechseln wir Emotion und Verhalten. Da uns bestimmte Verhaltensweisen sehr stören, wir zum Beispiel nicht wollen, dass unser Kind uns oder ein Geschwisterkind schlägt, versuchen wir, die Emotion unseres Kindes schon im Keim zu ersticken, sobald wir merken, dass es gleich zu einem Wutanfall kommen könnte. Wir versuchen, die Situation zu beherrschen, indem wir dem Kind Angst machen – eine übliche Methode in der traditionellen Erziehung: Mithilfe von Angst werden Emotionen unterdrückt, die ein möglicherweise schädigendes Verhalten auslösen könnten. Beziehungsweise das Kind wird so daran gehindert etwas zu tun, was der oder die Erwachsene nicht will.

» *Wut ist eine jener Emotionen, die am meisten Unbehagen verursachen, und gehört zu den am meisten „misshandelten" Emotionen. Wut setzt eine starke, hochexplosive Energie frei.*

Ich benutze dafür gern das Bild des Vulkans. Ein Vulkan kann entweder im nächsten Moment ausbrechen oder eine Weile brodeln oder auch schlafen. Ähnlich wie ein brodelnder Vulkan, der im Inneren immer heißer und heißer wird, bis es schließlich zum Ausbruch kommt, explodiert auch ein Kind, wenn es von Wut gepackt wird. Es kann nicht mehr zuhören oder vernünftig reagieren, sondern schreit nur noch, schlägt andere oder sogar sich selbst. Es erleidet einen totalen Kontrollverlust, sein innerer Vulkan ist nicht mehr zu bändigen.

Gerade wegen dieser explosiven Energie ist es normal, dass man in vielen Fällen sowohl bei Kindern als auch bei Erwachsenen befürchtet, ihr von Wut gesteuertes Verhalten werde höchst unangemessen sein. Viele Erwachsene verlieren die Beherrschung, wenn sie in Rage geraten, obwohl ihr Gehirn so weit entwickelt ist, dass sie einen Wutausbruch verhindern könnten. Dennoch schäumt die Energie über. Und weil dies zu einem großen Konflikt führen kann, was man verhindern will, neigt man dazu, die Emotion selbst zu kriminalisieren, zu unterdrücken und zu bestrafen, statt dem daraus entstehenden Verhalten Grenzen zu setzen. Weil die Emotion Angst macht.

> *Zorn macht Angst, also bekämpft man ihn oft, indem man dem Betreffenden zu verstehen gibt, zornig zu sein sei nicht erlaubt. Doch nicht die Emotion sollte man unterdrücken, denn in Wut zu geraten ist absolut zulässig, logisch und oft sogar notwendig.*

Diesen Unterschied sollte man sich unbedingt klarmachen, damit man das Gefühl selbst anerkennen, verstehen, sich mit ihm verbinden und gleichzeitig dem unangemessenen Verhalten Grenzen setzen kann. Und damit man ein Kind zum richtigen Verhalten erzieht, indem man ihm hilft, seine Wut zu kanalisieren, ohne jemandem Schaden zuzufügen. Denk immer daran: Das Verhalten mag unangemessen sein, das Gefühl ist es nicht.

★ Moment mal …

An dieser Stelle schlage ich dir vor, einen Moment innezuhalten und bewusst in dich hineinzuhorchen. Dafür lade ich dich ein, Verbindung zu deinem Körper aufzunehmen. Nimm den Ort wahr, an dem du dich befindest, und beobachte deine Atmung, spüre, wie die Luft in deinen Körper strömt und ihn wieder verlässt. Versuche, so langsam und tief zu atmen, wie du kannst, ohne die Atmung zu forcieren. Entspanne dich an den Stellen deines Körpers, an denen du Verspannungen spürst, und versuche, bei jedem Ausatmen noch etwas mehr loszulassen und in eine noch tiefere Entspannung zu kommen.

Achte nun auf das, was dein Körper spürt. Welche Emotionen nimmst du in dir wahr? Was hast du empfunden, als ich dir gesagt habe, alle Emotionen seien legitim, auch die Wut und jedes andere Gefühl, das unangenehme Empfindungen in unserem Körper auslöst? Spürst du, ob du dir diese Gefühle erlaubst?

Wichtig ist auch jetzt wieder der Blick in die Vergangenheit. Versuche, dich zu erinnern, ob man dir, als du klein warst, deine Gefühle erlaubt hat. Hat man zum Beispiel, wenn du Angst, Wut, Eifersucht oder Traurigkeit empfunden hast, diese Gefühle gelten lassen? Gab es einen sicheren emotionalen Raum, in dem du sie äußern konntest, oder hat man dich nicht besonders ernst genommen, dich unterdrückt oder sich nicht sonderlich für deine Gefühle interessiert? Zu erkennen, wie deine Vergangenheit dich in Sachen Emotionen geprägt hat, wird dir helfen zu verstehen, warum du jetzt, im Erwachsenenalter, auf eine bestimmte Art mit deinen Gefühlen und denen deines Kindes umgehst.

Zu guter Letzt lade ich dich ein, darüber nachzudenken, was in dir vorgeht, wenn dein Kind seine Gefühle äußert. Was spürst du körperlich angesichts der Wut oder Frustration deines Kindes? Was rufen seine Emotionen in dir wach? Glaubst du, dass du ihm erlaubst, sie zu spüren, oder versuchst du eher mit allen Mitteln, eine Lösung für das, was gerade geschieht, zu finden, damit dein Kind nicht mehr fühlt, was es fühlt? Wie gehst du mit dem Konflikt zwischen Emotionen und Verhalten um? Versuchst du spontan, Emotionen zu unterdrücken, damit sie nicht zu für dich unangenehmen Verhaltensweisen führen?

Erforsche dich und horche in dich hinein … Fühle … Alles, was du jetzt bei diesen Fragen fühlst, ist in Ordnung. Ganz gleich, ob es angenehm ist oder nicht. Falls dir nach Weinen zumute ist, ist das in Ordnung, lass es zu, es ist gut so. Falls du dich wütend oder ohnmächtig fühlst oder eine gewisse Frustration verspürst, ist auch das gut und in Ordnung. Nimm dich selbst an, nimm auch deine Gefühle an, erlaube ihnen, sich zu äußern. Behandle dich mitfühlend und mit viel Liebe. Da ist so vieles, was losgelassen und geheilt werden muss, dass jeder kleine Schritt ein Sieg ist.

Notizen

sechs

Grenzen

Es ist unmöglich, ein Buch über Wutanfälle zu schreiben, ohne über Grenzen zu sprechen. Oft sind sie der Auslöser für einen Wutanfall, weil sie dem Kind einen Anlass bieten, zum Ausdruck zu bringen, was wirklich in ihm vorgeht und ihm Unbehagen bereitet. Für mich sind Grenzen eines der schwierigsten Themen der bewussten Elternschaft. Und, nun ja, auch der unbewussten Elternschaft. Ich weiß, dass ich damit einen wertenden Standpunkt einnehme, aber das Thema Grenzen war viele Jahre hindurch extrem schwierig für mich.

Am Anfang war das nicht so. Bevor ich Mutter wurde, dachte ich, ich hätte klare Vorstellungen. Ich hatte mich gut informiert und glaubte, es wäre ein Kinderspiel. Aber aus der Distanz sieht die Sache anders aus, als wenn du mittendrin steckst. Als ich dann Mutter war, stellte ich fest, dass es ganz und gar nicht einfach war, zumindest nicht für mich. Bei der Geburt meiner ältesten Tochter hatte ich eine genaue Vorstellung davon, welche und wie viele Grenzen nötig wären und wie sie auszusehen hätten. Aber sie war ein Baby! Babys haben keine Stimme und kein Stimmrecht. Wir Eltern schleppen sie mit und sie haben weder das Bewusstsein dafür noch die Möglichkeit, Nein zu sagen. Außerdem sind Bedürfnisse und Wünsche bei Babys ein- und dasselbe, sodass kaum Grenzen gesetzt werden müssen – abgesehen von jenen zu ihrer Sicherheit, wenn sie anfangen zu krabbeln und zu laufen, um die Welt zu erkunden.

> » *Aber Kinder werden größer und wollen irgendwann Dinge, die sie nicht brauchen, die sie nicht bekommen können oder nicht anfassen sollen.*

Manche Kinder sind früher dran, andere später, aber mit etwa zwei Jahren erreichen alle die Phase der emotionalen Ablösung und entwickeln sich vom Baby zum Kleinkind. In dieser Phase fiel es mir wie Schuppen von den Augen und mir wurde klar, dass das Setzen von Grenzen nicht so einfach ist, wie ich gedacht hatte. Das war der Beginn meiner intensiven Auseinandersetzung mit dem Thema, durch die ich diesbezüglich deutlich wachsen sollte. Vielleicht ist das der Grund, warum ich dieses Thema liebe: Ja, ich liebe das Thema Grenzen, weil es so extrem wichtig und vielschichtig ist. Ich könnte stunden- und tagelang darüber sprechen.

Als Erstes möchte ich dir sagen, dass Grenzen in der Kindererziehung absolut notwendig und unverzichtbar sind. Auch in der respektvollen, bewussten Erziehung. In diesem Punkt herrscht große Verwirrung, weil viele glauben, dass es bei dieser Form der Erziehung nur wenige unklare oder überhaupt keine Grenzen gäbe. Nichts könnte weiter von der Wahrheit entfernt sein. Es ist lediglich so, dass Grenzen in der bewussten Erziehung bewusst gesetzt werden. In der traditionellen Erziehung hingegen sind Grenzen oft willkürlich, unbewusst, wenig respektvoll und vom Ego geprägt.

Ich werde später noch näher darauf eingehen, aber ich möchte jetzt schon klarstellen, dass es natürlich Grenzen geben muss. Keine Frage.

> » *Kinder brauchen einen Rahmen, um sich gesund und sicher zu entwickeln. Sie müssen wissen, was erlaubt ist und was nicht und warum. Wir wiederum müssen erkennen und akzeptieren, dass Kinder im Alter zwischen zwei und sechs Jahren ihre Grenzen austesten müssen.*

Durch unser Nein und unsere Reaktionen begreifen sie, was erlaubt ist und was nicht. Und damit wären wir wieder bei den Bezugsgrößen und Vorbildern: Du hast ein zweieinhalbjähriges Kind und versuchst, es bewusst zu erziehen, aber wenn dein Gehirn auf der Festplatte nach bewusst gesetzten Grenzen sucht, erscheint nur *File not found*. Möp! Du kannst keine Referenzen finden, weil die Grenzen, die du kennengelernt hast, keine bewusst gesetzten Grenzen waren. Vielleicht wurdest du so mit ihnen konfrontiert wie oben beschrieben, oder du hast praktisch keine Grenzen gesetzt bekommen und sitzt deshalb genauso in der Patsche.

Wir müssen also wieder bei uns selbst anfangen, um bei unseren Kindern kohärent sein zu können. Ja, es ist anstrengend, ich weiß. Ich war selbst oft am Ende, aber glaub mir, es ist der einzige Weg, um mit deinen Kindern zu wachsen, ihnen gerecht zu werden und eine verbundenere, bewusstere, empathischere und glücklichere Welt zu schaffen. Aber noch einmal: Du musst bei dir anfangen, denn letztlich beginnt alles bei dir selbst.

Unsere eigene Geschichte

Zunächst einmal sind wir also mit unserer eigenen Geschichte konfrontiert. Mir wurden zum Beispiel nur sehr wenige Grenzen gesetzt. Als Tochter getrennter Eltern habe ich bereits im Alter von fünf Jahren gelernt, Verantwortung zu übernehmen, mich um alles zu kümmern und nichts zu vergessen, denn wenn man in zwei Haushalten lebt, muss man entweder gut organisiert sein oder man hat in der Schule nie die richtigen Bücher, Hausaufgaben oder Kleider dabei. Mag schon sein, dass ich eine entsprechende Veranlagung hatte, aber die äußeren Umstände taten ihr Übriges. Meine Eltern hatten volles Vertrauen in mich. Sie selbst waren sehr traditionell und autoritär erzogen und mit vielen willkürlich gesetzten Grenzen konfrontiert worden, hatten wenig Aufmerksamkeit erhalten, aber häufig die Worte „weil ich es dir sage“ zu hören bekommen. Als sie dann selbst eine Tochter bekamen, distanzierten sie sich völlig von dem, was sie selbst erlebt hatten.

Das Ergebnis war, dass sie mir in der Regel wenige Grenzen setzten. Sehr wenige. Und ich war verunsichert. Damit du verstehst, was ich meine, will ich dir ein Beispiel geben, über das wir zu Hause schon tausendmal gesprochen haben, weil es sogar komisch war. Wenn ich als Teenager fragte: „Wann soll ich zu Hause sein?“, antworteten meine Eltern immer: „Wenn du keinen Spaß mehr hast oder wenn es dir reicht.“ Alle meine Freundinnen und Freunde bekamen eine Uhrzeit genannt, zu der sie zu Hause sein mussten, nur ich nicht. Ich flippte aus. Meine Freunde fanden meine Eltern cool, aber ich hatte das Gefühl, dass sie mich nicht besonders lieben konnten, wenn es ihnen egal war, ob ich um Mitternacht nach Hause kam oder erst um sieben Uhr morgens.

So war es natürlich nicht. Natürlich hat es sie interessiert. Aber sie wussten, dass ich verantwortungsvoll war, und vertrauten darauf, dass ich keine Dummheiten machen würde. Deshalb hielten sie es nicht für nötig, mir eine Uhrzeit zu nennen. Aber ich brauchte Grenzen, weil sie mir Sicherheit verliehen und das Gefühl gaben, wichtig zu sein und geliebt zu werden. Sie waren ein Leitfaden, der mir sagte, was ich tun sollte und was nicht – in einem Alter, in dem ich das noch nicht genau wusste. Und weißt du, was passierte? Ich ließ nicht locker: „Um wie viel Uhr soll ich zu Hause sein?“ Und sie: „Wann du willst oder wenn die Party vorbei ist.“ Und ich, wütend: „Nein, sagt mir eine Uhrzeit!“ Sie haben es nicht verstanden, weil sie dachten: „Ich wünschte, man hätte mir so viel Freiheit gelassen!“ Schließlich sagten sie: „Na gut, dann komm halt um halb eins.“ Und ich protestierte: „Mensch, aber doch nicht soooo früh!“ Denn das brauchte ich wohl: mich auflehnen zu können. Eine Grenze zu haben, sie zu spüren, mich dagegen aufzulehnen, zu diskutieren und den Punkt zu finden, an dem meine Eltern und ich uns treffen konnten.

Diese Grenze war keine bewusste Grenze. Meine Eltern (die ich sehr liebe und gut verstehe) waren sich nicht darüber im Klaren, was ich brauchte und wonach ich eigentlich verlangte. In der Art und Weise, wie sie Grenzen setzten, kam viel von ihrer eigenen Kindheit und Jugend zum

Ausdruck. Sie waren so eingeengt und kurzgehalten worden, dass sie ins andere Extrem verfielen und mir alle Freiheiten ließen, die sie selbst gerne gehabt hätten. Aber ihre Situation war nicht meine.

Ihre Eltern – meine Großeltern – hatten ihnen keine bewussten Grenzen gesetzt. Als sie auf ihrer persönlichen Festplatte suchten, fanden sie dort lediglich Hinweise auf Grenzen aus Zwang, Autorität und Angst und wiederholten einfach das Muster. Und so ging das von Generation zu Generation. Bewusste Elternschaft hingegen steht für etwas anderes, nämlich bewusst gesetzte Grenzen.

> » *Bei dieser Form der Erziehung geht es darum, sich bewusst zu machen, was man tut, wie man es tut und warum, aber auch aus welcher Haltung heraus.*

Setze ich Grenzen, weil ich selbst verletzt wurde? Setze ich Grenzen als Reaktion auf meine eigene Geschichte mit meinen Eltern? Setze ich Grenzen wegen des eigenen Egos, weil ich will, dass die Dinge auf meine Weise gemacht werden? Oder setze ich bewusste Grenzen als die erwachsene Person, die ich bin?

Dahin möchte ich kommen. Ich schlage dir vor, dass wir uns das genauer ansehen, denn es ist ein neues Paradigma, eine neue Vorgehensweise. Und wieder stapfst du durch drei Meter tiefen Schnee ohne jegliche Spur, die dir den Weg weist.

★ Moment mal …

Nachdem du gerade etwas über meine persönliche Geschichte gelesen und erfahren hast, dass Grenzen häufig über Generationen hinweg gesetzt wurden, schlage ich dir vor, dass du dich nun mit deinem Atem verbindest. Beobachte, wie die Luft in deinen Körper ein- und wieder aus ihm herausströmt, ein und aus, ein und aus … Entspanne jeden Bereich deines Körpers, lass alle Anspannung los und versuche, dir folgende Fragen zu beantworten: Wie fühlst du dich jetzt? Hat sich etwas in dir bewegt? Was wurde in dir zum Klingen gebracht? Welche Emotion nimmst du in dir wahr?

Ich schlage vor, dass du nach der Lektüre der vorangegangenen Zeilen einen Moment innehältst. Schließe die Augen und versuche dich zu erinnern, welche Grenzen dir als Kind gesetzt wurden. Was hat man zu dir gesagt, wenn du etwas getan hast, das nicht richtig war? Und wie hast du dich gefühlt, wenn man Nein zu dir sagte? Wie geschah das? Hast du dich respektiert gefühlt oder hattest du das Gefühl, dass deine Empfindungen und deine Sichtweise nicht berücksichtigt wurden?

Es ist wichtig, dass du dir alle Gefühle und Erinnerungen, die in dir wach werden, bewusst machst, denn du wirst feststellen, dass vieles davon nachhallt, wenn du deinen eigenen Kindern Grenzen setzen sollst. Wenn wir uns diese Erfahrungen nicht bewusst machen, wird uns die Vergangenheit immer wieder einholen, so oft, wie es nötig ist, um uns zu sagen: „Hey, da ist immer noch einiges, was du unter den Teppich kehrst." Nutze die Gelegenheit und hole so viel davon hervor, wie du kannst.

Die persönlichen Grenzen

Zunächst einmal heißt es also, die Aufmerksamkeit auf deine eigenen Grenzen zu richten. Und das ist eines der grundlegendsten Dinge, die du tun musst. Wenn du diese Vorarbeit nicht leistest, wie willst du dann deinen Kindern Grenzen setzen? Denn so ist es doch immer wieder: Wir sagen unseren Kindern, dass sie etwas nicht tun dürfen, halten uns aber selbst nicht daran. Herumschreien, respektlose Dinge sagen, am Handy hängen, ungesunde Lebensmittel essen usw. Ich weiß, Konsequenz ist eine der schwierigsten Aufgaben, die wir zu bewältigen haben. Aber leider können Kinder mit Inkonsequenz nur schlecht umgehen!

Also lass uns die Ärmel hochkrempeln und anfangen. Wenn man mit einem traditionellen Erziehungsmodell voller unbewusster, autoritärer Grenzen aufgewachsen ist, hat man sich wahrscheinlich noch nie mit der Frage beschäftigt, wo die eigenen Grenzen sind.

> ❞ *Wenn man sich nicht gehört fühlt, schließt man daraus unbewusst, dass das, was man will und fühlt, nicht wichtig ist. Also hört man nicht auf die innere Stimme und findet keinen Zugang zu seinem eigentlichen Wesen.*

Irgendwann gelangt man an einen Punkt, an dem man nicht mehr weiß, wo die eigenen Grenzen sind, weil niemand (oder fast niemand) zugehört hat, wenn man auf sie hingewiesen hat.

Wenn man dann erwachsen ist, weiß man nicht, was man braucht, was man fühlt, was man geben kann und was nicht. Man weiß nicht, wie man sich vor toxischen Beziehungen schützen kann, weil man nicht in der Lage ist zu sagen: „Bis hierhin und nicht weiter." Man nimmt Situationen, Menschen, Jobs und Verhaltensweisen hin, die einem nicht guttun und die weit über die persönlichen Grenzen hinausgehen, weil man nicht auf sich selbst hört und seine Grenzen nicht verinnerlicht hat. Und dann soll man seinen Kindern Grenzen setzen und verursacht ein furchtbares Chaos. Manchmal ist man innerlich so wütend, weil man nicht respektiert wurde, dass man seinen ganzen Frust an den Kindern auslässt, wenn man Nein sagen muss. Dann ist man wiederum zu zögerlich, weil man Angst hat, dass sie wütend werden, wenn man Nein sagt, und unbedingt wegwill von dem autoritären Verhalten, mit dem einem selbst Grenzen gesetzt wurden. Also respektiert man weder die Grenzen gegenüber den Kindern noch zeigt man ihnen, was sie tun dürfen und was nicht. Wie gesagt: ein furchtbares Chaos.

Du musst dir darüber im Klaren sein, dass es dir schwerfallen wird, deinen Kindern bewusste Grenzen zu setzen, solange du deine eigenen Grenzen nicht wahrnimmst und du diesen inneren Prozess nicht in Gang setzt. Deine Kinder werden deine Ambivalenz, deine Unsicherheit und deine Inkonsequenz bemerken. Sie werden es bemerken, selbst wenn du nichts Inkohärentes äußerst, weil du das alles ausstrahlst. Du wirst Unsicherheit, emotionales und mentales Chaos vermitteln, auch wenn deine Worte das Gegenteil ausdrücken wollen.

Anhand von Beispielen lässt sich besser verdeutlichen, was ich meine: Du möchtest, dass deine Kinder genügend Schlaf bekommen und verstehen, dass Erholung wichtig ist. Okay, ich finde, das ist eine sehr gute Sache. Nun frage dich: Schlafe ich selbst genug? Gebe ich ein gutes Beispiel dafür, dass es wichtig ist, sich zu erholen und auf seinen Körper zu hören? Sieht mein Kind, dass ich das auch tue?

Oder du möchtest, dass deine Kinder nicht ständig vor dem Bildschirm sitzen, und willst ihnen einen verantwortungsvollen Umgang mit Technologien und mobilen Geräten vermitteln. Okay, das ist eine wunderbare und in der heutigen Zeit sehr nötige Botschaft, also wirst du entsprechende Grenzen setzen müssen. Nun frage dich: Wie viele Stunden verbringe ich selbst vor dem Bildschirm? Gebe ich ein Beispiel für verantwortungsvollen Medienkonsum und vermittle ich, dass es noch andere Dinge gibt, die man tun kann, außer aufs Handy zu starren?

Oder du möchtest, dass sich deine Kinder gesund und ausgewogen ernähren und nicht ständig zu ungesunden Fertigprodukten greifen. Toll! Das ist etwas, was wir unseren Kindern unbedingt vermitteln sollten. Nun frage dich: Wie esse ich selbst? Bin ich ein Vorbild für gesunde, ausgewogene und bewusste Ernährung? Denn wenn ich nur darüber rede, mich aber mit Süßigkeiten, Fertiggerichten und Junkfood vollstopfe, sobald sie nicht hinsehen, werden sie es merken, selbst wenn ich es heimlich tue. Ich werde Inkonsequenz ausstrahlen, wenn ich ihnen Grenzen hinsichtlich des Essens setze.

Ich rede hier von Energie und anderen, nicht greifbaren Dingen, aber glaub mir, Kinder haben feine Antennen für so etwas.

» *Das ist der Grund, warum es in so vielen Familien Probleme mit Grenzen gibt. Viele Eltern denken vorher nicht über ihre eigene Einstellung zu Grenzen nach und glauben, mit Worten und einem Nein wäre es getan.*

Ich nenne dir ein weiteres Beispiel zum Thema Grenzen, das mir in der Praxis oft begegnet: Eine Mutter ist es leid, ihr Kind zu stillen. Sie ist erschöpft und will nicht mehr, aber sie zieht keine Grenze, sondern erträgt es, weil es ihr schwerfällt, dem Kind zu sagen, dass es reicht. Erst wenn sie es gar nicht mehr aushält, befiehlt sie ihm (manchmal sehr grob), mit dem Nuckeln aufzuhören. Das Kind beginnt zu weinen, zum einen, weil es die Brust will, und zum anderen, weil es nicht versteht, was los ist.

Hier respektiert die Mutter ihre eigene Grenze nicht. Sie hört nicht auf ihren Körper. Vielleicht ist sie am Limit und muss vollständig abstillen. Das ist wahrscheinlich dann der Fall, wenn sie auch davor ihre Grenze schon nicht respektiert hat, als es um die Frage ging, ob sie vielleicht seltener oder kürzer stillen sollte, und irgendwann ist der Punkt erreicht, an dem sie nicht mehr kann. Sie setzt keine Grenze, weil sie nicht in sich hineinhorcht, sondern sich von Emotionen leiten lässt, die sie innerlich aufwühlen und eine Verbindung zu einer Situation herstellen, die nichts mit dem Hier und Jetzt zu tun hat. Und als sie es schließlich doch tut, geschieht es nicht aus einer souveränen, konsequenten und bewussten Haltung heraus. Das Kind versteht nichts und akzeptiert die Grenze nicht. Und beide leiden.

Wie anders wäre es, wenn die Mutter in derselben Situation beim Stillen in sich hineinhorchen würde. Wenn sie auf sich hören würde, würde sie erkennen, wann es Dissonanzen gibt, und könnte bewusst ihren eigenen Weg suchen: die Stillzeiten verkürzen, nachts abstillen usw. Da sie sich über den Grund ihrer Entscheidung völlig im Klaren wäre, weil es sich um eine bewusste Entscheidung handelt, könnte sie diese auch so an ihr Kind weitergeben. Auf diese Weise gäbe es keine Zweifel, weil ihre Energie völlig stimmig wäre und dem entspricht, was sie ihrem Kind vermittelt. Das Kind wiederum wüsste, woran es ist, auch wenn es ihm nicht gefällt. Es gibt eine klare Grenze. Das Kind mag protestieren, es mag weinen, aber im Grunde ist ihm alles klar. Wenn die Mutter ihr Kind gelassen und souverän begleitet, ohne Wertung und mit tiefem Verständnis, wird dieser Moment wie so viele andere vorübergehen und beide werden voneinander lernen.

Aber warum ist etwas so Existenzielles wie das Wissen um die eigenen Grenzen so schwierig für uns? Weil wir selbst als Kinder versucht haben, es unseren unbewusst erziehenden Eltern recht zu machen.

Wenn wir spürten, dass sie uns nicht in unseren Empfindungen begleiten konnten, haben wir vorgegeben, etwas anderes zu empfinden. Wir haben von „schlechtem Verhalten" zu „gutem Verhalten" gewechselt, wenn wir merkten, dass ihnen das, was wir gerade taten, nicht gefiel. Nicht aus Einsicht, sondern weil wir ihre Anerkennung suchten. Es gibt nichts, was ein Kind mehr will, als seinen Eltern zu gefallen. Es wird immer versuchen, es ihnen recht zu machen, auch wenn es dafür Dinge tun muss, die nichts mit dem zu tun haben, was es tatsächlich fühlt, ist oder glaubt.

Das ist traurig, aber so ist es nun mal. Und es beeinflusst uns enorm, wenn es um die Erziehung der eigenen Kinder geht. Wir wollen es ihnen auch recht machen, aber das geht nicht immer, und dann gerät man in einen inneren Konflikt, aus dem man nur schwer wieder herausfindet. Man ist aufgewühlt, identifiziert sich mit dem Kind, das man einmal war, und weiß nicht, wie man aus dieser Zwickmühle wieder herauskommen soll.

Bewusstheit, Bewusstheit, Bewusstheit. Uns Dinge bewusst zu machen, wird uns dabei helfen, das, was wir tun und sind, ins rechte Licht zu rücken. Aus der Distanz heraus können wir verstehen – mitfühlend und ohne zu werten. Aus diesem Verständnis heraus können wir Dinge annehmen, um uns zu heilen und neu auszurichten, damit wir klarer sehen und beginnen können, aus einem gesünderen, verbundeneren, konsequenteren Paradigma heraus zu handeln und ein Bewusstsein dafür zu entwickeln, wer wir sind, was wir brauchen und was unsere Seele benötigt, um voranzukommen, sich weiterzuentwickeln und zu wachsen.

★ Moment mal …

Verbinde dich nun für einen Moment mit deinem Körper und erforsche, was in Bewegung geraten ist oder was du besser verstehen kannst. Ich schlage dir vor, die Aufmerksamkeit erneut auf deine Atmung zu richten. Nimm wahr, wie die Luft in deinen Körper ein- und wieder aus ihm herausströmt, und entspanne mit jedem Atemzug die einzelnen Regionen deines Körpers. Richte die Aufmerksamkeit nun auf deine Empfindungen. Wie geht es dir jetzt? Gibt es Emotionen, die durch die Lektüre aktiviert wurden? Hat es etwas in dir ausgelöst, die vorangegangenen Zeilen über die eigenen Grenzen zu lesen?

Ich schlage dir vor, dass du nun einzelne Aspekte deines Lebens betrachtest, wenn du das Gefühl hast, dass du deine Empfindungen annehmen kannst. Beispielsweise in puncto Arbeit: Hast du das Gefühl, dass du dort bist, wo du sein möchtest, und das tust, was du tun möchtest? In puncto persönliche Beziehungen: Hast du gesunde Beziehungen oder beruhen sie darauf, dass du keine Grenzen setzt? Fühlst du dich hin und wieder ausgenutzt oder übergangen? Kannst du sagen: „Bis hierhin und nicht weiter"? In Bezug auf dich selbst: Respektierst du dich? Achtest du auf dich? Liebst du dich?

Zum Schluss lade ich dich ein, die Aufmerksamkeit auf die Beziehung zu deinen Kindern zu richten und darauf, wie du ihnen Grenzen vermittelst. Ist die Energie, die du ausstrahlst, im Einklang mit dem, was du sagst? Mit anderen Worten, wie konsequent und bewusst bist du hinsichtlich der Grenzen, die du deinen Kindern zu vermitteln versuchst?

Ich weiß, es mag dir schwierig erscheinen, aber ich versichere dir, dass der bewusste Umgang mit diesen Fragen zu einem Vorher und Nachher führen wird, von dem ihr nicht nur als Familie profitieren werdet. Vielmehr wird es deinem Kind in jeder Phase seines Lebens weiterhelfen – von nun an bis ins Erwachsenenalter hinein. Überlege, ob es die Anstrengung wert ist!

Grenzen verinnerlichen

Befassen wir uns nun damit, wie man Grenzen vermittelt. In diesem Abschnitt werde ich dir nicht sagen, was du sagen sollst. Denn wie wir gesehen haben, verhallen Worte ungehört, wenn das, was man sagt, nicht mit dem übereinstimmt, was man fühlt. Dann wird es dem Kind schwerfallen, die gesetzte Grenze einzuhalten. Das Wichtigste ist, dass du der Grenze aus deinem Körper heraus Gestalt gibst. Klingt ziemlich abstrakt, oder? Ich weiß, deshalb möchte ich ein bisschen genauer erklären, was ich meine.

Wenn ich sage, dass man der Grenze Gestalt geben sollte, meine ich damit, dass dein ganzer Körper mit dieser Grenze im Einklang sein sollte. Du solltest sie mit jeder Pore deiner Haut verinnerlichen und in dich aufnehmen. Stell dir vor, du wärst ein Baum und die Grenze, die du setzt, reichte vom höchsten Ast, der am weitesten vom Stamm entfernt ist, bis zur tiefsten Wurzel. Du musst diese Grenze mit deinem ganzen Wesen spüren, leben und annehmen, weil dir zutiefst bewusst ist, wie wichtig sie für dein Kind ist. Sie ist klar und wurde bewusst gesetzt, um ihm in seiner Entwicklung zu helfen. Das Warum muss dir absolut klar und bewusst sein, damit du dir die Grenze zu eigen machen kannst.

Nehmen wir ein Beispiel: Wenn du einem zweijährigen Kind sagst, dass es nicht mit dem Handy seiner Eltern spielen darf, musst du zuerst die Entscheidung treffen, dass das Spielen mit diesem Gerät zu diesem Zeitpunkt seines Lebens nicht notwendig ist und ihm in diesem frühen Alter keineswegs hilft, sondern vielmehr schadet. Du bist dir darin so sicher, dass du darauf achtest, dass das Handy nicht in Sicht- und Reichweite ist, und wenn das Kind danach fragt, wird die Antwort immer Nein sein. Ein souveränes, respektvolles, aber entschiedenes Nein, weil du mit jeder Zelle deines Körpers davon überzeugt bist und keinen Raum für Unsicherheit oder Inkonsequenz lässt.

Wenn du entscheidest, dass deine vierjährige Tochter nur zu besonderen Anlässen wie Geburtstagen oder Festen Süßigkeiten essen darf, musst du dafür sorgen, dass keine Süßigkeiten im Haus sind und auch ihr keine esst, um mit gutem Beispiel voranzugehen. Du musst dir jedes Mal, wenn sie nach Süßigkeiten verlangt, genau darüber im Klaren sein, warum ihr diese Entscheidung getroffen habt. Du musst daran festhalten und diese Grenze mit dem gesamten Körper fühlen. Nur wenn deine Worte und deine Energie im Einklang sind, wird deine Tochter die Grenze in ihrer ganzen Konsequenz und Bewusstheit wahrnehmen, und das führt dazu, dass die Botschaft bei ihr ankommt.

Es darf keine Brüche geben, denn wenn es Brüche gibt, bedeutet das, dass eine Grenze nicht bewusst gesetzt wurde und wir sie noch einmal überdenken und reflektieren sollten. Möglicherweise ist sie dem Entwicklungsstand des Kindes nicht angemessen (wenn man zum Beispiel von einem zweijährigen Kind verlangt, dass es beim Essen nicht aufstehen soll, kann es das nicht leisten, weil es in diesem Alter ein Grundbedürfnis nach Bewegung hat). Auch in diesem Fall ist die Grenze nicht bewusst gezogen worden und sollte noch einmal durchdacht und neu festgelegt werden. Außerdem kann es passieren, dass ich eine Grenze nicht wirklich verinnerlicht habe, weil sie unverarbeitete Erlebnisse und Emotionen aus meiner Vergangenheit wachruft. In diesem Fall ist es wichtig, sich bewusst zu machen, warum das so ist und was ich für mich annehmen muss, damit es keine Auswirkungen auf meine Energie hat, wenn ich meinem Kind eine Grenze vermittle.

Wenn das Kind keine Brüche wahrnimmt und das, was ich sage, mit der Energie übereinstimmt, die ich ausstrahle, wird das Kind viel eher in der Lage sein, Grenzen zu akzeptieren (auch wenn es ihm nicht gefällt). Es wird sich sicher fühlen und diese Sicherheit wird ihm dabei helfen, sich gesund und angemessen zu entwickeln.

Wenn wir eine Grenze wirklich fühlen, können wir bei unserem Nein bleiben und das Missfallen unseres Kindes aushalten. Wenn es hingegen einen Bruch gibt und die Grenze nicht völlig verinnerlicht ist, wird uns das Weinen unseres Kindes aufwühlen und wahrscheinlich dazu bewegen, unsere Meinung und unseren Standpunkt zu ändern, und aus dem Nein wird „na gut, okay …“. Wenn das passiert, war die Grenze entweder absurd oder sie war nicht bewusst oder aus irgendeinem Grund, den wir noch beleuchten müssen, nicht genug verinnerlicht. Diese Arbeit jedes Mal zu leisten, wenn wir Grenzen setzen, erfordert Einsatz, Bewusstsein und Anstrengung, aber sie ist unerlässlich.

Welche Grenzen?

Welche Grenzen soll ich meinen Kindern setzen? Das ist für viele Eltern die Preisfrage. Ich möchte dir meinen Standpunkt zu dem Thema darlegen, der dir hoffentlich helfen wird, die Dinge klarer zu sehen. Grenzen sind für mich immer dann notwendig, wenn es um die körperliche, psychische oder emotionale Integrität unserer Kinder geht, aber auch um die Unversehrtheit von Dingen, Räumen usw., die wir miteinander teilen. Im Zweifelsfall sollten wir uns fragen: „Hängt die Integrität meines Kindes davon ab?“ Je nachdem, wie die Antwort ausfällt, weiß man, ob es nötig ist, Grenzen zu setzen oder nicht.

›› Im Grunde geht es darum, die eigene Integrität zu respektieren, die Unversehrtheit anderer und all dessen, was man miteinander teilt.

Nehmen wir ein Beispiel: Zubettgehen ist für mich eine Grenze. Kinder haben ein Grundbedürfnis nach Ruhe und Schlaf. Wenn sie beides nicht bekommen, ist ihr Wohlbefinden gefährdet. Sie sind schlecht gelaunt, fahrig usw. Deshalb müssen wir Erwachsenen dafür sorgen, dass dieses Grundbedürfnis befriedigt wird, und Grenzen setzen, was die Schlafenszeiten angeht. Auch wenn das Kind nicht schlafen gehen will, müssen wir ihm zu einer bestimmten Uhrzeit sagen, dass es nicht länger spielen kann und ins Bett muss, weil es sich erholen muss. Das wird ihm mit Sicherheit nicht gefallen und es wird protestieren, aber es ist eine Grenze, und wenn wir diese Grenze verinnerlichen und ganz bewusst setzen, wird ihm klar sein, dass es daran nichts zu rütteln gibt. Natürlich kann es dagegen protestieren. Aber müssen wir dazu sagen, „okay, na gut, dann bleib noch ein bisschen auf“? Nein. Denn es ist eine Grenze – und wie wir gesehen haben, gibt es gute Gründe für diese Grenze. Sie wurde konsequent und bewusst gesetzt, und es gibt nichts daran zu rütteln.

Was aber, wenn das Kind statt des von uns vorgeschlagenen T-Shirts ein anderes tragen möchte? Für mich ist das keine Grenze. Ich würde es das anziehen lassen, was es möchte, denn hier ist seine Integrität in keiner Weise gefährdet, selbst wenn das T-Shirt nicht zur Hose passt. Ich weiß, oft empfindet man es als Beleidigung fürs Auge, wenn Kinder ihre Kleidung selbst aussuchen. Aber das ist reine Geschmackssache. Was aber, wenn das Kind mitten im Januar bei Minustemperaturen eine Badehose tragen möchte? Das ist eindeutig eine Grenze, ein Nein, denn Erfrierungen sind sehr wohl eine Beeinträchtigung der körperlichen Integrität.

> *Diese Prämisse der (körperlichen und seelischen) Integrität sollte dir dabei helfen, über die Grenzen nachzudenken, die du zu Hause setzt.*

Du solltest sie gegebenenfalls mit dem anderen Elternteil besprechen, damit ihr gemeinsam klare Vereinbarungen trefft, die ihr euren Kindern auf respektvolle, konsequente, bewusste und deutliche Weise vermitteln könnt.

Dann gibt es noch Regeln. Regeln sind etwas anderes als Grenzen: Von ihnen hängt nicht die Integrität unserer Kinder ab; wir stellen sie vielmehr auf, um das Zusammenleben zu erleichtern.

Hier gibt es tatsächlich eine große Vielfalt: In einigen Familien gelten diese Regeln, in anderen völlig andere. In einem Haushalt kann es beispielsweise die Regel geben, dass man zu Hause die Schuhe auszieht, weil die Wohnung im Erdgeschoss liegt und sonst alles schmutzig wird. Oder es ist verboten, auf dem Sofa zu hüpfen oder zu essen. Andere Familien laufen problemlos in Straßenschuhen durch die Wohnung und auf dem Sofa darf getobt und gegessen werden. Jeder, wie er will.

Aber es gibt nicht nur Familienregeln, sondern auch soziale und kulturelle Normen, die dabei helfen, als Gesellschaft zusammenzuleben. Zum Beispiel können wir unser Kind nicht nackt aus dem Haus gehen lassen, weil es eine gesellschaftliche Norm ist, nicht nackt herumzulaufen. Wenn es das nicht versteht, müssen wir ihm erklären, dass wir zwar nachvollziehen können, dass ihm heiß ist und es nackt sein möchte, aber dass das nicht geht. Kulturelle Normen wiederum sind davon abhängig, wo wir uns befinden. In diesem Fall gilt der Grundsatz „andere Länder, andere Sitten“.

Schlagen, Schubsen, Kratzen usw. sind eindeutig eine Grenze, weil sie einen Angriff auf die Unversehrtheit anderer darstellen. Hier muss man sehr klar sein, denn auch wenn es völlig normal ist, dass ein dreijähriges Kind ein anderes Kind schlagen möchte (wir wissen ja bereits, dass die Selbstkontrolle in diesem Alter noch nicht sehr ausgeprägt ist), können wir das nicht zulassen. Der Versuch, eine Schaukel kaputt zu machen, die Rutsche auf dem Spielplatz schmutzig zu machen oder mit Steinen auf eine Straßenlaterne zu werfen, überschreitet ebenfalls eine klare Grenze, weil er einen Angriff auf gemeinschaftliches Eigentum darstellt.

Bei kleinen Kindern, die sich vollständig von ihren Grundbedürfnissen leiten lassen, weil sie sich mitten in der egozentrischen Phase befinden, denen es an Selbstkontrolle mangelt und denen die Grundregeln des gesellschaftlichen und kulturellen Miteinanders noch nicht vertraut sind, liegt es in unserer Verantwortung, sie mit Respekt, aber auch Entschlossenheit zu leiten, damit sie nach und nach lernen, was man tun darf und was auf keinen Fall gestattet ist. Sie müssen wissen, wo die rote Linie ist, die sie nicht überschreiten dürfen.

» Sie müssen lernen, dass Grenzen unumstößlich sind, während sich Regeln diskutieren, bewerten, anpassen und aushandeln lassen.

Es kommt immer wieder vor, dass Menschen den Ansatz der bewussten Erziehung und die Bedeutung, die Grenzen darin haben, falsch verstehen und ihren Kindern Dinge durchgehen lassen, die deren eigene Integrität und das Wohlergehen anderer gefährden.

Ich verstehe das. Grenzen sind kein einfaches Thema. Ob aus Angst, Bequemlichkeit, Müdigkeit oder aufgrund von Fehlinformationen – allzu oft nehmen wir nicht die Position des Erwachsenen ein und begleiten unsere Kinder nicht so, wie sie es brauchen, wenn es um das Thema Grenzen geht. Ich weiß, es ist unangenehm, Grenzen zu setzen, wenn die Zweieinhalbjährige dagegen protestiert, als ob ihr Leben davon abhinge. Ich weiß das. Aber so ist das in dem Alter und unsere Aufgabe ist es, Grenzen zu setzen, auch wenn es uns schwerfällt. Wir müssen über diese Grenzen nachdenken und sie für uns annehmen, auch wenn unsere Eltern das genaue Gegenteil getan haben, als wir klein waren.

Wir können uns dem nicht entziehen. Unsere Kinder brauchen uns.

★ Moment mal …

Ich möchte dir vorschlagen, kurz innezuhalten und dich mit deinem Körper zu verbinden. Ich lade dich ein, die Aufmerksamkeit auf deine Atmung zu richten und in dich hineinzuhorchen. Beobachte, wie die Luft in deinen Körper ein- und wieder aus ihm herausströmt. Was hat das Thema Grenzen in dir ausgelöst? Hast du das Gefühl, dass du die Dinge nun klarer siehst, oder fühlst du dich im Gegenteil noch verlorener? Vielleicht denkst du über die Grenzen nach, die du zu Hause setzt, und stellst fest, dass es eher Regeln als Grenzen sind. Fühlst du dich in der Lage, zu rekapitulieren, darüber nachzudenken und neu festzulegen, was eine Grenze ist und was nicht? Hast du das Gefühl, dass es dein Ego verletzt, wenn du etwas, das du gesagt oder gedacht hast, zurücknehmen musst?

Ich lade dich nun ein, auch über die Grenzen nachzudenken, die es bei dir zu Hause gab, als du noch bei deinen Eltern gelebt hast. Findest du, dass es durchdachte, bewusste Grenzen waren? Wie hast du dich gefühlt, wenn dir zu Hause etwas untersagt wurde?

Was auch immer in dir hochkommt und was auch immer du fühlst, nimm es mit dem Atmen tief in dich auf. Vielleicht wurden Emotionen in dir ausgelöst und du bist ein bisschen aufgewühlt. Keine Sorge, das ist in Ordnung. Manchmal tut es weh, wenn Dinge zum Vorschein kommen, die einem zuvor nicht bewusst waren. Aber Licht ins Dunkel zu bringen, hilft einem immer weiter, glaub mir. Lass deine Gefühle zu, verurteile dich nicht und sei offen für alles, was in Form von Erinnerungen, Emotionen oder Gedanken zum Vorschein kommen muss.

Wie viele Grenzen?

Einen Teil der Antwort findet man, wenn man sich in die Lage des Kindes versetzt. Würde es dir gefallen, wenn man ständig Nein zu dir sagt? Mit Sicherheit nicht. Ein Kind kann einige Neins hinnehmen und akzeptieren, aber es sollten nicht zu viele sein. Damit schränkt man das Bedürfnis des Kindes nach Erkundung, Bewegung, freiem Spiel usw. ein und irgendwann wird es sich unwohl fühlen und den Eindruck haben, dass man es daran hindert, sich so zu entwickeln, wie es das braucht.

» *Wenn ein Kind zu häufig Nein hört, wird es wahrscheinlich irgendwann aufhören, dies zu verarbeiten, und das Nein schließlich überhören, weil es nicht in der Lage ist, so viele Grenzen zu beachten, die es in seinem Kindsein einschränken.*

Kinder müssen sich bewegen, sie müssen spielen, entdecken, unordentlich sein, sich ausdrücken und so vieles mehr. Wenn wir sie an allem hindern, was sie brauchen, und es ständig Nein heißt, dann hindern wir sie daran, Kind zu sein – und so weit sollte es niemals kommen.

Manchmal kann man den Eindruck bekommen, dass wir keine Kinder, sondern kleine Erwachsene haben möchten bzw. Kinder, die wie Erwachsene denken und sich verhalten. Aber das ist leider unmöglich.

Wenn du über Grenzen nachdenkst und sie dir bewusst machst, wirst du feststellen, dass es eigentlich nur wenige Grenzen gibt, die du unbedingt setzen musst. Wenn du diese Grenzen bewusst und überzeugend vermittelst, stehen die Chancen gut, dass dein Kind positiv darauf reagiert und sie nach kurzer Zeit vollständig verinnerlicht.

In diesem Zusammenhang möchte ich dir eine Übung vorschlagen. Wenn du dir nicht darüber im Klaren bist, ob es bei euch in der Familie viele Grenzen gibt oder eher wenige, lade ich dich ein, einmal einen ganzen Tag lang jedes Nein aufzuschreiben, das du zu deinem Kind sagst. Jedes einzelne, lass keines aus. Wenn ihr abends im Bett liegt, zählst du sie, und du wirst erkennen, welche Dynamik bei euch herrscht. Du wirst feststellen, ob viele dieser Neins eigentlich ein Ja waren. Du wirst sehen, ob du manchmal aus Bequemlichkeit Nein sagst, aber gleichzeitig ein Ja mitschwingt. („Mama, darf ich jetzt Steine bemalen?" Weil du absolut keine Lust auf das ganze Durcheinander hast, das damit einhergeht, sagst du unter irgendeinem Vorwand Nein. So etwas wie: „Wir essen gleich zu Abend.") Du wirst erkennen, ob du manchmal Nein sagst, weil bei dir zu Hause früher Nein gesagt worden war und du dir keine Gedanken darüber gemacht hast, ob es vielleicht eine unbewusste, unwichtige Grenze war.

Die meisten Eltern, denen ich diese Übung vorschlage, erzählen mir danach, dass sie erschrocken sind, wie oft sie Nein sagen. Das bringt sie automatisch in Verbindung mit ihren Kindern und zeigt ihnen, wie schwer es ist, den ganzen Tag Nein zu hören. Es hilft ihnen, sich bestimmte Dinge bewusst zu machen, sie zu überdenken und sich neu zu positionieren, eine andere Haltung, einen anderen Standpunkt und eine andere Sichtweise einzunehmen. Denn es geht nicht nur um deine Neins. Denk immer daran, dass es auch noch die deines Partners oder deiner Partnerin und die aus dem Umfeld gibt (Großeltern, Babysitter usw.) sowie die in der Kita (wenn sie auf den Hof gehen wollen, dürfen sie nicht, und wenn sie drinnen bleiben wollen, um zu malen, müssen sie aufhören, weil es Zeit ist, auf den Hof zu gehen). Es gibt so vieles, was sie nicht selbst entscheiden dürfen!

» Wir sollten uns unbedingt bewusst machen, wie wenig Entscheidungsspielraum Kinder im täglichen Leben haben.

Gerade deshalb brauchen sie das freie Spiel, bei dem sie die Regeln selbst aufstellen. Gerade deshalb sollten sie bei Dingen, die sie bereits alleine können, eigene Entscheidungen treffen dürfen, zum Beispiel ihre Kleider selbst aussuchen, wenn sie das möchten. In einer Entwicklungsphase, in der es so wichtig ist, das Treffen von Entscheidungen zu üben, führt ein ständiges Nein zu Verstimmungen, die sich unweigerlich auf die eine oder andere Weise äußern werden. Ein Weg sind Wutanfälle, denn bei zu vielen Grenzen wird jedes Kind irgendwann explodieren. Ein anderer Weg ist das Gefühl, „nicht richtig" zu sein, weil das Kind bei allem, was es möchte, vorschlägt oder wünscht, ein Nein zur Antwort erhält.

Wie setze ich Grenzen?

Das ist einer der Punkte, bei denen die Ratlosigkeit am größten ist. Nicht nur, dass wir oft nicht wissen, welche Grenzen wir setzen sollen und wie viele, wir wissen auch nicht, wie wir es anstellen sollen. Was sage ich? Wie sage ich es? Und wenn mein Kind weint? Was mache ich dann? Wir verbinden das Setzen von Grenzen oft mit Schimpfen und Lautwerden. Viele Eltern gestehen mir: „Mein Kind nimmt mich erst ernst, wenn ich schreie." Die Frage ist: Wie ernst nimmst du selbst die Grenzen, die du setzt? Ich bin sicher, dass hier ein Problem mit der Energie vorliegt, die wir ausstrahlen.

Wir kommen aus einer traditionellen Erziehung, in der Grenzen autoritär durchgesetzt wurden. Wir bekamen „… weil ich es sage", „Sei still und hör auf mich", „Keine Diskussionen!" und tausend andere Phrasen zu hören, die alle dasselbe meinen: Du sollst gehorchen, ohne zu widersprechen. Wenn wir dann selbst in der Situation sind, unserem Kind Grenzen zu setzen, und ihm zum Beispiel sagen, dass es sich die Zähne putzen soll, wissen wir nicht, wie wir das anstellen sollen, ohne wütend zu werden, wenn sich das Kind drücken will.

Es gibt noch einen weiteren Grund, der uns oft daran hindert, ruhig und bestimmt zu bleiben, wenn wir Grenzen setzen: Wir gehen davon aus, dass Kinder „verstehen sollten" und es reichen muss, wenn man etwas dreimal wiederholt. Hat man irgendwann dieses „Eins, zwei und ..." mit dir gemacht? Als ob man etwas nur dreimal sagen muss, damit das Kind gehorcht. Warum sollte es, frage ich mich? Insbesondere kleine Kinder, die noch so unreif sind, deren Gehirn noch nicht voll entwickelt ist und die der Logik eines Erwachsenen nicht folgen können. Also warum gehen wir davon aus, dass sie beim ersten oder spätestens beim dritten Mal hören sollten?

Diese Annahme führt oft dazu, dass man die Nerven verliert. Beim ersten und zweiten Mal wird die Grenze noch gut vermittelt, doch beim dritten Mal verliert man die Beherrschung, schreit, packt das Kind am Arm und zwingt es, das zu tun, was es tun soll. Wenn man uns hingegen sagen würde, dass man bei einem kleinen Kind von anderen Voraussetzungen ausgehen muss, weil sich sein Gehirn noch entwickelt, dass man Dinge immer wieder sagen und säckeweise Geduld haben muss, dass man eine Verbindung zu ihm herstellen muss, statt es herumzukommandieren, dann wären wir souveräner und entspannter. Da bin ich mir sicher.

›› *Wenn man weiß, wie Kinder ticken (ich verweise hier auf Kapitel drei), kann man Grenzen spielerisch und mit Freude und Spaß vermitteln.*

Beim Zähneputzen wird das Kind besser mitmachen, wenn wir spielen, dass wir im Zeltlager sind oder dass wir Superhelden oder Superheldinnen sind, die sich auf eine Mission vorbereiten, oder was auch immer, anstatt einfach zu sagen: „Los, putz dir die Zähne!" Niemand mag es, herumkommandiert zu werden, machen wir uns nichts vor. Magst du das? Ich jedenfalls fände es gar nicht gut, wenn man mir Dinge so vorschreiben würde, wie wir das häufig bei Kindern tun. Ich würde mit Sicherheit aufbegehren.

Hier setzt das neue Paradigma der bewussten Elternschaft an. Grenzen können auch mit Respekt, Bewusstheit und Verbundenheit vermittelt werden. Im Spiel entsteht eine Verbindung und gerade durch die Emotionen, die beim Spielen geweckt werden, lernen Kinder. Aus der Freude und dem Respekt entsteht eine Verbindung zwischen uns und aus dieser Verbundenheit heraus wird das Kind viel eher mitarbeiten und positiv auf Grenzen reagieren.

Wir müssen uns klarmachen, dass es niemals nötig ist zu schreien, es sei denn, unser Kind ist in Gefahr und wir müssen es warnen.

> ❞ *Wir sollten Kindern gegenüber niemals respektlos sein, weil sie nicht gleich beim ersten Mal folgen oder weil sie die von uns gesetzten Grenzen nicht einhalten.*

Wir setzen Grenzen, weil wir die Erwachsenen sind und wissen, welche Bedürfnisse Kinder haben und dass sie leiden und sich schlecht fühlen, wenn diese nicht befriedigt werden. Also sollten wir diese Grenzen auch bewusst vermitteln, mit Respekt, Souveränität, Gelassenheit und viel Geduld. Schauen wir uns einige Beispiele an:

Mein Sohn hat versucht, auf dem Spielplatz ein anderes Kind zu schlagen. Zunächst gilt es, hier eine Grenze zu setzen und nicht zuzulassen, dass er dem anderen Kind wehtut. Ich halte ihn davon ab, ohne zu schreien oder zu schimpfen. Ich übernehme schlichtweg die Kontrolle, die er nicht hat, weil seine Selbstkontrolle noch nicht entwickelt ist. Ich halte ihn davon ab, um das andere Kind und auch ihn selbst zu schützen. Dann versuche ich, mich in ihn hineinzuversetzen und herauszufinden, ob sein Kontrollverlust vielleicht auf Müdigkeit, Überforderung oder Eifersucht zurückzuführen ist. Ich erläutere ihm, was meiner Meinung nach der Grund ist, zum Beispiel: „Ich glaube, du bist sehr müde“, und treffe dann die Entscheidung, die ich für angemessen halte, in diesem Fall vielleicht, den Spielplatz zu verlassen. Und das mache ich dann auch.

Oder meine Tochter soll sich anziehen, weil wir losmüssen und sie in den Kindergarten muss. Sie will nicht, aber es geht nicht anders, denn wie wir eben gesehen haben, kann sie nicht nackt aus dem Haus gehen. Ich kann also versuchen, eine Verbindung zu ihr herzustellen, indem ich mit ihr spiele: „Komm, lass uns den Schrank öffnen und nachschauen, welche Hose heute morgen mit Claudia in den Kindergarten gehen will. Hosen, seid ihr da? Ich, die blaue Hose, will gehen! Nein, ich, die gelbe!“ Wenn man die Kleider sprechen lässt, als ob sie Menschen wären, ist es viel lustiger, sich anzuziehen, und sie wird wahrscheinlich mitmachen.

Oder es ist Zeit, den Zeichentrickfilm auszuschalten, weil unsere Zwillinge nur eine halbe Stunde schauen dürfen. Die dreißig Minuten sind vorbei, also sagen wir ihnen, dass wir jetzt ausschalten müssen. Ich nehme das Tablet und schalte es aus. Eines der Kinder beginnt auf den Boden zu stampfen und zu protestieren. Ich bleibe ruhig, denn ich verstehe das: Ich habe ihm gerade etwas weggenommen, was ihm ein gutes Gefühl vermittelt und unmittelbare Befriedigung verschafft hat. Es ist völlig normal, dass das Kind wütend wird, aber ich lasse mich nicht von seinen Gefühlen anstecken. Ich schalte das Tablet aus, lege es an einen Ort, wo mein Kind es nicht sehen kann, damit es nicht daran erinnert wird, und mache mir klar, was es braucht: Raum, um eine Weile zu weinen? Eine Umarmung? Meine Aufmerksamkeit? Ich werde nicht wütend, sondern bleibe deutlich und bestimmt, weil ich die Grenze verinnerlicht habe. Es ist eine Grenze, die wir bewusst gesetzt haben, also bleibe ich ganz ruhig, weil ich das Gefühl habe, dass die Entscheidung richtig ist. Ich sage mir immer wieder, dass es meine Aufgabe ist, Grenzen zu setzen, weil sie meinen Kindern helfen, sich sicher zu entwickeln. Ich blicke hinter ihr Verhalten und versuche, die Ursache aufzuspüren, nicht das Symptom. Ich bleibe neutral und gleichzeitig empathisch und zugewandt, um mein Kind in diesem schwierigen Moment zu unterstützen.

Ein Wunschtraum? Nein, Bewusstheit und Übung. Bewusstheit und Übung, immer wieder. In den nächsten Kapiteln werde ich detaillierter darauf eingehen, wie du das machst, und weitere Beispiele für ganz alltägliche Situationen geben, in denen wir alle manchmal scheitern. Ich weiß nicht, ob es ein Wunschtraum ist, diese Situation souverän zu begleiten. Ich weiß nur, dass es möglich ist, wenn wir als die Erwachsenen agieren, die wir sind, und absolut davon überzeugt sind, dass das Kind, mit dem wir es zu tun haben, unseren ganzen Respekt und unsere ganze Geduld verdient. Ein weiterer sehr wichtiger Punkt, den ich hervorheben möchte, ist, aus welcher Haltung heraus wir Grenzen setzen. Das ist eine Frage, die ich mir als Mutter jedes Mal stelle, wenn ich meinen Töchtern Grenzen setze. Grenzen können aus dem persönlichen Ego heraus gesetzt werden, aus dem verletzten Kind heraus, das wir einmal waren, aus dem bewussten Erwachsenen, der wir sind, aus dem zugewandten oder distanzierten Erwachsenen, aus einem übernommenen Autoritarismus, einer unbewussten Erwartungshaltung heraus usw. Und das bringt uns zu der Frage, die bereits einige Seiten zuvor thematisiert wurde: Was ist unser Anteil daran?

» *Grenzen sollten immer aus der Haltung des reifen, bewussten Erwachsenen gesetzt werden.*

Manchmal allerdings stellt sich heraus, dass man gar nicht so reif und erwachsen ist, und dann kommen unser Ego, unsere Autorität und unsere Verletzungen zum Vorschein. Wenn wir bewusst bleiben und den Blick auch auf uns selbst richten, wird uns das helfen, die Warnzeichen zu erkennen: „Hey, was machst du da? So nicht. Nimm eine andere Haltung ein.“ Denn das ist in der Tat das große Problem beim Setzen von Grenzen: Dass wir sie aus der falschen Haltung heraus setzen, aus einer Energie heraus, die überhaupt nicht dem entspricht, was das Kind gerade braucht.

Wenn ich eine autoritäre Haltung einnehme, werden meine Töchter wahrscheinlich blocken. Ganz bestimmt sogar. Wenn ich aus dem Ego heraus reagiere, werden sie darin noch besser sein, und dann ist es unmöglich, in Verbindung zu treten und ihnen zu vermitteln, dass diese Grenze wichtig ist. Wenn ich nicht wirklich präsent bin (du weißt schon, wenn man zwar anwesend, aber nicht ganz bei der Sache ist), werden sie auch nicht tun, was ich sage, weil sie spüren, dass ich woanders bin, und die Grenze nicht bewusst, klar und überzeugend gesetzt wird. Deshalb ist es eine sehr gute Übung, dich jedes Mal, bevor du eine Grenze setzt, zu fragen: „Aus welcher Haltung heraus setze ich diese Grenze?“

★ Moment mal …

Die Lektüre dieses Abschnitts hat wahrscheinlich etwas in dir bewegt oder Erinnerungen an entsprechende Situationen oder Erlebnisse in dir ausgelöst. Halte einen Moment inne und konzentriere dich ganz auf dich. Ich schlage dir vor, dass du die Aufmerksamkeit auf deinen Körper richtest. Beginne mit der Atmung. Atme bewusst und nimm wahr, wie die Luft in deinen Körper ein- und wieder aus ihm herausströmt. Entspanne mit jedem Ausatmen die Regionen deines Körpers, in denen du Verspannungen wahrnimmst.

Richte nun deine Aufmerksamkeit auf die Gegenwart, lass die Gedanken an Vergangenes oder Zukünftiges außen vor. Konzentriere dich ganz auf das Hier und Jetzt. Atme tief ein und aus … Was empfindest du gerade? Welche Emotion herrscht in dir vor?

Ich schlage dir nun vor zu erforschen, aus welcher Haltung heraus deine Eltern Grenzen gesetzt haben, als du ein Kind warst. Was empfindest du dabei? Möglicherweise tauchen Erinnerungen an diese Phasen auf. Das ist in Ordnung. Lass dich auf sie ein, denn sie kommen zu dir, um dir Informationen zu geben, die vielleicht verblasst sind. Nun lade ich dich ein zu erforschen, wie du deinen eigenen Kindern Grenzen setzt. Aus welcher Haltung heraus tust du es? Aus welcher Energie heraus? Achte in den nächsten Tagen darauf und du wirst sehen, ob es Parallelen zur Vorgehensweise deiner Eltern gibt. Die Antworten werden dich zum Nachdenken anregen und dir vieles bewusst machen.

Wenn Kinder nicht gehorchen

Das ist wirklich ein Riesenthema, oder? Was, wenn sie nicht gehorchen? Nun, zunächst einmal sollte man akzeptieren, dass sie das Recht haben, nicht zu gehorchen. Was meinst du? Ich habe das Gefühl, dass wir absolut nicht verinnerlicht haben, dass Kinder eigenständige Persönlichkeiten sind und folglich ihre eigenen Standpunkte, Meinungen, Ansichten und Ideen haben. Wir erwarten einfach, dass sie gehorchen, wenn wir ihnen etwas sagen. Wir stellen nicht einmal infrage, dass sie es tun. Ich frage dich: „Warum? Warum sollten sie widerspruchslos gehorchen?" Du könntest nun antworten: „Weil es nur zu ihrem Besten ist." Nun, ich bin sicher, dass die Absicht gut ist, aber wie vermittelst du das deiner Tochter? Sie ist noch klein und weiß das nicht – und es ist ihr auch egal.

» *Zunächst einmal sollten wir also akzeptieren, dass Kinder eine eigene Persönlichkeit und ein Recht darauf haben, nicht zu gehorchen.*

Dass sie Dinge anders machen wollen, als wir es von ihnen verlangen. Dass sie eigene Vorstellungen und Ansichten haben. Sie sind eigenständige, freie, souveräne Wesen, die sich ständig verändern. Das heißt nicht, dass sie tun können, was sie wollen, aber wir müssen verstehen, dass ein Kind das Recht hat, „Ich will nicht!“ zu sagen, wenn man es auffordert, sein Spielzeug wegzuräumen. Für manche mag das eine Binsenweisheit sein, für andere purer Unsinn. Aber die Einsicht, dass Kinder nicht immer tun müssen, was man ihnen sagt, ist der erste Schritt zur Verständigung.

Wenn man Kindern Grenzen setzt oder etwas von ihnen verlangt, muss man ihre momentane Situation verstehen (ob sie müde sind, etwas brauchen usw.) und eine Verbindung herstellen.
Entscheidend ist, dass man auch die Möglichkeit in Betracht zieht, dass sie nicht gehorchen könnten.

Wenn ein Kind dann tatsächlich nicht gehorcht, verstehen wir, dass es durchaus im Bereich des Möglichen war, dass so etwas passiert. Ist hingegen in unserer Vorstellung kein Platz für diese Möglichkeit, werden wir uns den Kopf zerbrechen, wenn es passiert (und glaub mir, es wird passieren). Dann wird es zum Problem, zu etwas, das gar nicht geht, einem gewaltigen Mangel an Respekt vor unserer Autorität und unserer Person. Nein, damit hat es nichts zu tun. Kinder sind Persönlichkeiten und haben als solche ihre eigenen Vorstellungen, Wünsche und Entscheidungen.

Wir müssen zudem begreifen und akzeptieren, dass Kinder im Alter von zwei bis sechs Jahren ihre eigenen Erfahrungen machen müssen, wenn es um das Fällen von Entscheidungen geht, um Auseinandersetzungen und, ja, auch um Ungehorsam. Das ist normal. Tatsächlich ist das ein gutes Training für die Zeit, wenn sie älter werden und Mama und Papa nicht mehr ständig präsent sind, um ihnen zu helfen. Sie müssen diese Phase durchlaufen, sich gegen Entscheidungen – auch der Eltern – auflehnen, rebellieren, weinen und uns sagen, dass wir völlig falschliegen. Das gehört dazu, wenn man Vater oder Mutter ist, tut mir leid. Also übe dich in Geduld, denn das, was dein Kind da tut, ist normal und sogar wünschenswert. Entscheidend ist nicht, was dein Kind tut, sondern wie du mit seiner Ablehnung von Grenzen umgehst, die du als unverrückbar ansiehst. Aber mit den Richtlinien, die ich dir vorhin genannt habe, und mit den Übungen zur Selbsterforschung wird es dir mit Sicherheit leichterfallen.

Wenn uns das alles klar ist (dass sie das Recht haben, unsere Grenzen abzulehnen, und hin und wieder versuchen, sich darüber hinwegzusetzen), können wir uns näher mit der Frage beschäftigen, was da eigentlich passiert, wenn ein Kind sich nicht an Grenzen hält. Dafür kann es verschiedene Gründe geben, von denen ich dir einige – wahrscheinlich die häufigsten – nennen möchte:

» **Wir sagen so oft Nein, dass das Kind überfordert ist und gar nicht mehr hinhört:** Hier müssen wir uns selbst überprüfen, denn zu viele Neins sind gegen die kindliche Natur.
» **Die Grenzen entsprechen nicht seinem aktuellen Entwicklungsstand:** Wir wollen, dass ein Kind Dinge tut, die es aufgrund seines Alters gar nicht umsetzen kann. Zum Beispiel soll es bei einer endlosen Familienfeier nicht aufstehen und ruhig auf seinem Stuhl sitzen bleiben. Aber das kann es nicht. Wir sollten mit ihm rausgehen, damit es sich bewegen kann (denk daran, Bewegung ist ein Grundbedürfnis). Wenn es sich dann ausgetobt hat, könnt ihr wieder reingehen und es kann eine Zeit lang sitzen bleiben.
» **Das Kind fühlt sich so unwohl, dass es die Konfrontation sucht:** Das kann zum Beispiel der Fall sein, wenn das Kind emotional sehr aufgewühlt ist, weil es in den Kindergarten kommt, weil es ein Geschwisterchen bekommen hat und furchtbar eifersüchtig ist oder aus tausend anderen Gründen. Wenn es einem Kind wirklich schlecht geht und es sehr wütend ist, muss es vielleicht eine Grenze überschreiten, um die Konfrontation mit uns zu

suchen, damit es weinen und toben und sein Unbehagen zum Ausdruck bringen kann. In Wirklichkeit braucht es nur einen Vorwand, um zu explodieren und seinen ganzen Unmut loszuwerden.

» **Das Kind merkt, dass wir die Grenze aus der falschen Haltung heraus setzen (in der Regel, weil wir auf unserem Ego beharren), und will nicht mitmachen:** Das passiert auch uns Erwachsenen, etwa wenn wir mit unserem Partner oder unserer Partnerin streiten. Wenn wir bemerken, dass die andere Partei aus dem Ego heraus handelt, beharren wir noch stärker auf unserem Standpunkt, und am Ende streiten wir uns wie kleine Kinder. Nun, bei Kindern ist das völlig normal. Sobald sie merken, dass wir sie aus dem Ego heraus kontrollieren wollen, rennen sie (schlau, wie sie sind) davon und lehnen es ab, sich an die Grenzen zu halten, die wir ihnen setzen.

» **Das Kind braucht unsere Aufmerksamkeit:** Manchmal geraten wir ungewollt in eine Dynamik, die Kindern das Gefühl gibt, dass wir nur dann verfügbar, präsent und aufmerksam sind, wenn sie eine Grenze überschreiten. In diesem Fall lassen wir alles stehen und liegen und widmen uns ihnen mit einer Präsenz, nach der sich Kinder immer sehnen, aber die sie in anderen Momenten, wenn es keinen Konflikt gibt, nicht bekommen. Folglich suchen sie ständig den Konflikt mit uns, nur um in den Genuss dieser vollständigen Aufmerksamkeit zu kommen, die wir ihnen mit unserer Wut geben. Ja, Kinder wollen beachtet werden, selbst wenn es nicht im Guten ist. So wichtig ist es für sie, dass wir uns ihnen mit allen Sinnen und voller Aufmerksamkeit zuwenden.

» **Das Kind ist emotional überdreht, übermüdet und nicht zugänglich für Argumente:** Das kommt häufig vor. Das Kind ist so müde, dass es sich weigert, die Zähne zu putzen, und um nichts in der Welt dazu zu bewegen ist. Oder es ist so erschöpft und hungrig, dass es völlig ausrastet, wenn man ihm sagt, dass es Zeit ist, den Spielplatz zu verlassen. Nun, da sind wir zu weit gegangen: Wir haben uns verkalkuliert und auch das Kind hat den richtigen Zeitpunkt verpasst. Jetzt ist das Unbehagen so groß, dass es sich abreagieren, toben und weinen muss, um seine emotionale und körperliche Überforderung auszudrücken. Merken wir uns das für die nächsten Male.

Wenn ein Kind sich nicht an die Grenzen hält, die wir gesetzt haben, ist es wichtig und unbedingt notwendig, dass wir in unserer Rolle als Erwachsene bleiben und von dort aus die bewusste, nicht impulsive Entscheidung treffen, die getroffen werden muss.

Wenn wir, wie in dem Beispiel mit dem Spielplatz, entschieden haben, dass das Kind müde und überdreht ist und es an der Zeit ist, nach Hause zu gehen, dann tun wir das. Ja, kann sein, dass das Kind nicht gehen will. In diesem Fall müssen wir es auf den Arm nehmen und so schnell wie möglich nach Hause gehen. Viele Eltern beginnen dann zu diskutieren und versuchen, das Kind zur Vernunft zu bringen. Wir sprechen hier, wie gesagt, von kleinen Kindern, deren Gehirn sich noch in der Entwicklung befindet und deren logisches Denken noch nicht voll ausgereift ist. Wenn ein so kleines Kind wütend wird, weil es den Spielplatz nicht verlassen will, halte ich Reden für keine gute Lösung. Sehr wahrscheinlich wird man nichts erreichen und stattdessen noch später und mit noch schlechterer Laune nach Hause kommen. Also lass dein Kind weinen und protestieren, mach deinen Job und bring es nach Hause. Denn du bist dafür verantwortlich, dass es so schnell wie möglich nach Hause kommt, um sich auszuruhen und etwas zu essen.

Viele Eltern empfinden es als übergriffig, ihr Kind wegzutragen und gegen seinen Willen ins Auto zu setzen, nachdem sie es spielerisch oder mit gutem Zureden versucht haben. Ich verstehe das. Es ist alles andere als angenehm und ich bin sicher, dass man alles dafür geben würde, um nie wieder in eine solche Situation zu kommen. Ich habe das selbst durchgemacht. Aber oft gibt es keinen anderen Weg. Es ist, wie es ist. Wir müssen mit der Realität leben und das Kind auch.

Ein Beispiel: Wenn ihr ins Auto steigen müsst und es sich nicht länger hinauszögern lässt, dann müsst ihr einsteigen. Da führt kein Weg dran vorbei. Wenn du dein Kind auf den Arm nehmen musst, dann wirst du es tun, weil es deine Pflicht ist, seine Bedürfnisse zu berücksichtigen und diese Haltung einzunehmen, die dir dabei hilft, bewusste Entscheidungen zu treffen. Nein, das Kind wird kein Trauma davontragen, weil du es nach Hause trägst, während es brüllt und um sich tritt. Entscheidend ist, dass du dabei ruhig und gelassen bleibst, ohne impulsiv auf seine Emotionen zu reagieren. Tu es aus einer erwachsenen, bewussten und neutralen Haltung heraus, ohne dich von seinen Emotionen anstecken zu lassen. Ohne wütend zu werden oder dir Gedanken zu machen, was die anderen sagen könnten (darauf komme ich später noch zu sprechen). Ohne dich aufzuregen und auf dein Ego zu hören, das dir vielleicht sagt: „Das sollte nicht passieren. Warum hört mein Kind nicht? Was machen wir falsch?" Du weißt ja, dass es nie gut ist, auf dein Ego zu hören, also atme tief durch und wiederhole wie ein Mantra: „Ich bin die Erwachsene. Mein Kind ist müde und ich muss es nach Hause bringen, damit es sich ausruhen, essen und schlafen kann. Ich tue, was getan werden muss."

Erwarte keine Zustimmung und keine Bestätigung. Wenn du wütend auf jemanden bist, wirst du ihm auch nicht recht geben, oder? Konzentriere dich einfach auf das, was du tun musst, und bleib ruhig. Es ist alles in Ordnung.

> ❞ *Lass dein Kind wütend sein und bleibe in deiner Rolle als Erwachsene oder Erwachsener. Es ist nichts Persönliches.*

Dein Kind bringt nur seine Gefühle zum Ausdruck. Bleib in deiner Mitte, atme tief durch und hilf ihm, sich an diese Grenze zu halten.

★ Moment mal …

Auf den letzten Seiten haben wir über Grenzen, Konfrontation, Konflikte und Autorität gesprochen. Ich schlage dir vor, einen Moment innezuhalten und darauf zu hören, wie dein Körper diese Worte aufgenommen hat. Verbinde dich zunächst mit deiner Atmung und beobachte, wie die Luft in deinen Körper ein- und wieder aus ihm herausströmt. Beobachte, welche Gefühle in dir ausgelöst wurden. Hast du dich in einem der Beispiele wiedergefunden?

Ich lade dich nun ein, zurückzuschauen und dich zu erinnern, wie es bei dir zu Hause war, wenn du dich nicht an die Grenzen gehalten hast, die man dir gesetzt hat. Was ist passiert, wenn du als Kind etwas getan hast, das du nicht tun solltest, oder wenn du dich als Teenager über eine Grenze hinweggesetzt hast – Ausgehzeiten, Schulnoten, Zimmer aufräumen usw.? Wie haben deine Eltern reagiert? Waren sie wütend auf dich? Hast du Ärger bekommen?

Nun schlage ich dir vor, in den gegenwärtigen Moment zurückzukehren und dich an Situationen zu erinnern, in denen dein Kind nicht tut, worum du es gebeten hast. Wie reagierst du, wenn es sein Spielzeug nicht wegräumt, sich nicht die Zähne putzen oder nicht ins Bett gehen will? Hast du das Gefühl, dass es dich provoziert? Nimmst du es persönlich? Oder kannst du ruhig bleiben?

Für die Zukunft ist es wichtig, dass du genau auf deinen Körper achtest und beobachtest, was passiert, wenn dein Kind sich nicht an eine Regel oder eine Grenze halten will, die du ihm setzt. Dich selbst zu beobachten, in dich hineinzuhorchen und genau auf innere Signale zu achten wird dir helfen, nicht deine Mitte zu verlieren und bewusst und souverän zu handeln.

sieben

Was tun?

Jetzt kommt die Stunde der Wahrheit: Dein Kind steckt mitten in einem Wutanfall, und du bist darauf trainiert, sofort zu handeln, so wie du es früher gemacht hast, als es noch ein Baby war. Sein Bedürfnis, das sich durch Weinen äußerte, versetzte dich innerlich in Alarmbereitschaft, und du hattest das Gefühl, herausfinden zu müssen, was mit ihm geschah, und dann etwas zu unternehmen, ohne auch nur eine Sekunde zu verlieren. Durch diese enge Bindung zwischen Mutter und Kind sorgt die Natur dafür, dass die Spezies nicht ausstirbt: Das Baby verlangt mit Nachdruck, was es braucht, und die Mutter spürt dieses Bedürfnis nahezu körperlich und wird alles tun, um es zu befriedigen und das Unbehagen des Babys zu lindern.

Aber wenn ein Kind in die sogenannte Trotzphase kommt, sprechen wir nicht mehr von einem drei oder vierzehn Monate alten Baby, sondern von einem größeren Kind, in der Regel einem Kind ab zwei Jahren. Das heißt nicht, dass es keine Kinder gäbe, die sich mit vierzehn Monaten auf den Boden werfen und um sich schlagen. Doch, die gibt es, aber bei den meisten beginnt diese Phase erst, wenn sie älter sind. In diesem Kapitel spreche ich über Begleitung. Denn das ist es, was wir lernen müssen: sie durch die überschäumende Emotion (ihre Wut) zu begleiten.

» Weißt du, was einem Menschen, der etwas Schmerzhaftes durchmacht, am meisten hilft, durch den Schmerz zu kommen? Das Gefühl, begleitet zu werden.

Was auch immer geschieht und wie schmerzlich es sein mag, am meisten hilft uns in solchen Momenten das Gefühl, nicht allein zu sein. Dass es Unterstützung gibt und jemand da ist, der uns begleitet, wenn wir es brauchen. Wer ein Kind begleitet, sollte unbedingt lernen, kein Urteil zu fällen. Denn damit urteilen wir nicht nur über unser Kind, wenn es sich so verhält, sondern auch über das, was passiert: Wir halten seinen Wutanfall für „lästig“, eine „Zumutung“ und vieles andere mehr. Aber zugewandte und bewusste Begleitung muss immer ohne Wertung erfolgen. Ich weiß, du liest das jetzt und denkst: „Das ist echt schwierig.“ Vielleicht ist es das auch, aber weißt du, wie du das schaffst? Durch Üben, Üben, Üben. Aber das ist nicht alles.

Machen wir unseren Job

Wir kommen also gerade aus der Phase, als unser Kind noch ein Baby war und wir nach Lösungen suchen mussten; andererseits leben wir in einer Gesellschaft, die Emotionen, welche Unbehagen hervorrufen, nur schlecht erträgt. Und so wollen wir angesichts der Wut unseres Sohnes oder unserer Tochter etwas unternehmen. Irgendetwas, egal was. Die Frage, die mir im Zusammenhang mit kindlichen Wutanfällen am häufigsten gestellt wird, lautet: „Was soll ich tun, wenn mein Kind sich so verhält?“ In diesem Kapitel werde ich diese Frage beantworten, möchte dabei aber mein Augenmerk auch auf das Wie richten. Insbesondere in der westlichen Welt legen wir den Schwerpunkt allzu sehr auf das Tun und weniger auf das Sein. Wir legen zu viel Wert darauf, eine Situation durch unser Handeln zu ändern, anstatt darauf, wie wir uns in dieser Situation verhalten und was sie uns zeigt.

Wir werden also zuerst unser Augenmerk auf diesen Impuls richten, der uns dazu drängt, auf der Stelle zu handeln, so als ob wir eine Lösung für den Zustand unseres Kindes finden müssten. Als ob wir unser Kind „reparieren“ müssten. Als befänden wir uns in einer Notsituation, in der wir sofort aktiv werden müssten. Es ist wichtig, dass wir uns selbst beobachten, wenn dieser Impuls aktiviert wird, damit wir einen anderen, bewussteren Zugang zu dem finden, was gerade geschieht. So können wir gemeinsam eine bessere Reaktion entwickeln, die dem gerecht wird, was unser Kind jetzt von uns braucht.

›› Oft kann man nicht viel tun. Es geht vor allem um Gefühle, darum, eine Verbindung zum Kind und seinen Empfindungen herzustellen, es wertzuschätzen, zu akzeptieren und zu begleiten.

Um wirkungsvoll auf einen Wutanfall reagieren zu können, geht es darum, sich alles aus dem Kopf zu schlagen, was mit „sollte“ zu tun hat. Du weißt schon: „Mein Kind sollte nicht wegen so einer Kleinigkeit einen solchen Wutanfall bekommen.“ Oder: „Jetzt sollte es keinen Wutanfall bekommen, denn wir müssen los, sonst kommen wir zu spät zum Kindergarten.“ Denk daran: Es ist, wie es ist. Jetzt gerade steckt dein Kind mitten in einem Wutanfall. That’s it. Stell nicht infrage, was ist, so als ob du genau wissen müsstest, was für euch in diesem Lern- und Lebensprozess richtig ist. Entscheide stattdessen, in welcher Weise du ihn mitgestalten möchtest. Im Grunde geht es um: Do your work – mach deinen Job so, dass die Energie, die du in diesem Moment aufwendest, euch verbundener aus der Situation hervorgehen lässt und ihr daran wachsen könnt. Jede und jeder von uns muss seinen Teil des Jobs erledigen. Bei einem Wutanfall müssen wir uns also zunächst einmal darüber klar werden, was unser Anteil daran ist und was wir unter Kontrolle haben.

Du solltest dir zunächst über den Impuls bewusst werden, der dich dazu bringt, die Situation nicht zu akzeptieren, sondern sie ändern zu wollen und etwas zu unternehmen. Es geht darum, das, was ist, zu akzeptieren, ohne dich dagegen aufzulehnen, und deine Gefühle zulassen. Wenn ein Wutanfall dich nervt, dann lass deine Frustration zu. Wenn du das, was gerade geschieht, nicht erleben möchtest, solltest du dieses unangenehme Gefühl der Ohnmacht annehmen. Atme tief durch und dann frage dich: „Welchen Anteil habe ich an dieser Situation?" Wenn du erkennst, dass du einen Wutanfall mitverursacht hast, weil du nicht präsent warst, weil du etwas gesagt hast, was du nicht sagen solltest, oder aus welchem Grund auch immer, übernimm die Verantwortung dafür und finde zu deiner Mitte zurück. Mach dir keine Vorwürfe und verurteile dich nicht. Wir alle müssen lernen, Mütter und Väter zu sein. Niemand wird mit diesem Wissen geboren. Also atme tief durch und verbinde dich mit deiner eigenen Energie, um dich von Erwartungen und Frustrationen zu befreien und eine Verbindung zu schaffen, die dabei hilft, die Wut zu kanalisieren und zu transformieren.

Das alles geschieht in Sekundenbruchteilen und mit zunehmender Übung immer schneller. Du wirst sehen, je öfter du versuchst, deine Sichtweise zu ändern und dich mit deiner eigenen Energie zu verbinden, desto besser werdet ihr aus einem Wutanfall herausfinden.

Klare Grenzen

Wenn unser Kind vor lauter Wut anfängt, sich selbst oder andere zu schlagen, mit Gegenständen um sich zu werfen oder Dinge zu zerstören, müssen wir zunächst klare Grenzen setzen, um die Unversehrtheit von Menschen und Dingen zu gewährleisten. Auch wenn wir noch nicht wissen, was los ist, ist es in diesem Moment das Wichtigste, dafür zu sorgen, dass unser Kind weder sich selbst noch andere verletzt, dass es nichts kaputt macht und es selbst und die anderen in Sicherheit sind (siehe Kapitel sechs). Wir setzen diese Grenzen, ohne wütend zu werden, und versuchen, in unserer Mitte zu bleiben. Ja, wir sind schockiert, wenn wir unser Kind mit diesem besessenen Gesicht sehen, während es jemanden schlagen oder etwas kaputt machen will. Es scheint, als hätten wir plötzlich ein anderes Kind, weil wir eine Energie sehen, die wir von ihm nicht kennen. Aber diese Energie ist nur der Ausdruck seiner Wut, es ist nicht sein Wesen. Dein Kind ist viel mehr als das, was du in diesen Momenten der Aggression siehst. Ruf dir in Erinnerung, dass es noch keine Selbstkontrolle hat und leicht außer sich gerät.

» Übernimm du die Kontrolle, die deinem Kind fehlt.

Tu es mit Gelassenheit, mit einer ruhigen, aber entschlossenen und nicht wertenden Energie. Hol es aus der Situation, halte es fest, wenn nötig, damit es sich nicht wehtut, oder entferne es von dem, was es kaputt machen will.

Es ist wichtig, dass du ruhig und gelassen bleibst, denn sonst kannst du den nächsten Schritt nicht gehen.

Verbindung herstellen

Konzentriere dich jetzt auf dein Kind. Du musst mit ihm in Verbindung kommen, um herauszufinden, was mit ihm los ist und was es dir mitzuteilen versucht. Schiebe alle Gedanken beiseite, die darauf abzielen, deinem Kind die Schuld zu geben, oder dich zu dem Schluss kommen lassen, dass es dich provoziert. Es provoziert dich nicht. Es geht ihm schlecht – und das ist seine Art, es dir mitzuteilen.

» Stell dir dein Kind bei jedem Wutanfall mit einer weißen SOS-Flagge vor. Genau das ist es: Dein Kind bittet um deine Hilfe, deine Aufmerksamkeit, dein Verständnis. Es will dich nicht ärgern.

Nachdem du diese Gedanken, die dich nicht weiterbringen, beiseitegeschoben hast, versetze dich in dein Kind hinein. Du kannst nicht mit ihm in Verbindung treten, ohne dich einzufühlen. Einfühlen bedeutet, dich in seine Gefühle hineinzuversetzen, als wärst du diejenige, die dreieinhalb Jahre alt ist und weint, weil sie sich so darauf gefreut hat, das Kostüm der Eiskönigin anzuziehen, um dann festzustellen, dass es bei Oma und Opa liegt. Spüre seinen Frust, seine Vorfreude darauf, das Kostüm anzuziehen, und du wirst verstehen, dass das in seinem Alter gerade das Allerwichtigste ist. Wenn du dich in sein Alter hineinversetzen kannst, wird es dir auch leichterfallen, zu erkennen, ob noch etwas anderes nicht stimmt.

Oder fühl dich ganz tief in seine Eifersucht ein, wenn es einen Wutausbruch hat, weil es ihm schwerfällt, sich daran zu gewöhnen, dass seine kleine Schwester jeden Tag mobiler wird und alle nur Augen für sie haben. Fühl mit, wie schlecht es ihm dabei geht, ohne dich dabei von deinen eigenen Emotionen mitreißen zu lassen oder von Schuldgefühlen, weil du ihm nicht mehr exklusive Zeit widmen kannst. Sei einfach nur empathisch und konzentriere dich auf dein Gefühl, um alle Emotionen, die mitschwingen, zu kontrollieren. Auf diese Weise kannst du Dinge erkennen und dir gleichzeitig sagen: „Mit meinen eigenen Gefühlen beschäftige ich mich später. Jetzt muss ich eine Verbindung zu meinem Kind herstellen. Es braucht mich."

Um mich mit meinem wütenden und tobenden Kind zu verbinden, brauche ich nicht viel zu reden. Ich muss mich nur von Herzen mit dem verbinden, was meine Intuition mir sagt.

» *Manche Menschen sind nicht daran gewöhnt, auf ihre Intuition zu hören, oder bezweifeln sogar, dass sie sie haben.*

Wenn du zu diesen Menschen gehörst, glaub mir, du hast sie. Dieses angeborene Wissen, das dir deine Gene, das Universum oder dein Wesen mitgegeben haben, wird dich leiten, wenn du darauf hörst. Es ist eine Intuition, die du aus der Verbindung mit dir selbst heraus spüren kannst.

Wenn du einige Augenblicke lang still und verbunden bleibst, kann deine Intuition dir dabei helfen, in Verbindung zu deinem Kind zu treten und zu erkennen, was es in diesem speziellen Moment von dir braucht und verlangt.

Ich bin sicher, dass du weißt, was es heißt, sich zu verbinden, denn du hast dich schon oft mit deinem Kind, deinem Partner, einer Freundin oder deinen Eltern verbunden gefühlt. Manchmal auch nicht. Du weißt genau, was Verbundenheit ausmacht. Suche sie. Und wenn du sie finden willst, denk daran: innere Ruhe, keine Wertung dessen, was gerade passiert, und Einfühlungsvermögen. Die Intuition erledigt den Rest.

Die Grundbedürfnisse scannen

Während du dich in dein Kind einfühlst und eine Verbindung herstellst, prüfe in Sekundenschnelle, ob es unbefriedigte Grundbedürfnisse gibt, ob dein Kind zum Beispiel Schlaf braucht oder Hunger hat. Ist das der Fall, wird es dir leichtfallen, seinen Zustand zu verstehen und zu erkennen, was passiert ist (vielleicht war es unser Fehler, weil wir zu lange gewartet haben, um ein Restaurant zu suchen, oder wir waren irgendwo, wo es keinen Mittagsschlaf machen konnte, usw.). In diesem Fall sehen wir, dass das Riesendrama vermeidbar gewesen wäre und wir beim nächsten Mal ein bisschen aufmerksamer sein sollten. Spielen keine unbefriedigten Grundbedürfnisse eine Rolle, muss die Ursache anderswo zu suchen sein. Vielleicht befindet sich das Kind in einer schwierigen Entwicklungsphase und muss seine Gefühle rauslassen. Oder es ist womöglich etwas, das wir übersehen.

Denk immer daran, dass unbefriedigte Grundbedürfnisse für ein kleines Kind sehr unangenehm sind.

Es spricht vieles dafür, dass sich hinter einem monumentalen Wutanfall ein monumentales Grundbedürfnis verbirgt, das nicht berücksichtigt wurde. Deine Intuition und dein Verstand werden dir sagen, was du übersehen hast. Vertraue darauf.

Emotionalen Raum schaffen

Emotionalen Raum zu schaffen, bedeutet für mich, dass du dich in der Lage fühlst, mit einem Wutausbruch umzugehen. Es geht um Verfügbarkeit und die Akzeptanz dessen, was ist, damit dein Kind spürt, dass es in diesem Moment deine ganze Aufmerksamkeit besitzt. Dann ist es in der Lage, auszudrücken, was es fühlt, auch wenn das nicht so einfach ist. Ohne diesen sicheren emotionalen Raum, in dem es sich geborgen fühlt, wird es ihm schwerfallen, sich zu öffnen und zu spüren, dass du mit ihm in Verbindung bist und ihm hilfst. Statt Unterstützung wird es emotionale Distanz spüren.

Auch wenn wir anwesend sind, können Kinder das Gefühl haben, dass wir abwesend und distanziert sind, und genau das wollen wir nicht. Also nehmen wir eine unterstützende Haltung ein, um dem Kind zu vermitteln, dass wir auch dann da sind, wenn es sich so verhält, wenn es die Kontrolle verliert. Wir unterstützen das Kind, ohne zu werten, damit es lernt, einen anderen Weg zu finden, um seine Gefühle auszudrücken, und versteht, was mit ihm geschieht.

» Es ist sehr schwierig, einen emotionalen Raum zu schaffen, wenn wir eine Reaktion zeigen, die darauf bzielt, den Wutanfall zu beenden.

Wenn wir versuchen, das zu ändern, was ist, anstatt den gegenwärtigen Zustand zu akzeptieren, können wir das Kind nicht unterstützen. Wir sind dann zu sehr damit beschäftigt, etwas zu tun, anstatt verfügbar zu sein und aufmerksam hinzuhören, um das Kind in seinem Unbehagen und seiner ganzen Wut zu unterstützen.

Auf die nonverbale Sprache achten

In der Welt, in der wir leben, wird viel Wert auf die gesprochene Sprache gelegt, auf das Reden, Erzählen und Erklären, wenn ein Kind nicht zuhört oder tut, was man von ihm verlangt. Oft fragen mich Eltern: „Und was sage ich, wenn …?" Das Wort hat immer Vorrang. Aber wenn es dem anderen schlecht geht (und mitten in einem Wutanfall geht es einem Kind sehr schlecht), ist Reden womöglich am wenigsten angebracht. Erstens kann das Kind uns nicht hören; es ist von uns abgekoppelt und unsere Worte werden wahrscheinlich mehr Lärm verursachen, als es in diesem Moment ertragen kann. Zweitens ist es viel mehr darauf angewiesen, gehört zu werden, als uns zuzuhören. Und drittens reden wir normalerweise, um uns zu rechtfertigen oder um zu schimpfen. Wir rechtfertigen die Grenzen, die wir dem Kind gesetzt haben und die ihm nicht gefallen, oder wir schimpfen mit ihm, weil wir der Meinung sind, dass es nicht tun sollte, was es gerade tut.

In Wirklichkeit brauchen wir, wenn es uns richtig schlecht geht, Verständnis, Einfühlungsvermögen und eine Person, die uns begleitet, ohne viel zu sagen. Was wir benötigen, ist aktives Zuhören – mit den Ohren und mit dem Herzen.

Denn wenn jemand viel spricht, werden wir manchmal noch wütender. Wir haben in diesen Momenten schon genug damit zu tun, unsere Gefühle auszuhalten, da braucht es nicht auch noch einen Vortrag. Aber genau das tun Eltern oft: predigen. Wir halten unserer Tochter mitten in einem Wutanfall einen Vortrag, während sie unaufhörlich weint. Und je mehr sie weint, desto eindringlicher wird unser Vortrag und wir wiederholen ein ums andere Mal das, was sie so wütend gemacht hat. Die Folge ist, dass sie noch wütender wird. Es ist, als würden wir Öl ins Feuer gießen.

Ich will dir ein Beispiel geben, vielleicht findest du dich darin wieder: Ich muss meine Tochter zu den Großeltern bringen, die dreißig Kilometer entfernt wohnen, aber sie weigert sich, ins Auto zu steigen. Sie ist müde, weil sie keinen Mittagsschlaf gemacht hat, und würde lieber weiterspielen. Aber wir müssen los, also halte ich sie fest und hebe sie hoch, und sie bekommt einen Tobsuchtsanfall. Sie wird wütend, weil sie weiß, dass sie ins Auto steigen muss, und ihr der Gedanke nicht gefällt. Ich allerdings gehe davon aus, dass sie das nicht verstanden hat, und sage zu ihr: „Wir können nicht zu Fuß zu Oma und Opa gehen. Du weißt doch, dass wir immer mit dem Auto zu ihnen fahren. Es tut mir leid, aber wir können nicht zu Hause bleiben. Wir müssen los, sonst kommen wir zu spät."

Ein großartiger Vortrag, in dem ich dreimal dasselbe auf unterschiedliche Art und Weise sage, und genau das bringt sie in Rage. Ich lege immer wieder den Finger in die Wunde, dabei ist das gar nicht nötig. Das ganze Gerede hindert mich daran, mit ihr in Verbindung zu kommen, sie zu unterstützen, mich in sie einzufühlen.

❞ *Oft redet man so viel, weil man verärgert und frustriert ist und sich machtlos fühlt.*

Und dann redet man ununterbrochen, weil man alle Gefühle auf das Kind projiziert. In diesem Fall ist es das Kind, das dich unterstützt, ohne es zu wissen, weil es dir als Blitzableiter für deine Probleme dient.

Aber das ist nicht seine Aufgabe.

Kinder müssen nicht uns unterstützen, sondern wir sie. Das ist unser Job. Versuchen wir also, weniger zu reden und uns der nonverbalen Sprache zu bedienen. Wie? Zum Beispiel so:

» Ich bleibe nah, zugewandt und verfügbar.
» Ich betrachte mein Kind mit Liebe und werte nicht.
» Ich kann es einen Moment lang berühren, wenn es das zulässt. Wenn nicht, bleibe ich in der Nähe, mehr nicht.
» Ich umarme es, wenn ich das Gefühl habe, dass es dafür empfänglich ist und eine Umarmung braucht und will.

Denk daran, dass es viel wichtiger ist, deinem Kind aktiv zuzuhören, als zu reden. Dein Körper kann zuhören und sich gleichzeitig wortlos mitteilen: Nutze ihn.

Und wann ist es Zeit zu reden?

Wie wir gesehen haben, neigen wir dazu, unser Kind durch Reden ziemlich zu nerven. Wir vergessen, eine Verbindung zu ihm herzustellen, und kümmern uns mehr um das, was wir selbst wollen (dass es begreift, was wir sagen, dass es aufhört zu weinen usw.), als darum, was das Kind braucht. Dabei kann Reden manchmal der Schlüssel sein.

» Ich empfehle dir, wenig zu sprechen und nur dann, wenn du das Gefühl hast, dass deine Worte in diesem Moment ankommen.

Wenn dein Kind wie von Sinnen brüllt, ist das nicht der richtige Zeitpunkt. Aber wie du weißt, folgt das Weinen seinem eigenen Rhythmus, und wenn das Schluchzen nachlässt, kannst du etwas sehr Einfaches, Kurzes zu ihm sagen, das unmittelbar eine Verbindung herstellt: „Du bist sehr wütend. Ich verstehe dich."

Aber – und das ist sehr wichtig – mit Lippenbekenntnissen ist es nicht getan. Deine Worte müssen mit dem im Einklang sein, was du fühlst. Wenn du etwas sagst, es aber nicht lebst, wird es nicht funktionieren. Dein Kind wird es merken und noch empörter sein, weil etwas nicht stimmt. Ich plädiere dafür zu warten, bis du den richtigen Moment findest, bis du wirklich fühlst, was du sagst. Und wenn du es nicht fühlst, sei still und vertraue deiner Intuition. Sie wird dir die richtigen Worte eingeben, die dein Kind braucht.

Weißt du, was bei meinen Töchtern immer gut funktioniert hat? Drei Wörter: „Ich liebe dich." Wenn sie völlig außer sich und sehr wütend waren, wartete ich geduldig ab, bis sie sich wieder entspannten, während ich mich tief mit meiner Liebe zu ihnen verband, mit ihrem Unglück in diesem Moment, und sagte: „Ich liebe dich." Meistens wirkte die Liebe entwaffnend, der Schutzpanzer fiel von ihnen ab und ihre Wut ließ nach. Dann konnten sie loslassen und „Mamaaa" sagen. Sie schmiegten sich in meine Arme und ich merkte, wie sie sich entspannten und etwas in ihnen klick machte. Es war ein „Ich liebe dich auch dann, wenn du so bist". Und wenn deine Mutter sagt, dass sie dich liebt, wenn du „böse" bist, dann liebt sie dich sehr. Sie liebt dich auch, wenn du widerborstig bist, wenn du nicht tust, was sie will, usw.

Ein wichtiger Hinweis: Versuch es nicht, wenn du in diesem Moment nicht wirklich tiefe Liebe für dein Kind empfindest. Sonst wird es unaufrichtig klingen, weil dein Ego nur darauf wartet, dass diese Worte den Wutanfall beenden (und du bekommst, was du erreichen willst), und darum geht es hier nicht. Wir wollen nichts beenden, wir wollen in Verbindung kommen. Wir wollen, dass unser Kind weiß, dass wir es verstehen, dass wir für es da sind und es uns vertrauen kann. In diesem Moment wollen wir uns einfach mit unserer tiefen Liebe und unserem Mitgefühl für unser Kind verbinden, denn es ist diese Energie, die ihm das Gefühl gibt, geliebt und begleitet zu werden und in der Lage zu sein, diese Emotion zu überwinden.

Die Macht der Wertschätzung

Wenn du redest, dann tue es nur, um eine Verbindung zu schaffen, nicht um dich zu rechtfertigen. Ich schlage dir vor, deine Einstellung zur nonverbalen und zur verbalen Sprache zu ändern: Rede nicht, um dich zu rechtfertigen, denn so verbindest du dich nur mit deinem Ego, deinen Ängsten oder deinem Bestreben, die Oberhand zu haben. Rede, um Verständnis und Wertschätzung zu vermitteln.

Die Macht der Wertschätzung ist enorm, aber die kann es nur geben, wenn wir uns tief in die Empfindungen unserer Kinder einfühlen. Wenn sie in einem Wutanfall stecken, müssen wir uns in sie hineinversetzen und versuchen, zu verstehen und zu fühlen, was sie fühlen. Wenn uns das gelingt, können wir ihre Gefühle anerkennen. Und das ist sehr wichtig, denn ihre Gefühle sind immer berechtigt. Ihr Verhalten mag es vielleicht nicht sein – und da müssen wir Grenzen setzen –, aber ihre Gefühle sind es. Wenn man sich schlecht fühlt, braucht man jemanden, der einen begleitet und wertschätzt. Ohne Wertschätzung fühlt der andere sich nicht verstanden und unterstützt.

> ❞ *Wertschätzen heißt zu verstehen, was dem anderen widerfährt, und es ihm mitzuteilen.*

In Worte zu fassen, was gerade passiert. Wenn ich das innerlich annehme, werde ich auch die richtigen Worte finden. Ein Beispiel: „Ich sehe, dass du sehr wütend bist, weil Paula heute nicht zum Spielen kommen konnte. Das verstehe ich.“ Oder: „Ich glaube, du bist eifersüchtig auf deinen Bruder, wenn ich ihn stille und deshalb nicht mit dir spielen kann.“ Wenn wir nicht wissen, was unser Kind gerade empfindet, und keine Ahnung haben, was mit ihm los ist, können wir unsere Wertschätzung folgendermaßen ausdrücken: „Ich sehe, dass es dir gerade schlecht geht. Das ist sicherlich nicht angenehm für dich.“ Oder einfach so: „Du leidest gerade, ich sehe das." Das beschreiben, was gerade passiert: „Du wolltest noch auf dem Spielplatz bleiben, aber ich habe Nein gesagt, und jetzt bist du wütend. Das verstehe ich."

Manchmal fällt uns etwas so Einfaches wie die Beschreibung der Realität furchtbar schwer. Ich will dir sagen, warum: Wir sind es nicht gewohnt. Wir sind geübt darin, nach Lösungen zu suchen, damit das, was gerade passiert, aufhört. Wir sind es gewohnt, dass uns jemand sagt, was wir tun sollen, wenn es uns schlecht geht: Kopf hoch; du solltest wieder arbeiten gehen, das wird dir guttun; komm, lass uns was trinken gehen, danach geht's dir besser usw. Wir sind nur selten wertgeschätzt und ernst genommen worden, und wenn die Reihe dann an uns ist, suchen wir auf unserer Festplatte nach Hinweisen und erhalten wieder nur die Meldung: *File not found.*

Eines Tages wollte meine damals fünfjährige Tochter mit Sommersandalen zur Schule gehen, und das mitten im Dezember. Es war unser Fehler, dass wir die Sandalen nicht aus dem Schuhregal geräumt hatten. Jetzt hatte sie sie gesehen und wollte sie anziehen. Ich sagte, okay, aber nur mit Wintersocken. Sie war entrüstet, und das verstehe ich gut: Sandalen mit Socken sind eine Beleidigung fürs Auge. ;-) Ich habe mein Nein nicht tausendmal wiederholt. Ich habe es nur dieses eine Mal gesagt, bin in der Nähe geblieben und habe abgewartet. Nur ein paar Worte: „Du liebst sie, ich weiß, und heute hast du sie entdeckt und willst sie anziehen." Ich konnte ihre tiefe Frustration darüber, dass sie nicht das tragen konnte, was sie mochte, nachvollziehen. Nach einer Weile gelang es mir, ihr näherzukommen und sie zu umarmen. Ich sagte: „Du magst es nicht, wenn ich Nein sage. Du würdest gerne alles selbst entscheiden, stimmt's?" Und sie schluchzte und sagte: „Jaaaa!" Mehr war nicht nötig. Die Grenze wahren, wertschätzen, dem Kind einen sicheren emotionalen Raum bieten und das sein lassen, was ist. Als sie sich beruhigt hatte, fanden wir einen Kompromiss: Sie trug Socken in den Sandalen, und falls es ihr im Unterricht warm werden sollte (ihr ist immer warm im Unterricht), dürfte sie sie ausziehen. Schenke deinem Kind Vertrauen und gib ihm Spielraum, um auch mal eigene Entscheidungen zu treffen, aber bleibe bei den gesetzten Grenzen.

Oft können wir eine tiefe Verbindung zu unserem Kind aufbauen und es bestärken, indem wir Dinge sagen wie: „Manchmal ist es wirklich schwer, klein zu sein, stimmt's? Du willst selbst bestimmen, ich weiß." Oder (wenn dein Kind Probleme damit hat, kein Baby mehr zu sein): „Du möchtest ein Baby sein und von mir herumgetragen werden und in meinen Armen liegen, ich weiß. Manchmal ist es nicht einfach, größer zu werden, nicht wahr?"

Diese Sätze zur richtigen Zeit helfen, eine tiefe Verbindung zu deinem Kind herzustellen und es zu heilen. Es fühlt sich verstanden, unterstützt und gesehen. Es fühlt sich wertgeschätzt in seinem Fühlen und Sein.

» *„Ich weiß nicht, wie es dir geht, aber ich erinnere mich an vieles, was ich fühlte, als ich klein war. Ich erinnere mich zum Beispiel an die Angst vor dem Größerwerden und daran, wie wütend ich war, weil so oft die Erwachsenen entschieden haben und nicht ich."*
» *„Ich erinnere mich, dass ich mich oft schon groß fühlte und man mich nicht so sah (weil ich es nicht war), und ich erinnere mich an andere Zeiten, in denen ich wieder klein sein und auf dem Schoß meiner Mutter sitzen wollte und es nicht konnte. Es ist wirklich nicht leicht, ein Kind zu sein."*

Bei einem meiner Vorträge zeigten einige Eltern während der Fragerunde auf und sagten zu mir: „Wir machen das mit der Wertschätzung, aber unsere Tochter hört trotzdem nicht auf zu weinen. Bei uns funktioniert das nicht!" Der Fehler liegt darin zu glauben, dass man seine Wertschätzung zeigt, damit das Kind tut, was man will: dass es aufhört zu kreischen, dass es sich nicht weiter in seine Wut hineinsteigert usw. Wir sollten unsere Wertschätzung zeigen, um eine Verbindung zu unserem Kind herzustellen, weil wir es verstehen und wollen, dass es das weiß. Wir sollten unsere Wertschätzung zeigen, damit es weiß, dass seine Gefühle berechtigt sind und dass es jedes Recht hat, so zu empfinden. Wir sollten unsere Wertschätzung zeigen, damit es sich unterstützt und in einem sicheren emotionalen Raum aufgehoben fühlt, in dem wir es nicht verurteilen, sondern ihm unsere Unterstützung und unser Verständnis vermitteln.

Wenn wir unsere Wertschätzung nur zeigen, weil wir hoffen, dass diese Sätze dazu führen, dass unser Kind mit dem aufhört, was uns nicht gefällt, wird es nicht aufhören.

Wir werden keine Verbindung herstellen, und das Kind wird sich nicht unterstützt und begleitet fühlen. Der Schuss wird nach hinten losgehen, weil unsere Wertschätzung nicht authentisch ist und das Kind das sofort bemerkt.

Kontakt als Heilung

Deine Hand zu halten, wenn es dir nicht gut geht, und dir stillschweigend zu vermitteln: „Ich bin da." Dich zu umarmen, wenn du es am meisten brauchst. Den Körper des anderen zu spüren, der dich hält: Körperkontakt ist heilend.

Als ich klein war, zog meine Großmutter mir immer die Socken an und dann berührte sie meine Füße weiter mit ihren Händen. Es war eine innige Berührung, die mir Sicherheit gab. Die Hände meiner Großmutter, die die Basis meines Körpers berührten, gaben mir Ruhe und Frieden. Die Berührung der Hände eines liebenden Menschen beruhigt und heilt, sie vermittelt Begleitung, ohne zu werten. Darüber hinaus signalisiert Körperkontakt Unterstützung – und das ist es, was ein Kind braucht, wenn es mitten in einem Wutanfall steckt: sich unterstützt und gehalten zu fühlen.

Manchmal allerdings willst du dein Kind berühren und es weist dich zurück oder tritt sogar nach dir. Nun, das ist sehr deutlich: Es akzeptiert jetzt keinen Kontakt, es ist zu wütend. Ich bin sicher, dass auch du nicht wollen würdest, dass man dich berührt, wenn du zornig bist. Später würdest du eine Umarmung vielleicht akzeptieren und dich fallen lassen. So ist das auch bei Kindern.

» Such keinen Körperkontakt, wenn du siehst, dass dein Kind nicht in der Verfassung dazu ist.

Respektiere seine Ablehnung und warte geduldig und liebevoll, bis es die Berührung akzeptieren kann. Wenn du in Verbindung mit ihm bist, wirst du genau wissen, wann es an der Zeit ist, seine Hand zu nehmen, es zu umarmen oder ihm zärtlich übers Haar zu streichen. Oft musst du gar nichts sagen, sondern ihm nur durch Berührung zeigen, dass du da bist und es hältst. Glaub mir, Körpersprache sagt manchmal mehr als Worte.

Aber was, wenn mein Kind völlig außer sich ist, um sich schlägt oder mit Dingen wirft? Sollte man ihm Einhalt gebieten? Ja, man muss es sogar, wenn die Gefahr besteht, dass es sich selbst oder andere verletzt oder Dinge kaputt machen könnte. In diesem Fall muss man es natürlich festhalten und ihm Einhalt gebieten. Vielleicht wird es dann noch wütender, und dann wirst du ihm sagen, dass du es loslässt, wenn es aufhört, Schaden anzurichten oder um sich zu treten. Manche Menschen halten das Kind grundsätzlich fest, damit es aufhört. Für mich ist das eine weitere Form der Kontrolle und Machtausübung, obwohl es oft gar nicht nötig wäre. Man sagt dem Kind, dass es aufhören soll, dabei ist es vielleicht nur überfordert oder hat Angst. Aber noch einmal: Es ist kein Machtkampf, bei dem es darum geht, wer gewinnt. Es geht darum, jemandem zu helfen, der leidet und dich braucht.

Manchmal ist Einhalt gebieten genau das, was dein Kind braucht. Wenn du es berührst, entspannt es sich und bricht zusammen. Sein Weinen verändert sich und es lässt sich auf die Umarmung ein. Ein anderes Mal funktioniert das nicht. Deine Fähigkeit, eine Verbindung herzustellen und ganz im Hier und Jetzt zu sein, wird dir dabei helfen, genau zu erkennen, was dein Kind in diesem Moment an Kontakt braucht. Schenk der Situation deine volle Aufmerksamkeit, ohne zu urteilen, und vertraue darauf, dass du erkennst, was dein Kind braucht.

Das Geschehene verarbeiten

Vielleicht hast du beim Lesen gedacht: „Schön und gut, aber wann erziehe ich mein Kind?" Nun, die Wahrheit ist, dass wir ständig erziehen. Unsere Kinder beobachten uns aufmerksam und nehmen sich ein Beispiel an uns. Aber ja, es gibt auch einen Zeitpunkt, um sie zu erziehen und ihnen vor allem dabei zu helfen, das, was während eines Wutanfalls passiert ist, zu verarbeiten. Aber dieser Zeitpunkt ist nie während des Wutausbruchs, sondern später, wenn sich die Wogen wieder geglättet haben.

Damit wir erziehen können und unser Kind verstehen kann, was wir sagen, und in der Lage ist, darüber zu sprechen, darf es nicht länger wütend sein. Oft wollen wir gleich und sofort erziehen. Während eines Wutanfalls halten wir unserem Kind eine Predigt, ohne zu erkennen, was mit ihm los ist, ohne es wertzuschätzen oder mit ihm in Verbindung zu treten. Aber niemand will zuhören, wenn er stinkwütend ist! Wenn man es in diesem Moment versucht, wird das zu nichts führen und unser Kind wird noch zorniger werden.

» *Die richtige Reihenfolge wäre: in Verbindung treten, wertschätzen, erziehen.*

Zwischen dem zweiten und dem dritten Punkt kann tatsächlich einige Zeit vergehen. Bei einem zweijährigen Kind wird man allerdings nicht stundenlang warten, bis der Wutanfall vorbei ist, denn dann wird es sich nicht mehr an die Situation erinnern, und wenn wir das Thema später anschneiden, weiß es nicht, wovon wir reden. Mit einem Kind in diesem Alter sollte man über das Geschehene sprechen, sobald es sich beruhigt hat, um ihm zu helfen, das, was es erlebt und gefühlt hat, zu verarbeiten. Aber bei einem viereinhalbjährigen Kind muss man eine ganze Weile warten, vielleicht sogar Stunden. Vielleicht kannst du vor dem Schlafengehen mit ihm über seinen Wutanfall sprechen?

Um ein tiefes, verbindliches Gespräch führen zu können, muss das Kind dafür zugänglich sein und Bereitschaft zeigen. Dies geschieht in der Regel, wenn wir wirklich miteinander verbunden sind. Lass dich auch hier von deiner Intuition leiten und davon, welche Energie zwischen euch herrscht. Wenn du das Gefühl hast, dass der richtige Zeitpunkt da ist, kannst du etwas sagen wie: „Du warst vorhin sehr wütend, stimmt's? Was hätte ich deiner Meinung nach tun können? Ich weiß, dass es schwer für dich war, und das tut mir leid. Was, denkst du, könntest du anders machen, wenn du dich wieder so ärgerst?" Es ist sehr wichtig, mit welcher Haltung du versuchst, dem Kind bei der Verarbeitung des Geschehenen zu helfen. Wenn du beurteilst oder belehrst, wird es sich verschließen, es wird sich schämen und vielleicht wieder wütend werden. Niemand mag es, beurteilt oder belehrt zu werden. Wahrscheinlich weiß dein Kind ganz genau, was es falsch gemacht hat, und fühlt sich schlecht deswegen. Hilf ihm, sich unterstützt zu fühlen, damit es erkennt, wie es seine Gefühle beim nächsten Mal besser ausdrücken kann. Vielleicht ist es sogar eine gute Gelegenheit, gemeinsam ein paar Atemzüge zu machen und sich daran zu erinnern, dass bewusstes Atmen dabei hilft, die Kontrolle zu behalten.

★ Moment mal …

Nachdem du gelesen hast, was bei einem Wutanfall zu tun ist, ist es nun an der Zeit, in dich hineinzuhorchen. Ich schlage vor, dass du einen Moment innehältst und die Aufmerksamkeit auf deinen Körper richtest. Beobachte zunächst deine Atmung. Nimm eine bequeme Position ein, in der sich deine Wirbelsäule aufrichten kann, und werde dir bewusst, wie die Luft langsam und gleichmäßig in deinen Körper ein- und aus ihm herausströmt …

Ich lade dich nun ein, deine Gefühle zu beobachten. Hat es etwas in dir bewegt, als du gelesen hast, wie du mit einem Wutanfall umgehen kannst? Manchmal kommt es vor, dass wir uns an alle Wutanfälle erinnern, mit denen wir nicht so umgegangen sind, wie wir es gerne gehabt hätten, und dann fühlen wir uns schuldig. Ist es dir jetzt so ergangen? Hast du Schuldgefühle wegen der Art und Weise, wie du den einen oder anderen Wutanfall begleitet hast? Was hast du empfunden, als du meine Worte gelesen hast?

Manchmal ärgern wir uns auch über das, was wir lesen. Der Verstand wehrt sich gegen das, was der Körper empfindet, und reagiert mit Sätzen wie: „Als ob das so einfach wäre!" Oder: „Das mache ich ja, aber es bringt nichts." Oder: „Wie soll ich das in so einer Situation hinkriegen? Das ist unmöglich!" Mit anderen Worten: Anstatt zu beobachten, wie unser Körper mit Unbehagen auf viele Dinge reagiert, handeln wir nach unserem gewohnten Verteidigungsmuster. Wir verteidigen uns und greifen an, anstatt unseren Gefühlen Raum zu geben.

Vielleicht ist das bei dir nicht so. In diesem Fall beobachte einfach, wie du diese Schritte empfunden hast und wie du dich jetzt fühlst. Kannst du es kaum erwarten, dass dein Kind den nächsten Tobsuchtsanfall bekommt, weil du so motiviert bist, dass du ausprobieren möchtest, ob du das hinbekommst? Vielleicht ergeht es dir aber auch so, wie ich es gerade geschildert habe, und du fühlst dich in der Defensive. Das ist auch in Ordnung. Wehre dich nicht gegen dieses Gefühl und nimm es mit dem Atmen an. Akzeptiere nach und nach, dass dich diese Worte bewegt haben. Dass sie dich mit Seiten in dir verbinden, von denen du vielleicht nicht weißt, wohin sie dich führen werden. Akzeptiere diese innere emotionale Bewegung, ohne zu urteilen, und höre auf das, was deine Intuition dir sagt. Warum bist du bewegt? Einfach atmen und akzeptieren, atmen und akzeptieren. Lass die Worte auf dich wirken und nimm sie in dich auf. Es besteht kein Grund zur Eile. Du steckst in einem langen, tiefen und bedeutsamen Prozess. Urteile nicht über dich und bring dir selbst Verständnis entgegen. Alles ist gut.

Wutanfälle vor Publikum

Wenn ich Eltern frage, welche Wutanfälle ihnen am meisten abverlangen, lautet die einhellige Meinung fast immer: Wutanfälle in der Öffentlichkeit, sei es auf der Straße oder auf dem Spielplatz, im Supermarkt oder bei Familie und Freunden. Wutanfälle, während man beobachtet wird, sind am schwierigsten zu bewältigen. Und warum? Nun, es gibt mehrere Gründe, aber der wichtigste ist, dass unser Ego in solchen Situationen in Panik gerät. Zum einen haben wir Angst, dass unser Kind verurteilt wird und man schlecht über es denkt, und zum anderen befürchten wir, selbst verurteilt zu werden. Manchmal tragen auch die Zuschauer, die Zeugen des Wutanfalls werden, mit ihren absolut unangemessenen Kommentaren dazu bei. Kommentaren, die keineswegs hilfreich sind, sondern stören und das Kind noch zorniger machen.

> **"** *Ich kann das bestätigen: Wutanfälle, bei denen Zuschauer anwesend waren, haben mir am meisten abverlangt, egal wie überzeugt ich von meinem Handeln war.*

Es ist, als hindere uns die Umwelt daran, den doppelten Fokus, von dem ich gesprochen habe (auf uns selbst und auf das Kind), nach innen zu richten. Wir sind gefangen in diesen Blicken und Bemerkungen und der Energie, die wir von den anderen empfangen. Möglicherweise urteilt gar niemand über uns, aber weil Menschen um uns herum sind, sind wir verunsichert und überlegen, was sie wohl denken könnten. Die erste Person, zu der wir keine Verbindung mehr haben, sind jedenfalls wir selbst.

Mir ist das zu Beginn der Trotzphase meiner älteren Tochter passiert. Wenn alles besonders schlecht lief und sie dadurch noch wütender wurde, waren immer Leute in der Nähe. Ich war verunsichert, wenn ich ihre Blicke bemerkte, und handelte vor allem, um sie zufriedenzustellen, anstatt so vorzugehen, wie ich es eigentlich wollte. Ein bisschen absurd, aber so war es. Manchmal war ich strenger als sonst, weil ich dachte, dass die Betrachter der Szene ein solches Verhalten begrüßten – oder andersherum. Ich war nicht ich selbst, ich zeigte mich nicht mit der Authentizität und dem Vertrauen in meine Überzeugungen, wie ich es zu Hause tat, wenn niemand zuschaute. Kinder kommen mit Inkonsequenz nicht gut zurecht; wenn sie merken, dass du etwas tust, was du nicht fühlst, oder dass du nicht du selbst bist, werden sie noch wütender – und das zu Recht.

Später wurde mir klar, dass es mir bei diesen Wutausbrüchen vor Publikum mehr um mein Ego und mein Bedürfnis nach Bestätigung gegangen war (damit die anderen denken: „Oh, sie macht das so gut, sie ist wirklich eine gute Mutter!“) als darum, in diesem Moment wirklich in Verbindung mit meiner Tochter zu treten und ihr zu helfen. Ich war nicht präsent, sondern innerlich mit Erwartungen und Vorstellungen beschäftigt, die mir überhaupt nicht dabei halfen, das, was gerade geschah, zu bewältigen. Da machte es klick und ich erkannte, dass ich mich während eines Wutausbruchs vor Publikum in eine Art fiktive Blase begeben muss, in die nur mein Kind und ich hineinpassen. Ich musste aufhören, auf die Umgebung zu achten, und mich auf das Hier und Jetzt konzentrieren. Nur auf uns beide. Auch wenn das bedeutete, die anderen zu ignorieren oder in ihre Schranken zu weisen, wenn sie etwas Unangebrachtes sagten.

Es war nicht leicht, das muss ich zugeben, denn so vorzugehen, rührte unmittelbar an meine tiefsten Unsicherheiten. Aber es musste sein.

» Ich musste mich selbst ermächtigen und das tun, was ich in diesen Situationen für richtig hielt, auch wenn es andere störte.

Von diesem Moment an liefen Wutausbrüche vor Publikum besser, dabei hatte sich außer meiner Einstellung und meiner Präsenz nichts geändert. Ich war mir des Problems bewusst geworden und damit wurde alles besser.

Wenn du das liest, kannst du dir vielleicht überhaupt nicht vorstellen, einen unangebrachten Kommentar deiner Schwiegermutter oder deines Schwagers zu unterbinden. Ich nenne dir ein paar Beispiele für Bemerkungen, die bei Wutausbrüchen vor Publikum häufig zu hören sind: „Was hat dieses Kind für einen Dickkopf! Wenn es sich mit drei Jahren so aufführt, wie soll das erst mit dreizehn werden!“, „Das Kind braucht Grenzen!“, „Früher haben wir schon für viel weniger eine Ohrfeige bekommen, und wir haben unsere Lektion schnell gelernt“, „Oh, die arme Maus ... Vielleicht hilft ein bisschen Schokolade?“, „Wie soll das Kind ohne Schimpfen und Bestrafung lernen, dass es sich nicht so aufführen kann?“, „Oh, du siehst so hässlich aus, wenn du weinst“, „Deine Schwester stellt sich nicht so an wie du, ich spiele mit ihr“ usw. Ich könnte den Rest des Buchs damit füllen.

Ich weiß, es ist anstrengend. Es fällt den Leuten schwer, nichts zu sagen, wenn ein Kind eine schwere Zeit durchmacht, weil es ihnen unangenehm ist, das Unbehagen des Kindes zu spüren und damit in Berührung zu kommen. Es wühlt sie so auf, dass sie eingreifen müssen. Sie können nicht anders. Und das macht dir oft das Leben schwer, weil du nicht nur mit der Wut deines Kindes klarkommen musst, sondern auch mit dem blöden Kommentar deines Schwagers. Du versuchst, es nett zu formulieren, damit er nicht eingeschnappt ist, du redest und erklärst … Als ob du nicht schon genug zu tun hättest! Aber so ist das nun mal: Wenn ein Kind einen Wutanfall bekommt, werden viele wieder ganz klein, da kann man nichts machen.

Ich werde dir später anhand von Beispielen erklären, was in solchen Situationen zu tun ist, aber jetzt möchte ich, dass du dir das Wichtigste vor Augen hältst: Du musst dich abgrenzen.

›› Um bei Wutanfällen vor Publikum verbunden, bewusst und klar zu handeln, musst du noch präsenter sein als sonst.

Es ist wichtig, im Hier und Jetzt präsent zu sein und sich den doppelten Fokus bewusst zu machen, um mit dem Geschehen verbunden zu bleiben und sich so weit wie möglich von der Außenwelt abzuschotten.

Mir hat es, wie gesagt, immer geholfen, mir eine große Blase vorzustellen, in die nichts hineinpasste außer meinem Kind und mir. In dieser Blase hatte ich das Gefühl, dass ich ich selbst sein und mein Kind so begleiten konnte, wie ich es wollte.

Ich erinnere mich an so einige Tage, an denen ich das draußen auf der Straße geübt habe. Die ersten Male ist es merkwürdig, weil man nicht daran gewöhnt ist und sich Gedanken macht, „was die Leute denken“.

Aber mit etwas Übung und je überzeugter du von deiner Vorgehensweise bist, desto weniger bist du auf die Zustimmung der anderen angewiesen und desto gelassener wirst du in diesen Situationen sein.

Wenn du dir außerdem einige Sätze zurechtlegst, um unerwünschte Einmischungen zu unterbinden, umso besser.

» *„Ich sehe, dass du helfen willst, vielen Dank, aber ich regle das lieber auf meine Weise." Oder:*
» *„Ich danke dir für dein Interesse, aber ich weiß schon, wie ich meinem Kind helfen kann."*

Du weißt schon: eine selbstbewusste Formulierung, die, ohne unhöflich zu sein, klarmacht, dass Kommentare überflüssig sind. Normalerweise sind die Leute nach einem dieser Sätze ruhig und gehen zu etwas anderem über. Und das ist es ja, was du willst: dass sich ihre Aufmerksamkeit nicht länger auf dich konzentriert und du die Situation auf deine Weise lösen kannst.

» *Um zu erkennen, wo die Probleme bei einem Wutanfall vor Publikum liegen, empfehle ich dir unbedingt, Tagebuch zu führen.*

Nach jedem Wutanfall deines Kindes kannst du die Zeit, den Ort und deine Gefühle währenddessen aufschreiben. Anhand dieser Aufzeichnungen kannst du erkennen, welche Wutanfälle schwieriger für dich sind: solche in der Öffentlichkeit vor Fremden, etwa im Supermarkt oder auf der Straße, oder zu Hause bei den Schwiegereltern, deinen Eltern oder Freunden. Dir darüber klar zu werden, welche Situationen für dich schlimmer sind, wird dir dabei helfen herauszufinden, warum das so ist, und dann wird es die nächsten Male viel einfacher sein, mit diesen Situationen umzugehen.

★ Moment mal …

Nachdem du nun etwas über Wutanfälle vor verdutzten Zuschauern gelesen hast, lade ich dich ein, einen Moment innezuhalten und dich auf dich selbst zu konzentrieren. Richte deine Aufmerksamkeit auf deinen Körper und beobachte deine Atmung. Achte darauf, wie die Luft in deinen Körper ein- und aus ihm herausströmt und sich im gesamten Körper verteilt. Lass mit jedem Ausatmen mögliche Anspannungen in Schultern, Rücken, Kopf, Augen, Kiefer los …

Wenn du das Gefühl hast, dass du in einem entspannten Zustand bist, versuche, dir folgende Fragen zu beantworten: Was hast du beim Lesen der letzten Seiten empfunden? Sind dir ähnliche Situationen, die du erlebt hast, in den Sinn gekommen? Hast du gespürt, wie sich dein Körper schon bei der Vorstellung eines Wutanfalls vor Publikum anspannte?

Achte auf deine Körperempfindungen und darauf, wie du dich in diesem Moment fühlst. Es ist wichtig, dass du dir bewusst machst, wie du solche Situationen erlebst und wie du dich fühlst, wenn du dir vorstellst, dass du sie gelassener und selbstbewusster gestalten kannst.

Versuch dich daran zu erinnern, wie deine Eltern mit deiner Wut umgegangen sind, wenn Menschen in der Nähe waren. Was ist passiert, wenn du dich im Supermarkt oder im Restaurant so aufgeführt hast? Und um noch ein bisschen tiefer zu gehen: Was denkst du, wie es um dein Selbstwertgefühl bestellt ist? Wie viel Unsicherheit steckt in dir?

Es ist wichtig, dir deiner eigenen Unsicherheit und deines mangelnden Selbstwertgefühls bewusst zu werden (falls du das Gefühl hast, dass dem so ist). Denn dann wird es dir leichterfallen, diese Punkte zu berücksichtigen, wenn du mit einem Wutanfall vor Publikum konfrontiert bist. Auf diese Weise kannst du mögliche Projektionen, eigene Wut oder Frust unter Kontrolle halten.

Notizen

acht

Mangelnde Selbstkontrolle bei Eltern und Kindern

Mangelnde Selbstkontrolle ist eines der größten Probleme von Erwachsenen und Kindern gleichermaßen. Ja, auch bei Erwachsenen. Dass es Kindern an Selbstkontrolle fehlt, ist normal, denn der Bereich des Gehirns, der dafür zuständig ist, braucht mehr als zwanzig Jahre, bis er vollständig entwickelt ist. Bei Erwachsenen hingegen ist mangelnde Selbstkontrolle eine ernstere Sache, denn als Dreißig-, Vierzig- oder Fünfzigjähriger kann man sich nicht länger damit entschuldigen, dass das Gehirn noch nicht voll entwickelt wäre.

Wie kann es sein, dass wir als Erwachsene die Beherrschung verlieren – und das ausgerechnet bei unseren Kindern, die wir so sehr lieben? Meiner Meinung nach gibt es dafür mehrere Gründe. Einer davon ist, dass die schlechte Behandlung von Kindern jahrhundertelang allgemein akzeptiert und weit verbreitet war. Man war der Überzeugung, dass Kinder, nur weil sie kleiner sind und weniger wissen, auch weniger gelten. Es herrschte der Glaube, dass man Kinder mit harter Hand führen müsse, damit sie erwachsen werden. Exzesse waren nicht nur erlaubt, sondern ganz normal und allgemein akzeptiert. Die Gesellschaft war auf Erwachsene ausgerichtet und völlig von der kindlichen Gefühlswelt abgekoppelt.

Auch wenn das in dem Land, in dem du lebst, vielleicht nicht mehr die Regel ist, bin ich dennoch davon überzeugt, dass heutzutage nach wie vor viele Kinder schlecht behandelt werden.

» *Wir leben noch immer in einer Gesellschaft, in der die Bedürfnisse der Erwachsenen in der Regel Vorrang vor denjenigen der Kinder haben.*

Traurigerweise werden in weiten Teilen der Welt Kinder nach wie vor missbraucht und misshandelt. Die Geschichte der Menschheit hat uns ein Erbe hinterlassen, das in jedem von uns mehr oder weniger präsent ist. Es sagt uns, dass ein Kind es wahrscheinlich „verdient" hat, wenn es angebrüllt oder geschlagen wird. Es gibt eine Komplizenschaft unter Erwachsenen, die solche Kontrollverluste rechtfertigt. Wir gehen davon aus, dass das Kind irgendetwas getan haben muss, wenn sein Vater oder seine Mutter derart die Nerven verliert.

Angesichts dieses Erbes ist es nicht weiter verwunderlich, wenn wir uns unseren Kindern gegenüber so einiges herausnehmen. Wir wollen das nicht, aber wenn die Nerven mit uns durchgehen, verlieren wir die Kontrolle. Seltsamerweise können wir auf der Arbeit genauso ungehalten sein, wenn der Chef oder ein Kollege uns auf die Palme bringt, aber in dieser Situation wissen wir genau, was man nicht tun darf.

Mit anderen Worten: Der Kontrollverlust ist selektiv und tritt dort ein, wo wir uns unbewusst mehr herausnehmen.

» Bei Kontrollverlusten im familiären Umfeld gibt es eine gewisse Toleranz, die größtenteils auf das jahrhundertealte Erbe und weitverbreitete Überzeugungen zurückzuführen ist und letztlich unser falsches Verhalten bestätigt.

Aber es gibt noch weitere Gründe, warum wir uns damit so schwertun. Die meisten Erwachsenen haben als Kinder selbst erlebt, wie ihre Eltern die Beherrschung verloren haben. In diesem frühen, sensiblen und so wichtigen Alter haben wir gesehen, wie Erwachsene Konflikte und Spannungen oft lösten, indem sie die Kontrolle verloren. In gewisser Weise haben wir das registriert und verinnerlicht, wie man sich als Erwachsener in solchen Situationen verhält: indem man die Beherrschung verliert.

Auf unserer persönlichen Festplatte war beides untrennbar miteinander verbunden: angespannte Situation zwischen Eltern und Kindern, der Erwachsene verliert die Beherrschung, Problem gelöst.

Das Problem ist gelöst, weil das Kind in den meisten Fällen Angst bekommt und seine Angst dazu führt, dass der Erwachsene die Kontrolle wiedererlangt. Wenn man unbewusst verinnerlicht hat, dass man sich so verhalten sollte, muss man hart an sich arbeiten, um sich zu beherrschen. Gelingt das nicht, entstehen wahrscheinlich Schuldgefühle. Man erinnert sich daran, dass man das als Kind gar nicht mochte und sich vielleicht sogar geschworen hat, es bei den eigenen Kindern niemals so zu machen. Aber wenn man sich mitten in einem Konflikt befindet, nimmt die Spannung überhand und – zack! – verhält man sich genauso. Die Folge sind Ohnmacht, Hilflosigkeit und Frust. Das wollte man doch nicht! Und doch wiederholt man das gleiche Muster.

Aber es gibt noch etwas, das uns oft daran hindert, in schwierigen Situationen im häuslichen Umfeld beherrscht zu bleiben: Wir kennen keine anderen Handlungsmuster. Die jahrhundertelange Misshandlung von Kindern hat uns gezeigt, wie man manipuliert, Angst erzeugt, die Oberhand behält usw., aber nicht, wie man Konflikte zugewandt, respektvoll und empathisch löst. Wenn wir als Erwachsene in solchen Situationen nicht die Kontrolle verlieren wollen, fragen wir uns: „Aber wie mache ich das?“ Wir wissen nicht, wie das geht. Weder haben wir gesehen, wie man das macht, noch hat uns jemand beigebracht, uns in solchen Momenten emotional zu begleiten. Es fehlen die Handlungsmuster, und angesichts dieser Leerstelle ist die Wahrscheinlichkeit, dass man verzweifelt und erneut die Kontrolle verliert, noch größer. Deshalb finde ich es sehr wichtig, dass wir uns im Folgenden den Handlungsmustern widmen, die man nutzen kann, um etwas zu ändern.

Wege zur elterlichen Selbstkontrolle

Selbstverpflichtung

Der wichtigste Punkt, um die Kontrolle nicht zu verlieren, mag am offensichtlichsten erscheinen. Damit man nicht immer wieder die Beherrschung verliert, ist es unbedingt nötig, das Problem zu erkennen und fest gewillt zu sein, nicht länger so weiterzumachen. Wenn man nicht erkennt, dass man etwas falsch macht, kann man nichts daran ändern. Kinder haben eine solche Behandlung nicht verdient, deshalb sollte man das eigene Verhalten in Konfliktsituationen unbedingt überdenken. Ich empfehle dir einige Momente der stillen Selbstreflexion, um herauszufinden, warum diese Krisen auftreten und woher sie kommen, damit du Wege und Möglichkeiten findest, dein Verhalten zu ändern.

» Ich empfehle dir, eine Art Ritual durchzuführen, um deine Verpflichtung zu einer anderen Art des Umgangs mit deinen Kindern zu bekräftigen.

Du kannst ihnen einen Brief schreiben und ihn für später aufheben, wenn sie älter sind. Oder nimm dir einen Vormittag für dich, geh in den Wald oder an den Strand und gib dir in dieser Landschaft, die dir Kraft gibt, das laut ausgesprochene Versprechen, deine Kinder besser zu behandeln und nicht mehr die Beherrschung zu verlieren.

Es ist nicht entscheidend, wie du dieses Versprechen gestaltest, aber du solltest dir die Zeit nehmen, darüber nachzudenken, und es bewusst in irgendeiner Weise zum Ausdruck bringen. Vielleicht hört niemand deine Willensäußerung, aber es ist, als würdest du es laut in die Welt hinausschreien: „Ich verspreche, von diesem Moment an nicht mehr die Beherrschung vor meinen Kindern zu verlieren, sondern sie als die wunderbaren Persönlichkeiten zu respektieren, zu achten und zu lieben, die sie sind.“ Verbinde dich mit dir und deiner Intuition, und deine Seele wird dir zeigen, wie dieses Versprechen aussehen soll, damit es eine Spur in dir hinterlässt. Etwas, an das du dich in angespannten, konfliktreichen Momenten erinnern kannst. Etwas, das Eindruck bei dir hinterlässt und das dir Kraft gibt, wenn du sie brauchst. Das mag dir absurd und nicht sehr hilfreich erscheinen, aber es ist äußerst wirkungsvoll, das versichere ich dir. Glaub mir, nichts von dem, was ich dir im Folgenden rate, wird irgendeine Wirkung haben, wenn du dir dieser Sache zuvor nicht wirklich bewusst geworden bist und dir selbst und deinen Kindern dieses Versprechen gegeben hast. Also hab Vertrauen und probiere es aus.

Protokoll führen

Auch das mag dir albern erscheinen, aber das ist es nicht. Ein Protokoll der schwierigsten Konfliktsituationen mit deinen Kindern zu erstellen, wird dir dabei helfen, dich selbst besser einzuschätzen und eine neue Perspektive einzunehmen. Manchmal braucht man Abstand, um Dinge zu erkennen. Und ein schriftliches Protokoll, schwarz auf weiß, wird dir den nötigen Abstand geben, um klarer zu sehen. Wenn man im Tunnel ist, ist manchmal alles so dunkel, dass man nicht weiß, wo man steht.

Ich schlage vor, dass du dir ein kleines Notizbuch besorgst, das du immer in einer Tasche bei dir tragen kannst. So wird es dir leichtfallen, jederzeit aufzuschreiben, was du fühlst und tust. Es wird ein Protokoll deiner Kontrollverluste sein, damit du siehst, wann und warum sie am häufigsten auftreten. Es wird dir dabei helfen zu erkennen, ob du generell dazu neigst, die Geduld zu verlieren, oder ob das nur in bestimmten Situationen geschieht. Es wird dir dabei helfen, dir darüber klar zu werden, ob du ein grundsätzliches Problem mit mangelnder Selbstbeherrschung hast oder ob du Wutanfälle in der Regel aus deiner Position als

Erwachsener heraus aushalten kannst. Deine Gefühle aufzuschreiben, wird dir auch dabei helfen, in Kontakt mit dir selbst zu kommen, und das ist immer gut. Manchmal messen wir Dingen keine große Bedeutung bei, bis wir sie schwarz auf weiß vor uns sehen. Anders gesagt: Manchmal ist einem gar nicht bewusst, dass man schreit, bis man es im Protokoll immer wieder geschrieben sieht: „Ich habe geschrien." „Ich habe geschrien." „Ich habe geschrien." Es ist erschreckend, das zu sehen, ja. Und das ist gut so, denn es hilft dabei, sich noch mehr zu bemühen, die eigene Wut zu kontrollieren.

Ich schlage dir vor, etwa folgendermaßen vorzugehen:

» *Montag, 23. Juni, 20:30 Uhr. Ich schreie Greta an, weil sie die Suppenschüssel auf den Boden geworfen hat. Sie weint und am Ende weine ich auch.*

» *Donnerstag, 26. Juni, 21 Uhr. Ich verliere die Beherrschung, weil ich den beiden schon tausendmal gesagt habe, dass sie sich die Zähne putzen sollen, und das Gefühl habe, dass sie mich ignorieren. Ich fühle mich machtlos.*

So kannst du sehen, ob es einen Zusammenhang zwischen den Wochentagen, Uhrzeiten und Anlässen für den Kontrollverlust gibt und was dahintersteckt: Müdigkeit, das Gefühl, dass sie nicht auf dich hören, usw. Wenn du ein Muster erkennst, kannst du herausfinden, woher es kommt und warum es etwas in dir auslöst. Du bist in der Lage, dir dessen bewusst zu werden, und Bewusstheit ist für jede Veränderung unerlässlich.

Sich mit dem eigenen Verhalten konfrontieren

Nachdem du zwei oder drei Wochen Protokoll geführt hast, wirst du feststellen, zu welcher Uhrzeit du am häufigsten die Beherrschung verlierst. Dich von außen zu sehen, hilft sehr dabei, das Muster zu erkennen und dein Verhalten zu ändern. Deshalb schlage ich dir vor, zu den Tageszeiten, an denen die Stimmung besonders angespannt ist, die Aufnahmefunktion deines Handys zu aktivieren. Angenommen, der schlimmste Zeitpunkt des Tages ist für dich der Morgen, weil die Zeit drängt und die Kinder einfach nicht auf das hören, was du sagst. Schalte auf Aufnahme, wenn du sie weckst, und lass das Gerät dort laufen, wo ihr euch am meisten aufhaltet, bevor ihr das Haus verlasst. Am Anfang wirst du immer im Hinterkopf haben, dass das Aufnahmegerät läuft. Vielleicht reißt du dich deswegen zusammen, aber irgendwann wirst du es vergessen und dich sehr wahrscheinlich so verhalten wie immer. Das ist das Ziel: dass du dich so aufnimmst, wie du jeden Morgen bist. Wenn ihr euch später verabschiedet habt, hörst du dir die Aufnahme an.

Wenn man sich selbst in diesem Ton, mit diesen Worten und hochkochenden Emotionen reden hört, ist man wirklich erschrocken und beschämt. Der Schock, sich so zu hören, kann entscheidend dafür sein, ob man erneut die Kontrolle verliert oder ob so etwas nie wieder vorkommt. Es ist wirklich unangenehm, sich selbst so zu erleben. Manchmal erkennt man sich gar nicht wieder, aber das ist nicht schlimm. So wird einem die Situation noch bewusster und man ist noch entschlossener, etwas zu ändern.

Auf sich achten

Manchmal hat man keine Selbstkontrolle, weil es an Selbstfürsorge fehlt. Man ignoriert seine eigenen Bedürfnisse so lange, bis man irgendwann explodiert. Ja, es ist enorm wichtig, die Bedürfnisse der Kinder zu berücksichtigen, aber genauso wichtig ist es, die eigenen Bedürfnisse im Auge zu behalten und zu befriedigen. Natürlich ist es nach der Geburt eines Kindes schwieriger, auf sich selbst zu achten, aber man sollte Zeit für sich selbst finden, und seien es nur kurze Momente der Entspannung unter der Dusche oder zehn Minuten für eine kleine Meditation.

» Wenn dein Kind größer wird, kannst du die Momente der Selbstfürsorge verlängern.

Das ist ein ganz entscheidender Punkt: Wer für andere sorgt, muss auch für sich selbst sorgen. Wenn du nicht auf dich selbst achtgibst, wie sollst du dann in der Lage sein, mit der Hingabe für dein Kind zu sorgen, die es benötigt?

Das ist wirklich schwierig. Und manchmal hat man das Gefühl, dass die Kinder unsere gesamte Energie in Anspruch nehmen, dass sie uns aussaugen und uns alles abverlangen. Wenn du so oder ähnlich empfindest, liegt es daran, dass du nicht mit deiner Kraftquelle verbunden bist. Du tankst nicht auf und vergisst, dass es wichtig ist, deine Batterien aufzuladen. Meine Kraftquelle sind die Natur, das Schreiben, Momente nur für mich, Meditation, Gespräche mit meinem Mann, gemeinsames Lachen, eine Unterhaltung mit einer Freundin, beim Sport meinen Körper zu spüren, ein Bad zu nehmen, die Gegenwart meiner Ahnen wahrzunehmen und mich mit ihnen zu verbinden. Alle diese Dinge stärken mich, sie geben mir Energie und ein gutes Gefühl, sie laden mich auf. Und wenn meine Batterien aufgeladen sind, kann ich wieder Kraftquelle für meine Töchter sein.

Oft verliert man die Selbstbeherrschung, weil man es leid ist, immer nur zu geben und nichts zurückzubekommen. Man hat das Gefühl, dass die Kinder etwas zurückgeben müssten, und verlangt eine Gegenleistung von ihnen, als wäre man selbst das Kind.

» Das eigentliche Problem ist, dass das Kind in uns aufbegehrt, das wir einmal waren, und wir nicht achtsam mit uns selbst umgehen. Stattdessen erwarten wir von unseren Kindern, dass sie uns etwas geben, weil wir nicht in der Lage sind, für uns selbst zu sorgen.

Aber so sollte es nicht funktionieren. Es liegt in deiner Verantwortung, deine Batterien aufzuladen. Es ist deine Sache, nicht ihre. Vergiss das nicht. Sorge für dich, als ob dein Leben davon abhinge! ;-)

Zeitplanung und Organisation

Vielleicht stellst du bei der Durchsicht deines Protokolls fest, dass du immer dann die Nerven verlierst, wenn du müde bist, vor allem abends, wenn du nicht mehr kannst und die Kinder deine ganze Aufmerksamkeit benötigen. In diesen Momenten nicht enden wollender Routinen (Zähne putzen, Schlafanzug anziehen, Geschichte vorlesen, ins Bett bringen) schreist du am häufigsten; du wirst wütend und verlierst die Beherrschung. In diesem Fall ist es wichtig, dass du den Zeitplan überdenkst und überlegst, was für dich funktioniert und was nicht.

Die Organisation deines Alltags ist ein Muss, vor allem am Abend. Das Abendessen sollte praktisch fertig oder in fünf Minuten zuzubereiten sein. Warum? Wenn es länger dauert, zieht sich alles in die Länge. Wahrscheinlich rutschst du in deine schicksalhafte Stunde hinein und verlierst irgendwann die Nerven, wenn du nicht aufpasst. Außerdem bist du genau in der Zeit, wenn die Kinder dich am meisten brauchen, in der Küche beschäftigt. Die Folge ist, dass sie deine Aufmerksamkeit umso mehr einfordern, weil sie sich nicht genügend beachtet fühlen, während du immer nervöser wirst.

Wenn das Essen bereits fertig ist, könnt ihr viel früher zu Abend essen, alle Routinen nach vorne verlegen und früher ins Bett gehen. Das lässt Raum, damit sie zur Ruhe kommen können, ohne dass du den kritischen Punkt überschreitest, an dem du erschöpft bist. Wenn die Kinder früher ins Bett gehen, hast du abends einen Moment für dich selbst, um dir ein wenig Selbstfürsorge zu gönnen. Organisation und ein fester Zeitplan helfen dir dabei, nicht die Kontrolle zu verlieren. Probiere es aus.

Verbündete suchen

Eine weitere Methode, die sehr gut funktioniert, ist eine Abmachung mit jemandem, der dasselbe Ziel verfolgt. Angenommen, du hast eine Freundin, die genauso schreit wie du. Ihr schreit beide, wenn ihr die Beherrschung verliert, obwohl ihr das gar nicht wollt und es jedes Mal bereut. Ihr habt schon oft darüber gesprochen und seht, dass ihr das gleiche Problem habt und den Wunsch, es zu lösen. Also helft euch gegenseitig. Es ist sehr hilfreich, wenn ihr euch versprecht, nicht mehr zu schreien, und euch gegenseitig dabei unterstützt.

Schickt euch von nun an am Ende jedes Tages eine Nachricht, um euch gegenseitig zu berichten, wie der Tag gelaufen ist: „Hallo, heute habe ich den ganzen Tag nicht geschrien. Als ich die Kinder heute Abend ins Bett gebracht habe, war ich kurz davor, aber dann habe ich an unsere Abmachung gedacht und mich beherrscht.“ Die Freundin wird dir ihre Wahrnehmung mitteilen und wahrscheinlich werdet ihr euch gegenseitig ermutigen, weiterzumachen. Ihr könnt euch bei der anstrengenden Aufgabe unterstützen, die Verantwortung für euer Handeln zu übernehmen, euch die Mechanismen bewusst zu machen und übernommene Muster zu ändern.

» *Ich rate dir, die Abmachung als feste Größe anzusehen.*

Ihr solltet sie über einen längeren Zeitraum beibehalten und euch täglich austauschen, um euch euer Handeln immer wieder bewusst zu machen, damit ihr jeden Tag daran erinnert werdet, wie wichtig es ist, etwas daran zu ändern.

Emotionen wahrnehmen, ohne auf sie zu reagieren

Das ist ein ganz wichtiger Punkt: Wir müssen lernen, Gefühle wahrzunehmen, ohne reagieren zu müssen. Das hat man uns nicht beigebracht, also müssen wir es lernen. Das Problem ist, dass Gefühle fast immer eine Reaktion zur Folge haben. Wir beginnen zu handeln und verlieren dabei häufig die Kontrolle. Wir haben vergessen, wie das als Kind war: Emotionen zu spüren und sie wertfrei zu leben.

> *Wir müssen begreifen, dass man Gefühle zulassen kann, ohne etwas zu tun oder darüber zu reden.*

Das fällt oft schwer, weil man nicht weiß, wie man mit sich selbst umgehen soll. Manchmal ist es gerade das, was am schwierigsten oder sogar beängstigend ist: Zeit mit sich selbst zu verbringen. Wenn wir Gefühle zulassen, ohne auf sie reagieren zu müssen, können wir uns mit den Bedürfnissen unseres inneren Kindes verbinden und uns selbst begleiten, wertschätzen und unser Hier und Jetzt akzeptieren.

Empfindungen anzunehmen, ohne auf sie zu reagieren, ist eine große Aufgabe. Das heißt nicht, dass dein Kind machen kann, was es will. Das eine hat nichts mit dem anderen zu tun, wie wir in anderen Kapiteln gesehen haben. Aber um die Kontrolle nicht zu verlieren, muss man sich seiner Emotionen bewusst sein. Man muss sie einfach zulassen können, ohne zu reagieren, indem wir sie auf anderen abladen. Dabei ist es wichtig, dass du auf deinen Körper hörst. Er ist das Tor zu deinen Empfindungen. Dein Körper zeigt dir, was gerade mit dir geschieht und was du tun kannst, um nicht auf das zu reagieren, was du empfindest. Das alles erfordert viel Übung, aber wenn du deine Empfindungen zulässt, ohne darauf zu reagieren, wird dir das helfen, bei deinem Kind dasselbe zu tun: seine Emotionen zuzulassen, ohne auf sie zu reagieren. Verfügbar zu sein und zu unterstützen, ohne zu werten.

Die Langsamkeit entdecken

Wenn man kurz davor ist, die Beherrschung zu verlieren, passiert etwas mit einem. Das Herz rast, der Atem geht schneller und die Gedanken drehen sich im Kreis, während wir immer wütender werden.

Ein Beispiel: Ich bin kurz vorm Explodieren, weil meine Tochter genau das tut, was ich ihr schon tausendmal verboten habe. Ich spüre, wie sich mein Puls erhöht, mein Atem schneller geht und mir Gedanken durch den Kopf schießen wie: „Es reicht! Das Kind hört einfach nicht auf mich, es reicht. Was sollen wir nur mit ihr machen? Es ist jeden Tag das Gleiche, ich kann nicht mehr.“ Die Situation schaukelt sich immer weiter hoch: Je mehr solcher Gedanken mir durch den Kopf schießen, desto wütender werde ich und desto schneller rast mein Puls.

Um wieder die Kontrolle über dich zu bekommen, solltest du versuchen, alles zu verlangsamen. Achte darauf, dass deine Atmung ruhiger wird, der Puls sich verlangsamt und das Gedankenkarussell aufhört. Alles muss langsamer werden, damit du wieder zu deiner inneren Mitte findest und die Kontrolle über dich zurückgewinnst.

Das mag schwierig erscheinen, wenn du kurz vorm Explodieren bist, aber es ist möglich, wenn du Verbindung zu deinem Atem aufnimmst.

„Nur wenn du deine Atmung im Griff hast wie das Ruder eines Schiffs in stürmischer See, kannst du dieses rasende Tempo stoppen und wieder die Kontrolle übernehmen.

Einatmen. Ausatmen. Bewusst wahrnehmen, wie die Luft in deinen Körper ein- und aus ihm herausströmt, und versuchen, dies so langsam wie möglich zu tun. Das wird dir dabei helfen, wieder zu dir zu kommen. Durch die innere Ruhe, die dir die Konzentration auf deine Atmung verleiht, wirst du aus diesem Zustand emotionaler Erregtheit zur bewussten Wahrnehmung des Hier und Jetzt gelangen.

Wenn ich über die Bedeutung der Atmung spreche, sagen mir viele Eltern: „Bei mir funktioniert das nicht." Oder: „Das reicht bei mir nicht aus." Wenn jemand das sagt, hat er es entweder nicht ausprobiert oder er erwartet, dass die Atmung eine Art Zauberstab ist und es keiner Anstrengung und Arbeit bedarf, sich zu zentrieren und die Kontrolle wiederzuerlangen. Nein, sie ist kein Zauberstab: Man muss sich bei jedem Konflikt erneut darauf konzentrieren, bis man die Kraft der bewussten Atmung tief verinnerlicht hat.

Manchmal ist es so, dass man einfach nicht will. Man will nicht atmen, weil man viel zu wütend ist und keine Lust hat, sich zu beherrschen, sondern schlichtweg seine ganze Wut am Gegenüber auslassen will. Das ist mir auch schon passiert: Das Kind in uns übernimmt die Kontrolle über Körper, Verstand und Seele. Und es will seiner Wut Luft machen, ohne auch nur einen Gedanken daran zu verschwenden, ob das der richtige Weg ist. Es umgeht alle Handlungsmuster, die bekanntermaßen helfen, die Kontrolle wiederzuerlangen, weil es einfach nicht will! In diesen Fällen müssen wir erkennen, dass der erwachsene Teil von uns das innere Kind beruhigen muss, um wieder zur Besinnung zu gelangen und die Situation unter Kontrolle zu bekommen. Und die bewusste Atmung ist dabei das Hilfsmittel par excellence.

Richte die Aufmerksamkeit auf deinen Körper. Beobachte den Rhythmus deines Herzschlags, deiner Atmung und deiner Gedanken und gib ihnen die Anweisung, sich zu beruhigen. Konzentriere dich auf deine Atmung und darauf, wie die Luft in deinen Körper ein- und wieder aus ihm herausströmt. Du kannst dir auch immer wieder vorsagen: „Einatmen, ausatmen, einatmen, ausatmen." Langsam und bewusst, bis du spürst, wie du innerlich ruhiger wirst und wieder Kontrolle über dich erlangst.

Dazu empfehle ich dir noch weitere Methoden, die du gleichzeitig nutzen solltest.

Einen Schritt zurücktreten

Wenn du dich in einer angespannten Situation befindest und das Gefühl hast, dass du gleich explodieren wirst, tritt wortwörtlich einen Schritt zurück.

> » *Entferne dich ein wenig aus der Situation, die dich innerlich in Aufruhr versetzt. Dieser Schritt wird dir dabei helfen, dich von der Situation zu lösen.*

Wenn du diese Methode jedes Mal anwendest, sobald du das Gefühl hast zu explodieren, wirst du feststellen, dass das Zurücktreten dir die Information übermittelt: „Pass auf. Kontrolliere dich." Es bedeutet so viel wie: „Ich nehme Abstand, um mir aus dieser Perspektive bewusst zu werden, dass ich mich in einer für mich schwierigen Situation befinde, die mir etwas abverlangt und in der ich mich beherrschen muss."

Diese symbolisch anmutende Geste ist sehr kraftvoll und wird dir dabei helfen, kurz durchzuatmen, wenn die Warnlampen angehen. Probiere es aus.

Die Situation verlassen

Wenn du das Gefühl hast, dass das Zurücktreten nichts nutzt, dass es weiter in dir brodelt und du gleich die Beherrschung verlieren wirst, dann verlasse die Situation. Natürlich nicht, wenn dein Kind noch ein Baby ist und sonst keiner da ist, der sich um es kümmern kann. Aber wenn du Unterstützung hast oder dein Kind ein bestimmtes Alter erreicht hat (sagen wir drei Jahre oder älter), dann verlasse die Situation und geh in ein anderes Zimmer, wenn du das Bedürfnis danach hast. Nimm dir diesen Raum, um Luft zu holen und einen Moment durchzuatmen. Danach kannst du zurückkehren und bewusster und souveräner mit dem Konflikt umgehen.

Aber Vorsicht: Wenn du rausgehst, wird dein Kind sehr wahrscheinlich hinter dir herlaufen und dich bitten, nicht zu gehen, obwohl es noch mitten in einem Wutanfall steckt und sauer auf dich ist. Das ist normal. Es sieht, dass du in diesem Moment nicht bereit bist, es zu unterstützen, und gerät in Panik. Aber du lässt es nicht im Stich, sondern versuchst lediglich, wieder zu dir zu kommen, um danach besser auf es eingehen zu können. Wenn es hinter dir herläuft, kannst du sagen: „Moment, ich muss mal durchatmen.“ Wenn dein Kind noch sehr klein ist, wird es nicht darauf hören und sich taub stellen, aber ich finde es wichtig, dass Kinder irgendwann lernen, dir zuzuhören, wenn du sagst, dass du deinen Freiraum brauchst, um durchzuatmen und die Kontrolle zurückzuerlangen. So sehen sie an deinem Beispiel, wie wichtig es ist, einander zuzuhören und sich das zu geben, was man braucht, bevor jemand ausrastet und die Beherrschung verliert.

Sich auf gute Gedanken konzentrieren

Der Kopf ist zum Denken da. Das Gehirn ist dazu geschaffen, unentwegt zu denken. Das kann ganz schön anstrengend sein, oder? Und manchmal ist da eine Stimme in unserem Kopf, die uns nicht weiterhilft, sondern uns runterzieht. Diese Stimme ist das Produkt einer Kultur, einer Gesellschaft oder eines familiären Erbes, für die Werturteile und Missbilligung die Regel waren. Man sollte sich bewusst machen, dass der Verstand bei Spannungen und Konflikten sämtliche Geschütze auffährt und diese Stimme unentwegt und erbarmungslos spricht. Selbst wenn dir völlig klar ist, dass jedes Kind seinen eigenen Rhythmus hat, dass es noch klein ist usw., kann der Verstand dir in diesen Situationen Dinge einflüstern, die nicht deiner Denkweise entsprechen. Dinge wie: „Mein Kind wird es nie lernen", „Was mache ich nur falsch? Alle anderen Kinder machen das nicht, nur meines", „Vielleicht funktioniert diese bewusste Elternschaft nicht" usw. Du erkennst dich in dieser Stimme nicht wieder, aber wenn du innehältst und ganz genau hinhörst, wirst du feststellen, wie viel von dem, was du dein Leben lang gehört hast, darin enthalten ist, und wie wenig von dem, was du jetzt fühlst und denkst.

In solchen Momenten darf man einfach nicht auf sie hören.

> ❞ *Dein Verstand tut das, was er immer tut: denken und auf Muster zurückgreifen. Warum ihm keine schönen Dinge geben, die in diesen Situationen helfen und diese innere Stimme ersetzen können?*

Gib ihm Sätze, Mantras, positive Bestärkungen, an denen du dich festhalten kannst, wenn du kurz vorm Explodieren stehst.

Das Futter, das ich meinem Verstand in diesen Momenten gebe, ist in etwa Folgendes: „Du bist die Erwachsene. Mein Kind verhält sich so, weil es ihm schlecht geht. Verbinde dich mit dem, was es fühlt. Was könnte es von dir wollen? Atme tief durch. Alles ist gut. Das, was gerade geschieht, ist ganz normal. Akzeptiere es so, wie es ist. Verbinde dich mit der Ursache. Ganz ruhig. Du bist die Erwachsene und du kannst die Situation nur mit Liebe und Respekt in den Griff bekommen. Tu nichts, was du später bereuen wirst.“ Ich sage mir alle diese Dinge so oft wie nötig, manchmal schnell hintereinander, denn in diesen Situationen arbeitet der Verstand rasend schnell. Aber immerhin vermeide ich mit diesen Sätzen, dass mein Verstand mir Dinge einflüstert wie: „Es reicht jetzt. Mein Kind heult schon wieder. Es ist so anstrengend, ständig seine Gefühle auszuhalten. Ich kann nicht mehr, bla, bla, bla.“

Du musst deine erwachsene, bewusste Stimme das Kommando übernehmen lassen, damit sie dir diese Dinge sagt, die dir helfen, in Verbindung zu deinem Kind zu treten, das dich jetzt gerade braucht. Finde deine eigenen Mantras und mache sie dir zu eigen. Versuche herauszufinden, welche für dich am besten funktionieren, und verwende sie immer wieder. Mit der Zeit wirst du feststellen, dass es dir immer leichterfällt, die Kontrolle zu behalten.

An die Folgen denken

Was mir in den Jahren meiner Mutterschaft immer sehr geholfen hat, war zu überlegen, ob das, was ich gerade tue oder sage, in dieser Situation hilfreich ist oder ob es noch mehr Chaos und Schmerz verursacht. Kennst du die Redewendung „sich wie ein Elefant im Porzellanladen verhalten“? Ich habe es immer im Hinterkopf, weil ich nicht wie ein Elefant auf den Herzen meiner Töchter herumtrampeln und alles kaputt machen will. Zum einen haben sie das nicht verdient und es würde ihnen sehr wehtun. Zum anderen würde es auch mir sehr wehtun und auch ich habe das nicht verdient. Und außerdem wird es danach sehr anstrengend sein, mit den ganzen Emotionen fertigzuwerden, die das bei meinen Töchtern und auch bei mir auslöst.

> *Diesen Moment des Kontrollverlusts zu verarbeiten, wird mich so viel Anstrengung kosten, dass es tausendmal besser ist, vorher zu überlegen, ob das, was ich gerade tue, die Situation verbessern oder verschlimmern wird.*

Wenn die Antwort lautet: „Du machst es nur noch schlimmer", halte ich den Mund und warte ab, bis ich eine weniger impulsive, bewusstere und ruhigere Reaktion finde. Ich versuche einen Moment innezuhalten und einfach nichts zu tun. Was man allerdings unbedingt tun sollte, ist das, was ich eben genannt habe: die Atmung, den Herzschlag und den Geist beruhigen, um die Kontrolle zurückzugewinnen und eine überzeugendere und bewusstere Antwort zu finden, die allen weiterhilft.

Ist das einfach? Manchmal nicht. Aber ich musste schon einige Male die Scherben zusammenkehren, die ich verursacht hatte, und glaub mir, das ist noch viel schlimmer. Weil ich das nicht noch einmal durchmachen möchte, versuche ich durchzuatmen, mein Ego zu unterdrücken und innezuhalten, in der Hoffnung und im Vertrauen darauf, dass mir etwas Besseres einfällt, das in dieser Situation hilft. Das Positive daran? Dass du aus der Gelassenheit heraus immer eine Lösung finden wirst, die dir hier und jetzt weiterhilft.

Dein inneres Kind wertschätzen

Um in solchen angespannten Situationen, die uns zutiefst aufwühlen, zur Ruhe zu kommen, müssen wir herausfinden, was dahintersteckt. Hinter unserer brodelnden Wut steckt oft unser inneres Kind, das Angst hat, nicht beachtet zu werden, und nach Aufmerksamkeit schreit: „Und wer hört mir zu? Wer sieht mich? Wer kümmert sich um mich?" So häufig hätte man als Kind diese Wertschätzung, diesen Blick gebraucht und hat beides nicht bekommen. Es hätte einer bedingungslosen Anerkennung bedurft, und zwar nicht nur dann, wenn man gemacht hat, was die Erwachsenen wollten, und sich so verhalten hat, wie sie es wollten. Nein, ich meine etwas Tiefergehendes. Ich meine ein bedingungsloses Ja zu der Person, die man war, diesen Blick, der das ganze Wesen guthieß und annahm.

Das heißt nicht, dass man nicht geliebt oder gehört wurde. Aber oft hat das Kind, der Heranwachsende oder junge Mensch, der man einmal war, keine Bestätigung für sein wahres Wesen gefunden, sondern wurde stattdessen mit Bedingungen konfrontiert. Dadurch hat sich das innere Kind vielleicht nicht genügend gesehen, gehört und beachtet gefühlt. Und wenn man nicht bekommt, wonach man sich sehnt, sucht und verlangt man manchmal sein Leben lang danach. Wenn dein eigenes Kind nun im Fordermodus ist, kommt dein inneres Kind mit Macht zum Vorschein. Es hält dir den Spiegel vor und beansprucht seinen Teil, den es nicht bekommen hat. Wenn du dich nun auf die Ebene eines Zweijährigen oder einer Vierjährigen begibst, ist da nicht mehr nur ein Kind, sondern da sind auf einmal zwei Kinder, nur dass eines davon im Körper eines Erwachsenen steckt.

Damit das nicht passiert, muss man sich um das Kind kümmern, das man einmal war. Dafür ist es nicht nötig, dass du zu deinen Eltern gehst, um Erklärungen zu verlangen und dich zu beschweren. Sie haben es so gut gemacht, wie sie es damals wussten und konnten. Es geht darum, dass man als erwachsener Mensch in der Lage ist, das innere Kind, das zum Vorschein kommt und schreit, wertzuschätzen und anzunehmen. Wie? Durch inneren Dialog.

Du bist kurz davor zu explodieren, weil dein inneres Kind zunehmend das Gefühl hat, nicht beachtet und respektlos behandelt zu werden. Das ist der Moment, in dem dein erwachsenes Ich in den Vordergrund treten und dem Kind, das du einmal warst, Dinge sagen muss wie: „Ich weiß, das, was gerade passiert, bewegt dich, weil es dich an die Zeiten erinnert, als du klein warst und dich genauso gefühlt hast, weil man sich nicht so um dich gekümmert hat, wie du es gebraucht hättest, und du das Gefühl hattest, nicht gehört zu werden. Und wenn du jetzt wieder das Gefühl hast, nicht gehört zu werden, wirst du sehr wütend, weil du das schon so oft erlebt hast und dich ungerecht behandelt fühlst. Aber deine Kinder können nichts dafür, dass du dich als Kind so gefühlt hast. Was du jetzt empfindest, hat mit deiner eigenen Vergangenheit zu tun und nicht mit dem, was sie gerade getan haben. Das ist völlig normal für ihr Alter." Oder: „Ich weiß, du empfindest eine große innere Leere, weil du deine Kinder begleiten sollst, wie niemand dich begleitet hat. Das erschöpft dich und wühlt dich auf. Du warst wertvoll, so wie du als Kind warst, und du bist es noch immer. Du warst genau richtig. Du hast es verdient, gut behandelt zu werden. Du hast es verdient, beachtet zu werden. Ich sehe dich, ich verstehe dich und schätze dich hier und jetzt. Atme. Es sind die Gefühle von damals, die jetzt zum Vorschein kommen. Das ist völlig legitim. Ich bin da."

An dem Tag, an dem du feststellst, dass du niemanden mehr brauchst, der dich versteht, wertschätzt und begleitet, ist das eine große Befreiung und Erleichterung. Es ist, als müsstest du nicht länger bei anderen nach einer Bestätigung suchen, die nie kommt. Du selbst kannst dir diese Bestätigung geben.

» Alles beginnt mit dir. Nur du selbst kannst dich heilen.

Wenn du deinem inneren Kind Wertschätzung entgegenbringst, wird dir das helfen, dich zu beruhigen und gehört zu fühlen. Du kannst wieder die Perspektive des Erwachsenen einnehmen, der nicht von der Vergangenheit getriggert wird, die plötzlich an die Oberfläche drängt. Wenn du noch nie etwas von dem gehört hast, was ich dir gerade erzählt habe, denkst du vielleicht, dass dieser Dialog mit deinem inneren Kind ein bisschen schizophren ist. Aber das ist er nicht, es funktioniert ganz wunderbar. Probiere es aus, du verlierst nichts dabei.

Hilfe suchen

Aber auch nach allem, was ich gerade gesagt habe, rate ich dir, professionelle Hilfe zu suchen, wenn du es alleine nicht schaffst. Manchmal braucht man einfach eine helfende Hand und einen Ort, an dem man sich unterstützt, getragen und gehört fühlt. Manchmal versucht man es allein, scheitert aber, weil einem alles über den Kopf wächst und man nicht in der Lage ist, die innere Stimme zum Schweigen zu bringen, die einen quält, und sie durch eine mitfühlendere und freundlichere zu ersetzen. Manchmal braucht man eine andere Person, die uns das sagt, was wir uns selbst nicht sagen können. Einen Experten oder eine Expertin, der oder die uns versteht und uns durch eine Therapie hilft, unsere Gefühle anzunehmen und unsere Selbstkontrolle zu verbessern.

Du musst dich nicht dafür schämen, professionelle Hilfe in Anspruch zu nehmen und jemandem zu erzählen, wie du dich fühlst und was du bis jetzt getan hast. Du bist nicht schwach, ganz im Gegenteil. Es ist ein Zeichen von Mut und du solltest stolz darauf sein, dass du die nötigen Schritte unternimmst, um die Mutter oder der Vater zu sein, die oder den deine Kinder verdient haben.

Zögere nicht, dir Hilfe zu suchen, um dir selbst und deinen Kindern nicht zu schaden. Tu es für sie, aber tu es vor allem für dich selbst.

★ Moment mal …

Nachdem du nun dieses Kapitel über den Verlust der Selbstbeherrschung gelesen hast, halte einen Moment inne, um dich mit deinem Körper und deinen Gefühlen zu verbinden. Beobachte deine Atmung und spüre, wie die Luft in deinen Körper ein- und wieder aus ihm herausströmt. Versuche die Atmung ein wenig zu verlangsamen und so tief zu atmen wie möglich.

Wenn du ganz im Hier und Jetzt angekommen bist, beobachte, was du in diesem Moment empfindest. Ist beim Lesen irgendeine Emotion zum Vorschein gekommen? Eine Erinnerung? Nimm jede Empfindung wahr und atme dabei weiter. Akzeptiere den Moment, wie er ist. Nun schlage ich dir vor, darüber nachzudenken, wie es mit deiner Selbstkontrolle bestellt ist. Hast du schon einmal die Beherrschung verloren? Warum, glaubst du, fällt es dir schwer, dich zu beherrschen?

Nun lade ich dich ein, dich daran zu erinnern, ob deine Eltern früher die Beherrschung verloren haben. Wie sind Konflikte damals abgelaufen? Und weißt du noch, wie du dich damals gefühlt hast?

Diese Arbeit der Selbsterkundung und Introspektion wird dir dabei helfen, dir Dinge bewusst zu machen, Parallelen zu erkennen und Schlussfolgerungen zu ziehen, die dir von nun an vielleicht in Situationen helfen können, in denen es dir besonders schwerfällt, dich zu kontrollieren.

Es lohnt sich auf jeden Fall. Versuche, dich nicht dafür zu verurteilen, wenn du etwas getan hast, was dir nicht gefallen hat und von dem du denkst, dass du es nicht hättest tun sollen. Du bist ein Mensch und lernst dazu. Es ist ein ständiger Prozess, durch den du wächst und mehr und mehr Bewusstheit erlangst, um die Mutter oder der Vater zu sein, die oder der zu sein du verdienst.

Wege zur kindlichen Selbstkontrolle

Oft sind es aber unsere Kinder, bei denen vor lauter Wut die Sicherungen durchbrennen. Sie verlieren die Kontrolle und bringen mit ihrem Verhalten das ganze innere Chaos zum Ausdruck, das sie in diesem Moment empfinden. Häufig ist man dann geschockt, weil man nie gedacht hätte, dass das eigene Kind einem wehtun könnte, indem es schlägt, schubst und uns beschimpft. Und dann steht man da, während das eigene Kind völlig außer sich gerät, und denkt: „Und jetzt? Was soll ich jetzt tun?“

Viele sind der Ansicht, dass Kinder, die die Kontrolle verlieren und zum Beispiel um sich schlagen, zu Hause auch geschlagen werden. Zum Glück ist das in den meisten Fällen nicht der Grund.

> *» Bei kleinen Kindern ist die Fähigkeit zur Selbstkontrolle noch nicht entwickelt. Sie erleben und empfinden alles sehr instinktiv und körperlich.*

Berauscht von ihrer rasenden Wut, versucht ihr Körper, diese Wut nach außen zu tragen und sich selbst oder anderen wehzutun. Und nein, ihnen ist oft gar nicht bewusst, dass sie Schaden anrichten, nicht im Entferntesten. Sie explodieren einfach und agieren ohne jede Kontrolle.

Wie bereits oben erwähnt, ist das völlig normal und kein Grund zur Sorge. Dein Kind wird heranwachsen und mit zunehmender Reife die Fähigkeit entwickeln, sich zu kontrollieren und verbal zu äußern. Im Idealfall sollte ein Kind mit etwa sieben Jahren in der Lage sein, zu wissen, dass man sich und anderen nicht wehtut, und sich entsprechend zu beherrschen. Damit das gelingt, müssen wir unseren Kindern helfen (vor allem wenn wir wissen, dass der Bereich des Gehirns, der die Selbstkontrolle reguliert, noch längst nicht voll entwickelt ist).

Protokoll über die Wutanfälle deines Kindes führen

Protokolliere auch die Wutanfälle deines Kindes, wie du es bei dir selbst getan hast. Notiere den Tag, die Uhrzeit, den offensichtlichen Anlass und den eigentlichen Grund, wenn du ihn zu kennen glaubst. Warum ist dieses Protokoll so wichtig? Nun, manchmal merkt man gar nicht, dass das Kind jeden Morgen einen Wutanfall hat. Wenn man es schwarz auf weiß vor sich sieht, wird es klarer und man kann darüber nachdenken, warum das so ist und was man dagegen tun kann. Das Protokoll hilft auch, sein Unbehagen besser wahrzunehmen. Manchmal glaubst du, dein Kind hätte nur selten Wutanfälle, aber wenn du das Protokoll anschaust, stellst du fest, dass es mindestens drei am Tag sind. Umgekehrt bist du vielleicht die ständigen Tobsuchtsanfälle leid und stellst durch das Protokoll fest, dass es eigentlich gar nicht so viele sind. Manchmal wird auch klar, dass der Anlass immer auf einen Fehler von dir zurückzuführen ist: Ihr esst jeden Tag zu spät zu Abend und das Kind rastet aus, weil es hungrig ist. Oder es bekommt nicht genügend Schlaf, weil ihr abends zu spät dran seid …

» Das Protokoll hilft auch, Muster zu erkennen, die Informationen darüber liefern, was eigentlich passiert.

Dass die heftigsten Wutanfälle beispielsweise immer samstags auftreten oder dann, wenn ihr unter Leuten seid, oder nach dem Kindergarten. Über einige Wochen Protokoll zu führen, um mit Abstand deutlicher zu sehen, was wann und warum passiert, hilft uns dabei, uns zu positionieren, uns des eigentlichen Problems bewusst zu werden und nach Lösungen zu suchen.

Und schließlich wird das Führen eines Protokolls unweigerlich dazu beitragen, dass du den emotionalen Zustand und die Wutanfälle deines Kindes bewusster und aufmerksamer wahrnimmst. Es schärft deine Intuition, deinen sechsten Sinn, sodass du ein bisschen besser erkennen kannst, was da los ist und was du an deiner Vorgehensweise ändern kannst, falls etwas geändert werden muss.

Etwas Ähnliches erlebe ich oft bei meinen Klienten: Sie vereinbaren einen Termin, und wenn wir uns treffen, sagen sie: „Seit ich den Termin vereinbart habe, läuft es viel besser." Das heißt keinesfalls, dass ein Termin bei mir auf magische Weise alle Probleme löst. Nein, aber wenn man erkennt, dass man ein Problem hat, und Hilfe sucht, spürt man, dass man auf dem richtigen Weg ist. Man hat das Gefühl, etwas getan zu haben, indem man nach Lösungen sucht, was wiederum dazu führt, dass man entspannter ist. Die Kinder merken das und entspannen sich ebenfalls – und alles läuft besser. Mit dem Protokoll ist es genauso: Du bist bewusster und aufmerksamer und dadurch läuft alles viel besser.

Mein Vorschlag für ein solches Protokoll sieht ungefähr so aus (wie du siehst, kannst du auch notieren, wie du dich gefühlt und wie du dich verhalten hast):

» *Samstag, 30. April, 13:40 Uhr. 10 Minuten Wutanfall. Scheinbarer Grund: Sie wollte Nudeln statt Reis. Der eigentliche Grund: Sie ist müde und hungrig. Ich werde wütend und schreie.*
» *Dienstag, 3. Mai, 8:30 Uhr. 20 Minuten Wutanfall. Scheinbarer Grund: Sie will sich nicht anziehen. Der eigentliche Grund: Sie hat sich gestern übergeben. Vielleicht ist sie müde und fühlt sich nicht gut. Ich werde wütend und sage, sie soll aufhören. Am Ende weinen wir beide.*

Ich würde mindestens zwei oder drei Wochen dranbleiben. Warum so lange? Wenn du nur ein paar Tage protokollierst, siehst du nur einen kleinen Ausschnitt. Über einen längeren Zeitraum weitet sich der Fokus und du wirst klarer sehen.

Wundere dich nicht, wenn sich dein Blick auf die Wutausbrüche mit dem Führen eines Protokolls ändert. Vorher hast du dir vielleicht Sorgen gemacht und gedacht, das, was dein Kind da macht, wäre nicht normal. Doch dann erkennst du, dass das, was da passiert, gar nicht so besorgniserregend oder ungewöhnlich ist. Womöglich fällt es dir leichter, dich in dein Kind hineinzuversetzen. Und wenn du merkst, was deinem Kind am stärksten zusetzt und seine Wut verursacht, kannst du die nötigen Veränderungen vornehmen, um diese absolut überflüssigen Tobsuchtsanfälle vorherzusehen und zu vermeiden.

Dein Kind schlägt, kratzt oder beißt

Wenn deinem Kind die Selbstkontrolle fehlt, musst du die Kontrolle übernehmen. Deshalb musst du sehr aufmerksam sein, wenn sich dein Kind in dieser Phase befindet (besonders im Alter zwischen zwei und vier Jahren), um möglichst vieles antizipieren zu können.

> *» Wenn man einem Wutanfall zuvorkommen kann, ist das eine Wertschätzung dessen, was in diesem Moment mit dem Kind passiert, und man kann ihm dabei helfen, seine Wut auf andere Weise zu kanalisieren.*

Wenn du ein Protokoll führst, wirst du feststellen, dass Kinder häufig dann schlagen und beißen, wenn sie entweder sehr glücklich, sehr wütend oder frustriert, todmüde oder hungrig sind. Die Emotionen, die sie empfinden (seien es Freude, Wut oder Unbehagen aufgrund eines unbefriedigten Grundbedürfnisses), überwältigen sie und sie verlieren die Kontrolle.

Du solltest also versuchen, dem zuvorzukommen. Wenn du siehst, dass dein Kind sehr aufgeregt ist, weil du gerade von der Arbeit kommst, und es den Mund öffnet, um dich vor lauter Begeisterung zu beißen (das machen kleine Kinder oft), erinnere es daran, dass es nicht beißen soll, dich aber stattdessen küssen oder umarmen kann. Wenn dein Kind wütend ist und dich schlagen will, verhinderst du das, indem du eine klare Grenze setzt (zum Beispiel indem du seinen Arm festhältst und ihm in Erinnerung rufst, dass du nicht zulässt, dass es dich schlägt) und dann anregst, stattdessen auf das Sofa, das Bett oder ein Kissen einzuschlagen, um seine Wut rauszulassen.

Kurz gesagt: Es ist völlig normal, dass Kinder die Kontrolle verlieren und ihre Empfindungen körperlich äußern. Damit sie niemanden verletzen, sollte man ihnen klare Grenzen setzen, aber auf eine ruhige, gelassene und bestimmte Weise, und ihnen Alternativen eröffnen, die es ihnen erlauben, ihre Gefühle besser zu kanalisieren. Dabei sollte man ihre Emotionen wertschätzen und anerkennen. Wir sollten nicht wütend werden und mit ihnen schimpfen, weil wir wissen, dass dieses Verhalten Ausdruck eines altersgemäßen Mangels an Selbstkontrolle ist. Wir sollten versuchen, unserem Kind bei dem zu helfen, was es selbst nicht schafft, und dabei nicht vergessen, dass es sich um ein Symptom handelt und wir an die Wurzel dessen gehen müssen, was mit ihm geschieht.

Manchmal lässt sich nicht vorhersehen, dass das Kind kurz davor ist, jemand anderen, sich selbst oder auch dich zu schlagen. Die erste Reaktion ist natürlich Schmerz und Überraschung. Oft rechnet man nicht damit und bekommt buchstäblich einen Schlag ins Gesicht.

» Hier ist es wichtig, dass du die Beherrschung behältst, wenn es deinem Kind nicht möglich war.

Das ist nicht einfach, denn du wirst dich instinktiv wehren und auf das reagieren wollen, was du als ungerecht empfindest. Wenn du deine Reaktion nicht unter Kontrolle hast und dir nicht bewusst machst, dass die Person, die das getan hat, keine dreißig ist, sondern ein dreijähriges Kind, verlierst du möglicherweise völlig die Beherrschung und wirst unverhältnismäßig reagieren.

In diesen Fällen solltest du zunächst tief durchatmen und dir bewusst machen, mit wem du es zu tun hast und wie alt diese Person ist, um dann eine souveränere, angemessenere Antwort zu finden. Versuche, nicht impulsiv zu reagieren. Setze klare Grenzen, falls dein Kind weitermacht, und versuche herauszufinden, warum es das getan hat und was hinter seinem Verhalten steckt. Ist ihm langweilig? Ist es wütend? Müde?

Zeige ihm die Kraft des Atmens

Ein nützliches Werkzeug, das deinem Kind helfen kann, mit seinen Emotionen umzugehen und allen schwierigen Situationen, denen es im Leben begegnen wird, ist seine Atmung. Das Atmen wird sein Kompass sein – wenn du es ihm beibringst, versteht sich. Um es ihm vermitteln zu können, musst du es selbst leben. Es nützt nichts, dem Kind zu sagen, dass es ihm hilft, tief durchzuatmen und zu spüren, wie die Luft in seinen Körper ein- und aus ihm herausströmt, wenn du es ihm nicht vormachst. Wenn dein Kind sieht, dass das, was du sagst, nicht mit dem übereinstimmt, was du tust, hat es keine Wirkung. Dann wäre es nur ein weiterer Befehl oder Ratschlag, aber kein echtes Beispiel.

» Um wirklich zu vermitteln, dass die Atmung eine sehr wirkungsvolle Methode der Selbstkontrolle ist, die dabei hilft, schwierige Situationen besser zu meistern, muss dein Kind sehen, wie du das machst.

Es muss sehen, wie du tief durchatmest, anstatt zu explodieren, und durch langsame, regelmäßige Atemzüge die Kontrolle zurückgewinnst. Es muss sehen, dass du dir die Zeit nimmst, dich mit deinem Körper zu verbinden und deinen Empfindungen nachzuspüren, und dass dir die Atmung dabei hilft. Es muss sehen, dass du dir in schwierigen Situationen, bei schlechten Nachrichten oder Stress einen Moment Zeit nimmst, um dich mit deinem Atem zu verbinden und die Situation bestmöglich zu meistern.

Wenn dein Kind das sieht und wenn du mit ihm darüber sprichst, wird es verstehen und den Sinn darin erkennen. Anderenfalls ist es nur eine weitere theoretische Erklärung, die es annehmen kann oder auch nicht. Ich möchte dich ermutigen, die Kraft der bewussten Atmung zu erforschen und zu erlernen, um sie an dein Kind weiterzugeben. Dies wird von unschätzbarem Wert sein und ihm helfen, sich in stürmischen Zeiten selbst zu unterstützen und zu begleiten.

Hilf deinem Kind, Worte zu finden

Mit Worten auszudrücken, was mit ihm los ist, wird dein Kind davon abhalten, körperlich zu agieren, um deutlich zu machen, was es innerlich belastet. Dafür muss es natürlich ein gewisses Alter haben und die Sprache einigermaßen beherrschen. Das heißt, es muss reif dafür sein. Die meisten Kinder allerdings erreichen die Trotzphase in einem Alter, in dem ihre Fähigkeit, sich verbal zu äußern, noch nahezu bei null ist. Das macht alles ein bisschen schwieriger. In diesen Fällen kann man sie nicht ermutigen, ihre Wut in Worte zu fassen, weil sie die entsprechenden Wörter noch nicht kennen. Also muss man abwarten, Verständnis haben und das Kind begleiten.

> ›› *Wir müssen diejenigen sein, die für ihre Kinder in Worte fassen, was sie wahrscheinlich gerade empfinden und warum.*

„Ich glaube, du bist schrecklich müde. Deshalb bist du gerade so wütend." Wenn dein Kind größer wird und die Sprache besser beherrscht, kannst du ihm helfen, seine Gefühle in Worte zu fassen, und es ermutigen, die Sprache zu nutzen, um auszudrücken, was mit ihm los ist.

Viele Eltern versuchen das während eines Wutanfalls, aber wie wir gesehen haben, ist es bei einem Wutanfall am besten, ruhig zu sein, zu unterstützen und abzuwarten. Wenn sich der Sturm gelegt hat und das Kind wieder aufnahmefähiger ist, kann man so etwas sagen wie: „Glaubst du, du kannst mir erzählen, was mit dir los ist?" Oder: „Kannst du mir erzählen, was du brauchst?" Manchmal wird dein Kind das können, andere

Male nicht, aber auf jeden Fall sieht es, dass man sich auch anders mitteilen kann als durch Schlagen und Kreischen. Es wird ihm nicht leichtfallen, aber mit der Zeit wird es immer mehr dazu in der Lage sein. Dabei solltest du daran denken, deinem Kind ein Beispiel zu sein, und ebenfalls Worte nutzen, um deine Empfindungen auszudrücken.

Rollenspiele

Um an der Selbstkontrolle deines Kindes zu arbeiten, kann es auch sehr hilfreich sein, ein Rollenspiel vorzuschlagen, wenn das Kind ruhig und aufnahmefähig ist und bereit, mit dir zu spielen. Stell dir vor, deine Tochter hatte einen Wutanfall und hat dich geschlagen. Und obwohl du es ihr verboten hast, wollte sie dich weiterhin schlagen. Schließlich ist es dir gelungen, die Situation aufzulösen und die Spannung und den Konflikt zu beenden. Sobald sich alle beruhigt haben (nach einer Weile oder vielleicht erst nach einigen Stunden, je nachdem), kannst du ihr vorschlagen, ein Spiel zu spielen, um Lösungen zu finden. Dazu kann man das Geschehene nachspielen: Sie tut so, als ob sie wütend wäre, so wie vorhin, und du versetzt dich in die Situation, in der du warst. Wenn jeder seine Rolle eingenommen hat, schlägst du vor, eine Lösung für den Konflikt zu finden und ihn auf eine für alle angenehmere Weise zu bewältigen. Du kannst fragen: „Was war los mit dir?" „Ich war richtig wütend." „Okay, das verstehe ich. Deshalb hast du mich geschlagen. Aber wie könntest du mir das sagen, ohne mich zu schlagen? Jetzt hast du mir ja auch gesagt, dass du wütend warst, aber du hast es anders gemacht."

Falls du auch die Nerven verloren hast, machst du es genauso wie dein Kind: „Jetzt werde ich nicht so wütend wie gerade eben, sondern muss ruhig bleiben, okay?" Wir spielen unsere Rollen wie in einem Theaterstück und suchen nach respektvollen, überzeugenderen und bewussteren Lösungen als vorhin. Kinder mögen diese spielerische, unterhaltsame Herangehensweise normalerweise viel mehr, als wenn man ihnen eine Gardinenpredigt hält. Manchmal lacht man am Ende herzlich und fühlt sich sehr verbunden.

Eine weitere Möglichkeit ist der Rollentausch. Jetzt bin ich sie und sie ist die Mutter oder der Vater, damit sie erkennt, wie das Ganze von der anderen Seite aussieht. Auf diese Weise lässt sich herausfinden, welche Lösung die andere Seite erwartet oder wie wir jeweils wahrgenommen werden.

In jedem Fall helfen solche Rollenspiele, das Erlebte zu verarbeiten, sich bewusst zu machen, was geschehen ist, und für die nächsten Male nach neuen Lösungen zu suchen.

Es erscheint vielleicht unmöglich, aber manchmal, wenn wir uns in der gleichen Situation befinden, erinnern wir uns an dieses Spiel und suchen nach der Lösung, die wir damals für am besten befunden haben. Das Spiel verbindet uns und es wird uns sicherlich leichterfallen, Lösungen für den Kontrollverlust auf beiden Seiten zu finden.

Es geht vorbei

Wenn Kinder die Kontrolle verlieren, fühlen sie sich meistens furchtbar. Oft geben sie zu, dass sie das gar nicht wollten. Sie wissen nicht, warum sie es getan haben. Sie sagen: „Ich konnte einfach nicht aufhören." Und das stimmt. Kinder haben noch nicht die Fähigkeit, sich in angespannten, hochemotionalen Momenten zu kontrollieren. Zu der Wut, die sie in diesen Situationen empfunden haben, kommen Schuldgefühle, weil sie nicht in der Lage waren, anders damit umzugehen. Weil sie jemandem wehgetan oder ihre Eltern enttäuscht haben, die wütend oder traurig waren.

» Es ist wichtig, Kindern zu vermitteln, dass es vorbeigeht.

Irgendwann wird der Tag kommen, an dem sie sich kontrollieren können. Nichts währt ewig, auch das nicht. Aber weil Kinder so intensiv in der Gegenwart leben und es oft lange dauert, bis sie sich selbst im Griff haben, glauben sie manchmal, dass es einfach so ist, wie es ist, und man nichts daran ändern kann. Natürlich kann man das – aber um ihr Unglück nicht noch zu vergrößern, sollten wir sie mit dem Konzept der Vergänglichkeit vertraut machen. Ihnen sagen, dass sich alles verändert und auch sie sich ständig verändern. Dass sie größer werden und mit jedem Tag mehr Selbstbeherrschung haben werden. Mit zunehmender Selbsterkenntnis werden sie in der Lage sein, über das zu sprechen, was mit ihnen los ist. Und irgendwann können sie durchatmen und müssen nicht mehr aus der Haut fahren wegen irgendwelcher Dinge, die sie jetzt noch fürchterlich aufbringen.

Das beruhigt sie und vermittelt ihnen ein Gefühl von Zuversicht und Hoffnung – und das macht den Rucksack, den sie zu schultern haben, ein wenig leichter.

Ausgleich schaffen

Wenn ein Kind die Kontrolle verliert, schreit es oft sehr ausdauernd. Das kann für die begleitenden Eltern extrem unangenehm sein, denn oft kreischt das Kind so schrill, dass man das Gefühl hat, das Trommelfell würde gleich platzen. Dieses Schreien wird als besonders aggressiv empfunden und führt oft dazu, dass wir selbst laut werden, weil wir denken, dass das Kind dann aufhören wird zu schreien. Aber letztlich schreit es nur noch mehr, weil es jetzt auch noch Angst bekommt.

Wenn ein Kind schreit, sollten wir diese Energie mit der entgegengesetzten Energie ausgleichen. Mit anderen Worten: Wenn das Kind schreit, sprich ruhig und leise. Äußere das, was du zu sagen hast, ganz langsam und so leise, dass es die Ohren spitzen muss, um dich zu verstehen. Ausgleich entsteht durch entgegengesetzte Energie und nicht, indem man noch mehr von derselben Energie hinzufügt.

Wenn dein Kind trotzdem weiterschreit und du an einem Ort bist, wo sich andere gestört fühlen könnten, kannst du es von dort wegbringen. Setze klare Grenzen, aber ohne dich aufzuregen oder das Ganze persönlich zu nehmen. Das Kind irgendwohin zu bringen, wo es in Ruhe schreien kann, kann ihm dabei helfen, die Kontrolle wiederzuerlangen. Es sieht, dass du gelassen bleibst und es unterstützt, indem du ihm einen Raum bietest, wo es diesen Schrei loswerden kann, der gehört werden muss. Aber während du das tust, solltest du nicht die Ursache dessen, was da geschieht, aus den Augen verlieren. Suche nach den unbefriedigten Bedürfnissen und versuche herauszufinden, was es dir mit seinem Geschrei sagen will.

Emotionen offenlegen

Damit ein Kind in der Lage ist, sich zu kontrollieren, muss es sich zunächst selbst kennenlernen. Wir erzählen Kindern viel über die Welt da draußen, aber nur wenig über das, was in ihrem Inneren passiert. Wenn wir mit ihnen über unsere eigenen Emotionen sprechen, darüber, was in uns los ist und warum, und das auf eine völlig natürliche, alltägliche Art und Weise, können sie sich selbst besser beobachten und verstehen. Nur so können sie nach und nach erkennen, was mit ihnen los ist, uns dann davon erzählen und sich gleichzeitig besser kontrollieren.

Um Kindern dabei helfen zu können, emotional gesunde Menschen zu werden, müssen wir mit gutem Vorbild vorangehen. Es ist eine wunderbare Gelegenheit, uns selbst besser kennenzulernen, indem wir auf unsere Emotionen achten, sie ausleben, verstehen und lernen, sie zu kanalisieren, und das alles mit unserer Familie zu teilen.

Damit wir uns nicht falsch verstehen: Kinder sind nicht unsere Therapeuten, also sollten wir nicht übertreiben. Aber du kannst ihnen erzählen, dass du heute einen anstrengenden Tag hattest und ziemlich müde bist. Oder dass du traurig bist, weil die Oma krank ist.

> *Es geht darum, deine Gefühlswelt nicht vor deinem Kind zu verbergen, sondern sie als etwas ganz Normales, Alltägliches anzusehen und darüber zu sprechen.*

Wenn man sich selbst besser versteht und seine Gefühle annehmen kann, ohne andere dafür verantwortlich zu machen, profitieren alle davon. Es hilft dir, deine Selbstkontrolle zu verbessern und auf diese Weise ein gutes Vorbild für deine Kinder zu sein, damit sie später ebenfalls eine bessere Selbstkontrolle erlangen.

★ Moment mal …

Halten wir nun einen Moment inne, um genau das zu tun, was ich dir gerade erzählt habe: Werden wir uns unserer Gefühle bewusst und machen sie präsent, um sie besser zu verstehen. Ich schlage dir vor, deine Aufmerksamkeit auf deinen Körper zu richten. Beobachte zunächst deine Atmung und achte darauf, wie die Luft in deinen Körper ein- und aus ihm herausströmt. Löse mit jeder Ausatmung jegliche Verspannungen in Beinen, Rücken, Kiefer, Gesicht, Kopf usw. Lass los und entspanne dich, konzentriere dich ganz auf das Hier und Jetzt.

Nun lade ich dich ein, deine Gefühle zu erforschen. Kam beim Lesen irgendeine Emotion zum Vorschein? Oder eine Erinnerung? Versuche herauszufinden, wodurch sie ausgelöst wurde. Atme, schaffe Raum für das, was da hochgekommen ist. Lass es einfach da sein.

Ich schlage vor, dass du deine Aufmerksamkeit nun auf die Kontrollverluste deines Kindes richtest und erforschst, wie du sie erlebst. Ist es dir unangenehm, wenn dein Kind die Beherrschung verliert? Was löst es in dir aus und wie fühlst du dich, wenn du dein Kind so siehst? Beobachte und lass Raum für die Emotionen, die zum Vorschein kommen, wenn du siehst, dass dein Kind dich oder andere schlägt oder wie von Sinnen brüllt. Was auch immer du in diesen Situationen empfindest, ist legitim und berechtigt. Lass es zu und erforsche gleichzeitig, woher diese Gefühle und Emotionen kommen. Erinnerst du dich daran, wie du selbst als Kind die Kontrolle verloren hast? Was hat man damals zu dir gesagt? Wie hast du dich dabei gefühlt?

Die Erinnerung an diese Dinge wird dich möglicherweise aufwühlen. Das ist ganz normal. Lass es zu, hab keine Angst vor deinen Gefühlen. Schaffe Raum dafür, damit das, was damals vielleicht nicht gesehen, gehört oder ausgedrückt wurde, jetzt gesehen, gehört und ausgedrückt werden kann. Für eine Heilung ist es nie zu spät.

Dein Recht auf einen Wutanfall

Kinder vor dem Hintergrund einer bewussten Elternschaft zu erziehen, ist spannend und manchmal auch anstrengend. Und Herrgott, manchmal will man sich einfach aufregen! Die Frage ist: Haben wir das Recht dazu, auszuflippen? Meine Antwort lautet: Ja.

Ich erinnere mich an eine Situation vor einigen Jahren. Ich hatte prämenstruelle Beschwerden und war schon eine ganze Weile damit beschäftigt, erst das eine und dann das andere Kind ins Bett zu bringen, weil beide darauf bestanden, dass ich das übernehmen sollte. Und nach einem Tag, an dem ich mit Emotionen und so vielen anderen Dingen, die die Elternschaft mit sich bringt, umgehen musste, setzte ich mich aufs Sofa und sagte zu meinem Mann: „Das ist nicht fair.“

Das war der Moment, in dem ich ausflippte. In fand es einfach ungerecht, dass ich einen so schlimmen Tag gehabt hatte – wo ich doch alles dafür tat, um respektvoll und bewusst zu erziehen. Und jetzt sollte ich noch meine Gefühle hinterfragen und herausfinden, warum ich so platt war und mein Einsatz mich umhaute. Nicht nur, dass ich gegen den Strom schwamm, was ja per se schon anstrengend ist; ich musste auch noch Verständnis für meine ältere Tochter aufbringen, die eifersüchtig war und ihren eigenen Kopf hatte. Verstehen, dass die Kleine sich ihrem Alter gemäß verhielt. Die Erwachsene sein, die Kontrolle behalten und was weiß ich noch. Ich sagte zu meinem Mann: „Unbewusst zu erziehen und einfach die alten Muster zu wiederholen, ist tausendmal einfacher als das hier. Das ist ungerecht."

Mein Mann hörte zu und sagte schließlich: „Komm mal her…" Er nahm mich in den Arm und sagte: „Ich weiß…" Ich schimpfte weiter: „Ich bin so verdammt müde! Und dann soll ich mich auch noch selbst hinterfragen, um zu wachsen und zu lernen!" Das Ganze mit einer theatralischen Stimme wie Scarlett O'Hara. :-) Ich weinte eine Weile – und schließlich mussten wir beide lachen.

» Ja, du hast das Recht auszurasten, aber (und das ist wichtig) nicht vor deinen Kindern.

Du kannst dich bei deinem Partner abreagieren, bei einer Freundin, deinen Eltern und Geschwistern oder bei deiner Kosmetikerin, wenn dir danach ist. Aber nicht bei deinen Kindern. Es ist nicht ihre Aufgabe, sich um dich zu kümmern und deinen Frust und deine Ohnmacht zu ertragen.

Vielleicht hast du dich auch schon mal so gefühlt. Ich verstehe dich. Und ich verstehe mich. Es gibt Momente, in denen diese Form der Erziehung anstrengend ist. Und dann siehst du vielleicht eine Freundin, die so erzieht, wie sie selbst erzogen wurde. Die sich nicht ständig infrage stellt wie du, nicht mal ein Viertel von dem liest, was du liest, und nicht die geringsten Schuldgefühle hat. Und du weißt nicht, ob du Harakiri begehen sollst oder ob man dich mit dieser respektvollen, bewussten Elternschaft belogen hat. Nein, man hat dich nicht belogen. Es ist ermüdend, manchmal sogar erschöpfend. Es ist anstrengend und erfordert Bewusstheit, Zeit, innere Aufmerksamkeit, Informationen, Weiterbildung und tausend Dinge mehr. Aber sorry, wenn dich alles andere auf die Palme bringt, gibt es kein Zurück mehr. Du würdest dich nicht gut dabei fühlen, wenn du so vorgehst wie deine Freundin, also funktioniert das für dich nicht.

Wenn du das tiefe Bedürfnis hast, deine Kinder zu respektieren, wenn du dich mit dem verbindest, was dir als Kind nicht gefallen hat, wenn du anfängst, in die Begleitung von Emotionen einzutauchen, gibt es kein Zurück mehr. Du kannst nicht so tun, als wüsstest du nicht, was du weißt. Also heißt es, tief durchzuatmen, darauf zu vertrauen, dass du bald Ergebnisse sehen wirst (ich bin sicher, dass du sie sehen wirst!), und nur im kleinen (Familien-)Kreis in Abwesenheit der Kinder auszurasten, wenn du das dringende Bedürfnis hast, ein bisschen Dampf abzulassen. Es ist auch in Ordnung, manchmal „Ich kann nicht mehr!" zu brüllen und die Erschöpfung und die momentanen Wutgefühle zu akzeptieren, um loslassen und wieder durchatmen zu können. Es ist in Ordnung. Du hast das Recht, auszuflippen.

Ich schlage vor, dass du jetzt tief durchatmest und dir folgende Frage beantwortest: Musst du dich abreagieren? Dann tu es. Schreibe es auf, erzähle es einer Freundin oder geh auf den Balkon und lass einen Schrei los. Mach dir kurz Luft und kehre dann in die Situation zurück.

Du bist auf dem Weg, und du machst das sehr gut. Wirf nicht das Handtuch. Du hast dich für den anspruchsvollsten, aber auch lohnendsten Weg entschieden, du wirst sehen. Vertrau mir. Du wirst reiche Früchte ernten, zweifle keinen Augenblick daran. Und du wirst mit jedem Tag ein besserer Mensch werden, auch daran solltest du nicht zweifeln.

Ich umarme dich fest in deiner ganzen Wut. Ich weiß, wie schwer es manchmal ist. ;-)

Was du nicht tun solltest

Wenn du bis hierhin gekommen bist, weißt du bereits, dass du deine Kinder niemals respektlos behandeln solltest, selbst wenn sie einen gewaltigen Wutausbruch haben. Du solltest sie nicht manipulieren, erpressen, bestechen, anschreien, schlagen oder demütigen. Denn sie sind Menschen, und Menschen verdienen es, jederzeit respektiert zu werden. Auch, wenn sie etwas falsch machen.

> *» Wir haben gesehen, dass Kinder leiden, wenn sie einen Wutanfall haben. Und niemand lässt sich gerne ausschimpfen, anbrüllen oder schlagen, schon gar nicht, wenn er leidet.*

Es gibt einen Grundsatz, den ich mir eingeprägt habe. Es ist ein Satz, den mein Großvater oft zu mir sagte: „Was du nicht willst, dass man dir tu, das füge keinem andern zu." Dieser Satz ist so grundlegend und elementar, dass wir ihn alle verinnerlichen sollten. Aber oft behandeln wir genau die Menschen schlecht, die wir am meisten lieben, unsere Kinder zum Beispiel. Warum?

Weil wir keine Selbstkontrolle haben. Weil man uns nicht beigebracht hat, unsere Emotionen wahrzunehmen. Wir wissen nicht, wie wir mit unserer Wut umgehen sollen, weil wir selbst so behandelt wurden und die traditionelle Erziehung eine Form des Umgangs mit Kindern zur Norm erklärt hat, die ganz und gar nicht respektvoll ist. Es ist gewissermaßen in unserer DNA verankert, dass man auf den Wutanfall eines Kindes (egal, ob es sich unangemessen verhält oder nicht) mit Schimpfen, Ignoranz, Brüllen, einer Ohrfeige oder Sätzen wie „Meine Güte, du siehst so hässlich aus, wenn du dich so aufführst. Hast du dein Gesicht gesehen?" reagiert.

Wir müssen unser Bewusstsein für diese Formen der Kindesmisshandlung schärfen, denn wir dürfen so nicht weitermachen. Erstens beschädigen sie unsere Kinder in ihrem Wesen, in ihrer Seele und in ihrem Selbstwertgefühl, und sie werden viel Zeit brauchen, um sich von diesen tiefen Verletzungen zu erholen, die sie in früher Kindheit erfahren haben. Sie verdienen es nicht, so behandelt zu werden. Auch wir haben es damals nicht verdient, so behandelt zu werden. Aber dass wir genauso verletzt wurden, gibt uns nicht das Recht, diese Kette respektloser, schädlicher Behandlung weiterzuführen.

❞ *Es ist an der Zeit, das Bewusstsein zu schärfen und sich für eine andere Art der Begleitung zu entscheiden.*

Eine Begleitung, die verbundener, liebevoller, mitfühlender und respektvoller ist und die Emotionen, Empfindungen und Verhaltensweisen unserer Kinder wahrnimmt.

» Gefällt es dir, ausgeschimpft zu werden, wenn du einen Fehler machst oder dich schlecht fühlst? Ihnen auch nicht.
» Gefällt es dir, angeschrien zu werden, wenn du etwas nicht sofort erledigst? Ihnen auch nicht.
» Wirst du gerne geschlagen? Sie auch nicht.
» Gefällt es dir, wenn man dich manipuliert und dir Schuldgefühle einredet? Ihnen auch nicht.
» Wirst du gerne ausgelacht? Sie auch nicht.
» Wirst du gerne heruntergeputzt? Sie auch nicht.
» Wirst du gerne bestraft? Sie auch nicht.
» Gefällt es dir, wenn man deine Gefühle nicht ernst nimmt und sie kleinredet? Ihnen auch nicht.
» Wirst du gerne ignoriert, wenn es dir schlecht geht und du Hilfe brauchst? Sie auch nicht.

- Lässt du dich gerne erpressen? Sie auch nicht.
- Wirst du gerne bestochen, damit du nicht mehr fühlst, was du gerade fühlst? Sie auch nicht.

Was du nicht willst, dass man dir tu, das füge keinem andern zu. Wenn du deinen Kindern Schaden zufügst, schadest du in gewisser Weise auch dir. Die Energie, die du miterzeugst, vergiftet beide und wird zu nichts Gutem führen.

Wir sollten uns klarmachen, dass das nicht länger als normal angesehen werden darf. Kein Kind auf der Welt verdient es, so behandelt zu werden. Wir sollten uns verpflichten, ihr Selbstwertgefühl nicht länger zu beschädigen und Kinder so zu achten, wie sie es verdienen. Das wird uns wahrscheinlich schwerfallen, wenn wir uns selbst nicht so achten, wie wir sind, und uns nicht gut behandeln. Also lass uns mit gutem Beispiel vorangehen. Wir müssen lernen, uns selbst wertzuschätzen, uns nicht länger zu boykottieren, fertigzumachen und unser Selbstwertgefühl zu untergraben. Begleiten wir uns selbst in unserem Fühlen, damit wir auch unsere Kinder in ihrer Wut mit mehr Respekt, Liebe und Mitgefühl begleiten können.

Wenn wir unsere Kinder schlecht behandeln, weil wir glauben, dass sie dann gehorchen werden, verlieren wir die Verbindung zu ihnen. Vielleicht tun sie tatsächlich, was wir wollen – aber aus Angst, nicht weil sie den Wunsch haben oder sich freuen, mit uns zusammenzuarbeiten. Sie werden es nur aus Angst vor dieser Hierarchie tun, die es uns ermöglicht, Kontrolle über ihr Wesen zu erlangen und uns ihnen überlegen zu fühlen.

> ›› *Kein Mensch ist einem anderen überlegen. Niemand. Hören wir auf, uns so zu verhalten, und setzen wir auf Bewusstsein und Verbindung.*

Die Ergebnisse sind sehr viel positiver und hinterlassen keinen bitteren Nachgeschmack. Gehen wir mit gutem Beispiel voran. Wenn unsere

Kinder sehen, wie wir mit uns selbst umgehen, können sie diese Verhaltensweisen verinnerlichen und in ihrem weiteren Leben bei anderen anwenden. Wenn wir unsere Kinder gut behandeln, werden sie erkennen, wenn jemand sich falsch verhält, und wissen, dass sie das nicht verdient haben. Sie werden Grenzen setzen und sagen können: „Nein. So nicht." Denn durch unser Vorbild und unser Verhalten vermitteln wir ihnen das Gefühl, dass sie es wert sind, gut behandelt zu werden, und alles andere nicht hinzunehmen brauchen. Und das ist eine großartige Erfahrung und Voraussetzung, um in Zukunft gesunde Partnerschaften, freundschaftliche Beziehungen oder Arbeitsbeziehungen einzugehen. Stell dir vor, wie groß die Auswirkungen in der Gegenwart und in der Zukunft sind, wenn wir ein gutes Beispiel geben, indem wir unsere Kinder immer gut behandeln.

neun

Auf dem Boden der Tatsachen

Vielleicht hast du beim Lesen dieser Seiten überlegt, wie du das alles in deinem täglichen Leben anwenden kannst. Es ist doch so: In der Theorie hört sich vieles wirklich gut und einleuchtend an, aber es in die Praxis umzusetzen, ist nicht so einfach. Das ist die große Schwierigkeit: bewusste Erziehung und Elternschaft auch im Alltag umzusetzen und nicht nur als Glaubenssatz, Theorie oder Überzeugung zu verstehen.

Mir wurde oft gesagt: „Wenn du das sagst, hört es sich klar und einfach an, aber wenn ich versuche, es zu Hause anzuwenden, funktioniert es nicht. Theorie und Praxis sind für mich schwer zusammenzubringen."

» *Aber es ist notwendig, die praktische Anwendung zu üben und das eigene Wissen und die persönlichen Überzeugungen auch im turbulenten, zuweilen chaotischen Alltag umzusetzen.*

Das ist die große Schwierigkeit: Wie soll man in einer extrem schnellen und stressigen Welt mit tausend Verantwortlichkeiten und Pflichten zugewandt, bewusst, mitfühlend und liebevoll mit seinen Kindern umgehen? Ich weiß, das erscheint unmöglich. Deshalb will ich dir in diesem Kapitel Handreichungen für zahlreiche Situationen geben, in denen im Alltag Wutanfälle auftreten können. Es ist wichtig, dass man das, was man gelernt, reflektiert und herausgefunden hat, mit der Realität abgleicht und Wege findet, mit dem Hier und Jetzt umzugehen, auch wenn es ein bisschen chaotisch ist.

Gleichzeitig ist es völlig normal, dass dir das schwerfällt. Es ist eine Sache, etwas rational zu erkennen und zu verstehen, und etwas ganz anderes, es auf einer tieferen Ebene zu verinnerlichen. Im Körper, im Herzen und in der Seele. Denn um etwas zu verinnerlichen, muss man

Gelerntes aufgeben und sich Neuem öffnen, ohne Angst vor dem Unbekannten zu haben. Es bedeutet, dass man sich von der Theorie berühren und bewegen lassen muss, um Veränderung, Weiterentwicklung und inneres Wachstum zu ermöglichen. Man muss vom Rationalen zum bisher Unerfahrenen gelangen, um den entscheidenden Schritt von der Theorie zur Praxis zu gehen.

Klar, ich weiß, dass ich meinem Kind mit Respekt, Achtsamkeit und Liebe begegnen soll. Aber wenn es sich nicht anziehen will, ich es aber in den Kindergarten bringen muss, weil ich zur Arbeit muss, wer hilft mir dann? Wie wende ich das Konzept der bewussten Elternschaft in solchen extrem angespannten Situationen an, wenn die Uhr unerbittlich tickt? Und ja, ich weiß, dass meine Tochter tausend Gründe hat, sich so zu fühlen, wie sie sich fühlt. Aber was soll ich tun, wenn ich sie nicht so begleiten kann, wie sie es braucht, weil ich dringend wegmuss? Diese und tausend andere Fragen hast du dir vielleicht beim Lesen dieses und anderer Ratgeber gestellt, in denen du nach Lösungen für deine Konflikte zu Hause gesucht hast.

In diesem Kapitel versuche ich dir zu erklären, wie du in solchen Situationen nicht impulsiv, sondern bewusst, verbunden, mitfühlend und liebevoll reagieren kannst. Ich werde dir erläutern, was du machen kannst, damit du in diesem Moment eine Verbindung zu deinem Kind herstellst und es erreichst. Aber wenn du direkt zu diesem Abschnitt des Buches blätterst, um schnelle Antworten und Lösungen zu finden, wird dir das nichts nützen, solange du das Vorangegangene nicht wirklich verstanden hast. Wenn du nach magischen Zauberformeln suchst, ohne in die Tiefe zu gehen, wird es nicht funktionieren.

So ist das mit der Wertschätzung: Wenn Eltern die Gefühle ihrer Kinder nur wertschätzen, weil ich gesagt habe, dass sie das tun sollten, wird es nicht funktionieren. Sie befolgen meine Ratschläge aufs Wort und vergessen dabei, diese Wertschätzung wirklich zu fühlen. Das ist der entscheidende Punkt. Es geht nicht darum, „dem Protokoll zu folgen“, sondern die Wertschätzung zu leben, zu verinnerlichen und zu fühlen. Dann ergibt sich von ganz allein, was zu tun ist – abhängig von der Situation, dem jeweiligen Kind und vielen anderen Variablen. Deshalb ist es wichtig, dass die entscheidenden Punkte wirklich verinnerlicht und angenommen werden, denn nur dann wird man erkennen, was bei einem Wutanfall, einem Unbehagen des Kindes und einer Konfliktsituation zu tun ist. Und nicht nur das: Wenn du es wirklich verinnerlichst, wird es dir nicht nur helfen, dein Kind in seinen Wutanfällen zu begleiten, sondern auch in allen schwierigen und schmerzlichen Situationen, die es in seinem Leben durchmacht, von der Kindheit über die Jugend bis ins Erwachsenenalter.

Ich möchte dir nun ein paar Beispiele geben, um zu veranschaulichen, wie man souverän, mitfühlend, empathisch und verbunden handeln kann.

Zeitplanung und Routinen

Als Laia auf die Welt kam, fand ich es sehr wichtig, einen strukturierten Tagesablauf und Routinen zu haben. Ich weiß noch, wie ich aus dem Krankenhaus kam und dachte, dass sie um neun Uhr schlafen sollte. Was für eine Überraschung, als ich feststellte, dass sie das nicht wollte! Ich wusste viel über Kinder, aber mir war nicht klar, dass die Leute lügen, wenn sie behaupten, alle Kinder schliefen um neun. Wenn ich heute daran denke, muss ich lachen. Schon nach einigen Tagen wurde mir klar, dass mit einem Baby jeder Tag und jede Woche anders ist und es fast unmöglich ist, eine Routine zu entwickeln. Unser Tagesablauf änderte sich, je nachdem, wie ihr Schlafrhythmus war, wie lange sie trank, wie wir nachts geschlafen hatten und wie sie sich fühlte. Aber das war nicht schlimm, denn ich hatte immer alles dabei, was sie brauchte: Brüste zum

Stillen und einen Körper, an dem sie sich ausruhen und schlafen konnte. Also entspannte ich mich und ließ mich von ihr und ihrem Rhythmus leiten. Und als sie größer wurde, stellte ich fest, dass ihr Tagesablauf immer konstanter wurde. Sie hatte mehr oder weniger zur gleichen Zeit Hunger, hielt immer zur gleichen Zeit Mittagsschlaf und war abends um die gleiche Zeit müde. Manche Kinder sind in dieser Hinsicht wie ein Schweizer Uhrwerk. Bei anderen ändert sich der Zeitplan jeden Tag. Aber im Allgemeinen haben Kinder mit zwei Jahren einen ziemlich festen, einigermaßen vorhersehbaren Rhythmus.

Das heißt nicht, dass Kinder nicht für einige Tage oder Wochen von diesem Rhythmus abweichen können, etwa wenn sie zahnen, etwas Aufregendes in ihrem Umfeld geschieht (ein Fest, ein Familienbesuch o. Ä.), sie einen Entwicklungsschub durchmachen oder an einem Virus leiden. So etwas muss man bei Kindern immer mit einplanen und lernen, zu improvisieren und sich anzupassen.

So wenig es in der Säuglingsphase notwendig ist, eine Routine einzuführen, so wichtig ist es meiner Meinung nach ab dem zweiten Lebensjahr zu erkennen, welchen Rhythmus oder welches Muster das Kind in Bezug auf Mahlzeiten und Schlaf hat, und zu versuchen, diese so weit wie möglich zu berücksichtigen.

» Diese Routine gibt Kindern Stabilität, weil sie sich an ihren Bedürfnissen orientiert.

Wenn du feststellst, dass dein Kind jeden Tag gegen halb eins hungrig wird, wirst du es um diese Zeit füttern. Wenn du bemerkst, dass es sich jeden Tag nach dem Essen, so gegen eins, die Augen reibt, wirst du es ins Bett legen, damit es seinen Mittagsschlaf macht. Beobachte dein Kind und handle dann entsprechend seinen Bedürfnissen.

Jede Familie macht die Erfahrung, dass alles ziemlich reibungslos läuft, wenn man sich an den gewohnten Tagesablauf hält, während das

Kind an Tagen, an denen alles drunter und drüber geht, unruhig und reizbarer ist. Routinen funktionieren deshalb, weil man dem Kind gibt, was es braucht, bevor es sich unwohl zu fühlen beginnt, weil ein Grundbedürfnis nicht befriedigt wird. Du gibst ihm zu essen, bevor es sich schlecht fühlt, weil es Hunger bekommt, und du bringst es ins Bett, bevor es vor Müdigkeit zu toben beginnt. Es geht darum, zu beobachten und vorausschauend zu handeln.

Wenn du Protokoll führst und dabei feststellst, dass alle Wutanfälle, die dein Kind in den letzten beiden Wochen hatte, abends stattgefunden haben, kannst du sicher sein, dass es um diese Uhrzeit einfach zu müde ist und es daher eine gute Idee wäre, den Zeitplan nach vorne zu verschieben und es nach dem Baden und dem Abendessen ein bisschen früher ins Bett zu bringen als bisher. Du wirst schnell herausfinden, ob das der Grund war oder nicht, aber nach meiner Erfahrung liegt es daran, dass zu spät gegessen wird, wenn die Kinder vor einer Mahlzeit ausrasten, oder sie später ins Bett gebracht werden (ob zum Mittagsschlaf oder abends), als es gut für sie ist, wenn sie vor dem Schlafengehen durchdrehen. Das kann bedeuten, dass ihr Tagesablauf von dem Tagesablauf eines Erwachsenen abweicht. Wir essen beispielsweise seit Jahren um sieben Uhr zu Abend, manchmal sogar schon um halb sieben. Meine kinderlosen Freunde lachen über mich und fragen, ob ich etwa in einem nordischen Land lebe. Aber seit ich die Zeiten fürs Baden, Abendessen und Schlafengehen nach vorne verlegt habe, läuft es zu Hause ziemlich glatt.

Im Grunde ist es bei Erwachsenen genauso.

> *Wenn wir von unserer Routine abweichen, die uns die Sicherheit gibt, alles unter Kontrolle zu haben, sind wir oft überfordert und fahrig.*

Folgen wir hingegen unserer Routine und bleiben in unserer Komfortzone, haben wir das Gefühl, dass alles gut läuft. Nun stelle dir ein Kind von zwei, drei, vier oder fünf Jahren vor, dessen Sicherheitsbedürfnis viel größer ist als das eines Erwachsenen. Für ein Kind ist es enorm wichtig, dass es keine Momente des Unbehagens erlebt, die auf unbefriedigte Grundbedürfnisse zurückzuführen sind. Ein Erwachsener, der sonntags erst um halb vier zu Mittag isst statt wie sonst um zwei, kann das aushalten, ohne vor seinen Freunden eine Szene zu machen. Er weiß, dass die Paella ihre Zeit braucht und dass es noch länger dauert, wenn man die Leute hetzt. Ein Kind hingegen kann das nicht, weil seine rationalen Fähigkeiten noch nicht so weit entwickelt sind. Deshalb explodiert es, wenn es hungrig oder müde ist, sich nicht frei bewegen oder spielen kann und dergleichen mehr. Es ist ihm egal, dass die Paella noch nicht fertig ist: Seine Routine ist gestört, es hat riesigen Hunger und wird von jetzt auf gleich zum Hulk. Einfach so.

Da es Kindern schwererfällt als Erwachsenen, sich an Änderungen im Tagesablauf anzupassen, sollte man das berücksichtigen und vorausschauend handeln.

Zum Beispiel sollte man unter der Woche darauf achten, nach Möglichkeit den gewohnten Zeitplan einzuhalten. Und wenn am Wochenende ein Termin außer der Reihe ansteht, sollte man überlegen, wie sich die Folgen abfedern lassen. Wenn beispielsweise am Sonntag ein Essen geplant ist und wir wahrscheinlich später essen werden, als mein Kind das gewöhnt ist, habe ich mehrere Möglichkeiten: Es kann etwas essen, bevor wir aufbrechen. Oder ich nehme etwas mit, damit es essen kann, wenn wir ankommen, unabhängig davon, ob das Essen für alle fertig ist oder nicht. Falls ja, prima, dann muss ich die Frühstücksbox nicht auspacken. Falls nicht, auch kein Problem, ich habe ja was dabei. Auf diese Weise hat die Abweichung im Tagesablauf keine Auswirkungen auf die Essensroutine des Kindes.

Mit dem Schlafen kann es ein bisschen komplizierter sein, denn wenn ihr unter Leuten seid oder etwas unternehmt, was dein Kind sehr mag, hat es wahrscheinlich keine Lust, einen Mittagsschlaf zu machen. In diesem Fall sollte man Verständnis haben und nachempfinden können, dass es viel zu interessant ist, um genau dann zu schlafen, wenn es so schön ist. Wenn ihr dann aufbrechen müsst und dein Kind sehr müde ist, kannst du fast sicher sein, dass es die Spannung, die Aufregung und seine schlechten Gefühle wegen des Schlafmangels rauslassen muss. Also ist es an der Zeit, tief durchzuatmen, sich zu verbinden – und los geht's. Jetzt heißt es, das Kind zu begleiten.

Wenn dein Kind nur ein bisschen Ruhe braucht, kannst du den Kinderwagen oder die Babytrage mitnehmen, um ihm beim Einschlafen zu helfen. Oder du kannst dich in ein Zimmer zurückziehen, in dem ihr allein seid, und ihm die Ruhe bieten, die es benötigt, um sich zu entspannen und einzuschlummern. Kurz gesagt solltest du versuchen, die Abweichung von der Routine durch vorausschauendes Handeln auszugleichen, und mehr Geduld, Verständnis und Ressourcen aufbringen, um ihm durch einen solchen Tag zu helfen.

★ Moment mal …

Nachdem du nun etwas über Zeitplanung und Routinen erfahren hast, lade ich dich ein, ein wenig darüber nachzudenken. Richte die Aufmerksamkeit zunächst auf deine Atmung und versetze dich in einen entspannten Zustand. Atme ein, atme aus … Verbinde dich mit deinem Körper und mit dieser Luft, die dich leben lässt. Atme langsam und beobachte, wie du dich jetzt fühlst. Schaffe Raum für das, was ist, ohne es wegzuschieben oder zu werten.

Versuche nun, dich zu erinnern, ob es bei dir zu Hause Routinen gab, als du ein Kind warst, und ob diese sehr strikt waren oder ob es wenig Kontrolle gab. Welche Erinnerungen hast du daran? Waren deine Eltern überfordert, wenn es Abweichungen von der üblichen Routine gab? Oder fiel es ihnen im Gegenteil schwer, Routinen einzuhalten?

Manchmal erinnert man sich nicht an Details, aber wenn du in Gedanken zu den Sommerferien oder deinem Schulalltag zurückwanderst, wirst du dich bestimmt erinnern können, welche Routinen ihr hattet.

Nun schlage ich dir vor, deine Aufmerksamkeit und dein Bewusstsein auf den Alltag bei dir zu Hause zu richten. Wie geht ihr mit Routinen um? Fällt es euch schwer, Routinen einzuhalten, oder überfordert es dich, wenn ihr euch strikt danach richtet?

Überprüfe, ob es vielleicht etwas gibt, was du an eurem Tagesablauf ändern kannst, um besser auf die Bedürfnisse deines Kindes einzugehen und dadurch zu mehr Harmonie zu gelangen.

Morgendliche Wutanfälle

Viele Eltern berichten, dass die Morgenstunden die schlimmste Zeit des Tages sind. Sie empfinden diese Momente mit ihren Kindern als einen ständigen erschöpfenden Kampf, der oft ein böses Ende nimmt. Was passiert da? Warum ist die Zeit am Morgen so anstrengend? Oft wegen einer einzigen Sache: der Uhr! Die Zeit vergeht unaufhaltsam und setzt Erwachsene und Kinder unter Druck, mit dem Unterschied, dass die Kleinen nicht verstehen, warum sie sofort nach dem Aufstehen wie eine Rakete starten sollen.

> ›› *Eile ist mit Kindern unvereinbar. Kinder leben in der Gegenwart und haben einen eher langsamen, gemächlichen Rhythmus. Und plötzlich müssen sie hetzen, ohne zu wissen, warum.*

Das ist das eigentliche Problem: Unsere Gesellschaft mit ihren festen Arbeitszeiten und der fehlenden Vereinbarkeit von Beruf und Privatleben macht das Leben stressig. Es ist schon ohne Kinder anstrengend. Da kann man sich vorstellen, wie es mit Kindern ist. Hektik und Eile widersprechen der kindlichen Natur. Das ist der Grund, warum Konflikte entstehen: Wir Erwachsenen sind oft überfordert und gestresst; wir drängen und hetzen und zwingen die Kinder, gegen ihre Natur, gegen ihr innerstes Wesen zu handeln. Sie werden von unserer Erschöpfung und unserem Stress angesteckt, bis sie irgendwann in die Luft gehen.

» *Wir sollten dem Morgen mehr Aufmerksamkeit schenken, denn er ist einer der wichtigsten Momente des Tages.*

Wir sehen uns nach der Dunkelheit der Nacht wieder und starten gemeinsam in einen neuen Tag. Wir sollten uns auf das Hier und Jetzt besinnen und den Morgen als eine Gelegenheit sehen, die Batterien aufzuladen, um besser mit der Trennung zurechtzukommen, die wir vielleicht in den nächsten Stunden zu bewältigen haben. Dann wird es leichter, dem unnatürlichen Tempo entgegenzuwirken, welches unser hektischer Rhythmus für unsere Kinder bedeutet.

Um sie nicht mit deinem Stress anzustecken, der nicht ihrem Rhythmus entspricht, empfehle ich dir Folgendes:

- **Mach dir dein Stresslevel bewusst.** Stress ist ansteckend. Wenn du gestresst bist, sind auch deine Kinder gestresst und nur noch einen Schritt davon entfernt, einen Wutausbruch zu bekommen, sich an dich zu klammern und zu sagen, dass sie nicht in den Kindergarten wollen, weil sie Angst haben, bei dir bleiben wollen usw.

- » **Gute Vorbereitung:** Je mehr du am Vortag vorbereitet hast, desto besser, denn dann kannst du dem Kind mehr Aufmerksamkeit und Zuwendung schenken. Und das ist es, was Kinder brauchen.
- » **Das Spiel ist dein Verbündeter.** Kinder leben im Spiel – und so kannst du besser mit ihnen kommunizieren. Wir müssen in ihrer Sprache mit ihnen sprechen und ihre Sprache ist das Spiel. Aber um spielen zu können, darf man nicht gestresst oder genervt sein.
- » **Atmung:** Steh ein bisschen früher auf und nimm dir ein wenig Zeit, um einfach tief durchzuatmen, das Hier und Jetzt wahrzunehmen und zu beobachten, wie du dich fühlst. Den Tag mit Zeit für dich zu beginnen, wird dir dabei helfen, deine Mitte zu finden und den Morgen besser zu bewältigen.
- » **Sei gut zu deinem Kind und zu dir.** Mach dir selbst und deinem Kind keine Vorwürfe, denn sonst geht ihr auseinander und habt beide einen schlechten Tag, weil ihr am Morgen keine Verbindung zueinander hattet.
- » **Prioritäten setzen:** Vielleicht musst du nicht gleich morgens alles erledigen, wenn du mit deinem Kind zusammen bist. Vielleicht hat das eine oder andere Zeit bis später, damit du ein bisschen weniger Druck und ein bisschen mehr Ruhe hast.
- » **Singen:** Musik hilft, wenn man Dinge tun muss, die nicht so viel Spaß machen. Denn wenn man wütend ist, kann man nicht singen, nur, wenn man fröhlich ist. Und Fröhlichkeit ist genauso ansteckend wie Stress. Also sing und habt eine gute Zeit miteinander, während ihr tut, was zu tun ist, aber mit guter Laune.
- » **Hüte dich vor dem Satz „Beeil dich!“.** Wir nerven mit unserem ständigen „Los, beeil dich!“, „Komm jetzt!“, „Wir sind spät dran“ usw. Je mehr du dein Kind zur Eile antreibst, desto anstrengender wird es für alle. Achte auf mehr Stille, mehr Verbundenheit.
- » **Wenn es nötig ist,** wecke dein Kind ein bisschen früher. Ich weiß, du möchtest, dass es genügend Schlaf bekommt, weil du der

Meinung bist, dass es ihm guttut. Aber wenn das bedeutet, dass danach alle völlig gestresst sind und der Morgen furchtbar ist, solltest du es lieber früher wecken und euch allen mehr Ruhe gönnen.

» **Erkläre deinem Kind, was los ist:** „Es tut mir leid, dass wir uns morgens so beeilen müssen. Ich weiß, du magst das nicht. Ich auch nicht. Aber ich muss zur Arbeit und du musst in den Kindergarten." Sucht gemeinsam (abhängig vom Alter des Kindes) nach einer Lösung: „Was können wir tun, damit es morgens ruhiger und angenehmer ist? Fällt dir vielleicht was ein? Ich dachte an …"

» **Sieh die Welt mit den Augen deines Kindes.** Versetz dich in seine Lage. Für Kinder ist es nicht wichtig, pünktlich irgendwo zu sein. Sie leben in der Gegenwart und sind – zum Glück – noch keine Sklaven der Uhr. Versetz dich in seine Lage, und es wird dir leichterfallen, dein Kind zu verstehen und zu begleiten. Sonst wirst du nervös werden und dich aufregen, weil du denkst, dass dein Kind absichtlich trödelt, um dich zu ärgern.

» **Es ist ein Privileg,** dass wir uns morgens sehen können. Wir könnten auch schon bei der Arbeit sein oder einer von uns könnte wegen etwas viel Schlimmerem, Unumkehrbarem nicht da sein. Wir sind zusammen, jetzt, hier. Lass uns den Morgen genießen und jeden Tag so leben, als ob es der letzte wäre.

„Mein Kind wacht weinend und schlecht gelaunt auf"

Falls dieser Satz auf dich zutrifft, sollst du wissen, dass ich dich verstehe. Ich habe das auch hinter mir und es war furchtbar! Du wachst auf, fühlst dich gut und freust dich auf den neuen Tag. Frohgemut gehst du deinen kleinen Sonnenschein wecken, aber schon wenn dein Kind die Augen aufschlägt, ist es schlecht gelaunt und lässt dich das spüren. Keine Skrupel, keine Diplomatie, oh nein. Dein Kind lässt seinen Unmut an dir aus, es schimpft und schlägt womöglich nach dir – und du hast noch nicht mal gefrühstückt. Ich bin damit nur schwer klargekommen: Wutanfälle um halb acht am Morgen, nein danke.

Aber es spielte keine Rolle, ob mir das passte oder nicht. Du kennst das. Entscheidend ist nicht, was man will, sondern was ist. Also musste ich mein Ego und meinen Wunsch nach einem friedlichen, glücklichen Morgen aufgeben und mich dem Morgen stellen, den ich hatte. Und der war schwieriger, als ich ihn mir erträumt hatte. *C'est la vie.*

Natürlich gefällt einem das nicht. Wer möchte schon so in den Tag starten? Aber so ist es nun mal, also besinne dich auf das Wesentliche: Fühle dich ein und verbinde dich mit dem, was mit deinem Kind los sein könnte. Ist es noch müde? Weiß es, dass es in den Kindergarten muss, und will nicht hingehen? Wäre es lieber von Papa geweckt worden? Hat es gesehen, dass ich sein Geschwisterchen auf dem Arm trage, und hätte mich gerne für sich allein gehabt? Manchmal finden wir den Grund, manchmal nicht, aber in jedem Fall sollten wir verständnisvoll und mitfühlend reagieren. Klare Grenzen setzen, wenn das Verhalten, das aus der schlechten Laune resultiert, nicht korrekt ist, aber auch mit Verständnis dafür, dass wir alle Tage haben, an denen wir aus irgendeinem Grund mit schlechter Laune aufwachen.

Gib deinem Kind Raum und Zeit. Vielleicht kannst du ein wenig Abstand nehmen und ihm sagen, dass du es einen Moment allein lässt, wenn es das will, aber jederzeit für es da bist. Und vergiss nicht, seine Gefühle wertzuschätzen: „Ich sehe, wie wütend du gerade bist ... Ich habe das Gefühl, dass du vielleicht noch ein bisschen Schlaf gebraucht hättest." Manche Kinder haben über einen längeren Zeitraum Probleme beim Aufwachen und das ist wirklich hart für die Eltern, die sie morgens begleiten. Es ist mühsam und frustrierend, aber man sollte das keinesfalls persönlich nehmen.

„Was habe ich meinem Kind getan, dass es schon beim Aufwachen wütend auf mich ist?“ Das ist eine Frage, die du dir nicht stellen solltest. Du hast ihm nichts getan, du bist einfach die Person, die gerade da ist. Es vertraut dir und muss seine Gefühle nicht verbergen. Ja, ich weiß: Manchmal wäre es uns lieber, wenn unsere Kinder ihre Gefühle nicht so deutlich äußern würden, aber wie gesagt, Diplomatie und Verstellung sind nicht ihre Stärke. ;)

Normalerweise verfliegt die schlechte Laune, wenn dein Kind richtig wach wird. Es ist noch sehr verschlafen und hat Schwierigkeiten, in den Wachmodus zu schalten. Zusätzlich zu dem, was ich oben genannt habe, kann auch Musik, gute Laune und Kitzeln helfen (wenn du glaubst, dass dein Kind das vertragen kann).

> » *Das beste Mittel gegen schlechte Laune ist eine Dosis guter Laune.*

Kein Schimpfen, keine Vorwürfe, keine Wertung, verbunden und im Flow mit dem, was ist und gerade geschieht. Denk immer daran, negative Energie mit der entgegengesetzten Energie auszugleichen! ;)

„Mein Kind bekommt einen Wutanfall, wenn es sich anziehen soll"

Anziehen ist ein Riesenthema, oder? Vielleicht hat dein Kind damit keine Probleme. In diesem Fall solltest du dich wirklich glücklich schätzen und den Göttern für dieses Geschenk danken. Wenn der Satz in der Überschrift jedoch auch von dir stammen könnte, kannst du dennoch aufatmen, denn ich werde versuchen, dir zu helfen, damit nicht jeder Morgen zur Qual wird, sobald die schicksalhafte Stunde des Anziehens naht.

Dieses Problem tritt in unterschiedlichen Formen auf: Es gibt Kinder, die sich nicht anziehen wollen, und solche, die sich zwar problemlos anziehen, aber mit der Kleidung hadern, die sie tragen sollen. Manche werden wütend, weil sie gerne ihren Schlafanzug anbehalten würden und keinen Sinn darin sehen, sich umzuziehen, um das Haus zu verlassen. Andere sehen zwar ein, dass Schlafanzüge zum Schlafen da sind, finden aber tausend Einwände, die das Anziehen unmöglich machen.

Zunächst einmal muss man sich klarmachen, was tatsächlich hinter diesem Konflikt steckt: Kinder haben ihren eigenen Rhythmus.

Vielleicht würden sie den Schlafanzug ausziehen, aber nicht um acht Uhr, sondern um zehn. Vielleicht würden sie sich problemlos anziehen, aber in ihrem eigenen Tempo, was bedeutet, sie würden dreißig Minuten brauchen, um ihre Kleidung auszusuchen und überzuziehen. Sie würden es tun, aber auf ihre Weise. Weil an einem Mittwochmorgen aber keine Zeit ist, sie einfach gewähren zu lassen, sind wir gestresst und treiben sie zur Eile an. Sie wiederum haben vielleicht keine Lust aufzustehen und fühlen sich unwohl, weil sie hungrig sind oder müde oder was auch immer – und dann werden sie ungehalten und bekommen einen Tobsuchtsanfall.

›› In den meisten Fällen trägt man selbst auch nicht gerade dazu bei, die Situation zu entspannen, weil man wenig Energie hat und es anstrengend findet, sich um diese Uhrzeit mit einem tobenden Kind auseinandersetzen zu müssen.

Außerdem finden wir seine Aussagen wie „Das Etikett kratzt" (dabei sieht man, dass es nicht zu spüren ist), „Die Socken sind zu eng" (dabei sieht man, dass sie locker sitzen), „Ich will ein T-Shirt anziehen" (und das im Januar) oft so absurd, dass wir sehr wenig Verständnis aufbringen. Und damit, meine Damen und Herren, ist der Konflikt vorprogrammiert.

Versuchen wir also, das Problem zu lösen.

Wenn Kinder sich nicht anziehen wollen: Das ist nicht ständig der Fall, sondern es sind Phasen. Oder eine Phase. Wichtig ist, dass man versucht, der Ursache auf den Grund zu gehen, und sich fragt: Will mein Kind sich wirklich nicht anziehen oder steckt etwas anderes dahinter? Will es vielleicht nicht in den Kindergarten und bringt das durch seine Weigerung, sich anzuziehen, zum Ausdruck? Oder will es nicht, dass Mama weggeht, weil ihm die Zeit bis zum Wiedersehen um fünf Uhr zu lang wird?

Geh der Blockade beim Thema Anziehen auf den Grund und such nach den eigentlichen Ursachen.

Denn nur dann kannst du dein Kind verstehen und seine tatsächlichen Gefühle wertschätzen: „Ich glaube, du willst dich nicht anziehen, weil das bedeutet, dass wir das Haus verlassen müssen, weil ich zur Arbeit muss und du in den Kindergarten. Vielleicht willst du nicht, dass wir getrennt sind. Ich verstehe dich. Die Zeit, in der wir uns nicht sehen, kommt dir sehr lange vor, oder?“

Möglicherweise hat dein Kind auch nur ein Problem damit, dass es seinen kuscheligen Schlafanzug ausziehen soll, in dem es sich sehr wohlfühlt. Auch hier kannst du es bestätigen: „Ich weiß, dass du dich jetzt gerade nicht anziehen möchtest, weil du dich im Schlafanzug sehr wohlfühlst. Du würdest ihn gerne anbehalten, oder? Ich verstehe das.“ Dein Kind muss merken, dass du es verstehst, dass seine Gefühle nicht albern sind und sein Wunsch berechtigt ist.

In diesem Fall kann es sinnvoll sein, dass dein Kind in der Kleidung schläft, die es am nächsten Tag tragen soll. Das heißt, du badest es abends und ziehst ihm dann irgendetwas Bequemes für den nächsten Tag an, einen Jogginganzug zum Beispiel (der ist ähnlich gemütlich wie ein Schlafanzug). Dann muss es sich nicht mit dem Anziehen herumschlagen, wenn es aufsteht.

Nun mögen manche sagen: „Aber wird das Kind dann nicht immer in Kleidern schlafen wollen, wenn man ihm nachgibt?“ Die Antwort ist:

Nein. Das Kind wird größer werden und sich an den Gedanken gewöhnen, im Schlafanzug zu schlafen und sich am nächsten Morgen anzuziehen. Es wird reifer werden und es nicht mehr lästig oder unangenehm finden, sich umzuziehen. Es wird seine Eltern beobachten, sich mehr und mehr bewusst werden, was die anderen tun, und sie imitieren.

> *Man braucht keine Angst zu haben, dass Kinder in solchen frühen Phasen stecken bleiben. Es liegt in ihrer Natur, sich weiterzuentwickeln, das darf man nicht vergessen.*

Man gibt nicht nach, damit es keinen Kampf gibt. Da ist ein Problem, das dem Kind zu schaffen macht, und man versucht, ihm zu helfen, indem man erkennt, was es bewältigen kann und was nicht. Was es im Moment braucht und was vielleicht nicht. Wenn es sieht, dass du bereit bist, ihm zu helfen und nach Lösungen zu suchen, fühlt es sich geliebt und gehört und wird sehr wahrscheinlich viel eher bereit sein, aus Freude und Verbundenheit mitzuarbeiten.

Denk immer daran, dass es nur eine Phase ist, die mit Sicherheit vorübergeht. Ich wage zu behaupten, dass du nach einer Weile darüber lachen kannst, wenn du daran zurückdenkst, und irgendwann wirst du sogar vergessen haben, dass es diese Situation jemals gab. Atme tief durch, distanziere dich ein wenig und sage dir immer wieder: „Es geht vorbei."

Andere Kinder haben kein Problem damit, sich anzuziehen. Der Konflikt entsteht, weil sie immer ein „Aber" finden. Wenn du die Kleider rauslegst, gefällt ihnen nicht, was du ausgesucht hast. Wählen sie die Sachen selbst aus, mögen sie sie auch nicht. Andere haben kein Problem damit, wer die Sachen aussucht, aber dann stört sie die Naht an den Socken, oder ein Etikett, das für dich nicht wahrnehmbar ist, wird zur wahren

Folter. Bei anderen liegt das Problem in ihrer Unentschlossenheit: Wenn sie eine Hose anhaben, wollen sie eine andere, aber wenn sie sich umziehen, sind sie auch nicht zufrieden. Am Ende ziehen sie sich brüllend und tobend wieder aus und plötzlich steht dein Kind nackt da und ihr habt nur noch zehn Minuten, bis ihr losmüsst. An diesem Punkt würdest du am liebsten aus dem Fenster springen, denn mit einem Wutanfall klarzukommen, wenn ihr nur noch zehn Minuten Zeit habt und dein Kind splitterfasernackt dasteht, ist alles andere als einfach. Um in dieser Situation ruhig zu bleiben, muss man wirklich eine Zen-Meisterin sein! ;)

Auch in diesem Fall solltest du zunächst prüfen, ob es einen anderen Grund gibt, der nichts mit dem offensichtlichen Auslöser zu tun hat. Forsche nach der tieferen Ursache und überlege, ob ein unbefriedigtes Grundbedürfnis besteht. Ist dein Kind müde? Hat es kaum etwas gefrühstückt und wird viele Stunden nichts zu essen bekommen? Will es nicht von dir getrennt sein und weiß, was auf es zukommt? Will es nicht in den Kindergarten?

Andere Wutanfälle entstehen, weil wir Eltern darauf beharren, dass die Kinder dieses oder jenes tragen sollen, weil es uns besser gefällt, weil wir finden, dass es besser zusammenpasst, oder weil wir wollen, dass sie „niedlicher“ aussehen, wenn wir eine Verabredung haben. Oder wir wollen schlichtweg, dass das Kind gehorcht, weil wir der Meinung sind, dass es in Sachen Kleidung kein Mitspracherecht haben sollte.

» *Der Ursprung dieser Wutausbrüche ist meiner Meinung nach unser Ego, das sich mit seiner Sicht der Dinge in den Vordergrund drängt, als wäre dies die einzige Sichtweise.*

Du weißt schon, unser Ego sagt dann so etwas wie: „Du willst den gestreiften Pulli zur gepunkteten Hose anziehen? Kommt nicht infrage!“ Oder: „Ausgerechnet heute, wo wir uns mit den anderen Familien aus der Klasse treffen, willst du die schäbigsten Klamotten tragen, die du hast? Auf keinen Fall!“ Oder: „Dieses Outfit passt nicht zu den Schuhen. Die trägst du nicht.“

Okay, es stimmt schon, wenn ein kleines Kind Kleider und Farben kreativ kombiniert, kann das für die Augen der Eltern schmerzhaft sein (nur ein Scherz!). Aber was ist so schlimm daran? Ist das so wichtig? Mal im Ernst: Ist es wirklich entscheidend, ob dein Kind die Hose mit den weißen Streifen oder die blaue trägt? Hängt seine Integrität davon ab? Nein (auch wenn du denkst, dass deine eigene Unversehrtheit auf dem Spiel steht, wenn du dein Kind in dieser Aufmachung siehst!).

Dein Kind kann nicht mitten im Januar bei minus fünf Grad in kurzen Ärmeln aus dem Haus gehen, weil das seine Gesundheit gefährdet. Es kann nicht verkleidet in den Kindergarten gehen, weil das in den meisten Kindergärten gegen die Regeln verstößt. Aber in meinen Augen kann es alles anziehen, was es will, solange es der Jahreszeit angemessen ist – unabhängig von Farben und Kombinationen. Denn das ist lediglich eine Geschmacksfrage. Und wie du weißt, sind die Geschmäcker verschieden.

„Mein Kind hat einen Wutanfall, weil es das Haus nicht verlassen will"

Das ist in vielen Familien ein Klassiker. Es gibt Kinder, die nicht rausgehen wollen, am liebsten immer zu Hause sind und das Gefühl haben, dass es zu Hause am schönsten ist. Es gibt Kinder, die morgens bis elf Uhr herumtrödeln und für die es eine echte Qual ist, aufzustehen und um neun Uhr im Kindergarten zu sein. Es gibt Kinder, die es hassen, die Wärme ihres Zuhauses mit dem vertrauten Geruch zu verlassen, um sich in die Hektik der Stadt oder ihrer Kitagruppe zu stürzen.

Und natürlich werden sie wütend, wenn sie merken, dass ihnen nichts anderes übrig bleibt. Viele sagen es ganz deutlich: „Ich will nicht rausgehen.“ Andere suchen nach anderen Gründen, um uns das Gleiche zu sagen: „Ich will die Jacke nicht anziehen!", „Ich will nicht laufen!" usw. Die Wurzel des Problems ist immer ein enormer Widerstand, den Ort zu verlassen, an dem man sich befindet. Ein enormer Widerstand, sich trennen zu müssen.

> *Kinder klammern sich mit einem klaren oder verschleierten „Ich will nicht rausgehen" an ihr Zuhause.*

Ich verstehe das. Manchmal würde ich morgens auch gerne den Schlafanzug anbehalten und meinem eigenen Tempo folgen. Mich nach dem Frühstücken noch mal ein bisschen hinlegen. Oder mich mit einer Decke aufs Sofa kuscheln und lesen. Oder im Schlafanzug auf der Terrasse in Ruhe schreiben und mich sonnen. Manchmal hat man einfach keine Lust, rauszugehen und aktiv zu werden. Das ist normal. Es ist weder gut noch schlecht, es ist einfach so.

Auch wenn es uns womöglich auf die Palme bringt, sollten wir Verständnis dafür haben, dass es Kindern manchmal schwerfällt rauszugehen. Wir sollten ihre Gefühle anerkennen und akzeptieren, dass die Dinge manchmal nicht so sind, wie wir sie gerne hätten. So ist das Leben. Es ist weder gut noch schlecht, es ist einfach so. Wir sollten Verständnis haben, und wenn es nicht möglich ist, zu Hause zu bleiben, dann sollten wir mit ihnen spielen, um es ihnen leichter zu machen, oder sie in den Arm nehmen, bevor wir losgehen. Je älter sie werden, desto besser werden sie die alltäglichen Abläufe, Pflichten und jeweiligen Verantwortlichkeiten verstehen. Aber solange sie noch so klein sind und sich mitten in ihrer egozentrischen Phase befinden, ist das, „was man tun muss", ein echtes Ärgernis.

„Mein Kind explodiert, wenn es ins Auto einsteigen muss"

Das ist ein weiterer Klassiker: Das Kind beginnt zu toben, weil es ins Auto einsteigen soll. Was passiert in diesem konkreten Fall? Zum einen hassen es viele Kinder, angeschnallt zu werden. Sie können es nicht ertragen, in ihrer Bewegungsfreiheit eingeschränkt zu sein, denn bekanntlich haben sie das Grundbedürfnis, sich frei zu bewegen. Aber natürlich müssen sie im Kindersitz angeschnallt werden, denn es geht hier um ihre Sicherheit und ihre körperliche Unversehrtheit.

Außerdem finden viele Kinder Autofahrten furchtbar langweilig. Hier solltest du deine Fantasie einsetzen und dich auf deinen Verbündeten besinnen: das Spiel. Spielt, dass ihr ein Schiff besteigt und auf eine einsame Insel segelt, um spannende Abenteuer zu erleben. Oder spielt, dass dein Kind euch zu einem versteckten Schatz führt. Schaut, wie viele rote Autos ihr entdeckt, oder spielt „Ich sehe was, was du nicht siehst". Ihr könnt auch singen, Hörspiele anhören oder euch selbst ausgedachte Geschichten erzählen.

Lass dir irgendetwas einfallen, um diese Zeit unterhaltsam und spannend zu gestalten. Etwas, bei dem ihr in Verbindung seid und das Kind abgelenkt ist. Auf diese Weise vergeht die Fahrt viel schneller, es ist nicht so langweilig und das Kind lässt sich eher darauf ein.

Wenn dein Kind einen Wutanfall bekommt, dann denk daran, ihm nicht tausendmal zu sagen, dass es endlich einsteigen soll. Denn genau das macht man oft: Das Kind brüllt, weil es nicht einsteigen will, und du sagst: „Du weißt doch, dass wir mit dem Auto fahren müssen. Wir können nicht zu Fuß gehen. Du warst doch schon tausendmal dort und weißt, wie weit es ist. Komm jetzt, steig ein. Meine Güte, wir können das nicht jeden Morgen ausdiskutieren." Diese Vorträge sind ermüdend und lästig und vermitteln dem Kind, dass Mama oder Papa genervt ist und allmählich die Geduld verliert. Sie vermitteln ihm, dass es keinen Wutanfall haben sollte, aber wie du siehst, bekommt es wahrscheinlich trotzdem einen. Es muss sogar, damit wir unsere Lektion lernen können oder weil die Wut eben rausmuss. Also solltest du dich entspannen und die Situation akzeptieren.

Für Erwachsene ist das oft sehr unangenehm. Eine Mutter erzählte mir einmal, dass es über eine Stunde dauerte, bis ihr zweieinhalbjähriger Sohn schließlich ins Auto eingestiegen ist. Als ich sie fragte, was mit ihm los war, sagte sie, dass er nach dem Kindergarten und dem Spielplatz müde und hungrig war. Sie wollte nicht, dass ihr Sohn unglücklich ins Auto steigt, sondern freiwillig und ohne zu toben. Aber jedes Mal, wenn sie versuchte, ihn reinzusetzen, begann er, um sich zu treten, also ließ sie ihn wieder los und begann auf ihn einzureden. Aber wie soll man mit einem so kleinen Kind reden, das hungrig und müde ist? Unmöglich. Es geht ihm nicht gut, weil zwei Grundbedürfnisse nicht befriedigt sind. Am besten verfrachtet man es so schnell wie möglich ins Auto und fährt nach Hause, um ihm das zu geben, was es braucht: Nahrung und Ruhe.

„Aber dann beginnt er zu toben." Ja, und? Es ist völlig verständlich, dass das Kind seinen Unmut zum Ausdruck bringt. Du bist erwachsen, du hast mehr Durchblick und weißt, dass es einen Angriff auf seine körperliche Unversehrtheit darstellt, wenn es nichts zu essen bekommt und sich nicht ausruhen kann, obwohl es das Bedürfnis danach hat. Nun, dann musst du es ins Auto verfrachten, auch wenn es wütend wird und um sich tritt. Du kannst spielerisch versuchen, ihm die Fahrt schmackhaft zu machen, aber wenn das alles nicht funktioniert, weil sein Unbehagen bereits zu groß ist, solltest du pragmatisch, entschlossen und verantwortungsbewusst vorgehen. Setz dein Kind ins Auto, beiß in den sauren Apfel und fahr nach Hause (während du tief durchatmest und immer wieder das Mantra „Ich bin die Erwachsene" wiederholst). Dort kannst du dein Kind in den Arm nehmen und ihm so schnell wie möglich geben, was es braucht.

Vielleicht ist dein Kind dann so aufgebracht, dass es nicht einmal eine Umarmung will, weil du nicht auf seine Forderungen eingegangen bist.

Das ist normal und in Ordnung. Respektiere seine Gefühle. Wenn sich der Sturm gelegt hat, kannst du ihm erklären, warum es dir so wichtig war, den Heimweg nicht eine Minute länger hinauszuzögern. Du kannst seine Gefühle wertschätzen, die Wut, die es empfunden hat, weil du es ins Auto gesetzt hast, und wahrscheinlich könnt ihr dann in Verbindung zueinander kommen.

Manche Menschen fühlen sich sehr unwohl dabei, wenn sie ihr Kind gegen seinen Willen ins Auto setzen. Ich verstehe das. Die Kleinen machen sich steif, sie winden sich, treten, weinen und kratzen, weil sie es hassen, jetzt ins Auto zu steigen. Wenn man sein Kind in den Kindersitz zwängen muss, ist das für alle unangenehm. Es wühlt einen auf. Wenn wir in unserer Kindheit selbst solche Situationen erlebt haben, durchlebt unser Körper sie wieder; und wenn wir sehr autoritär erzogen wurden, haben wir das Gefühl, dieses Muster zu wiederholen. Der Unterschied liegt im Wie und Warum.

Das Warum ist klar: Grundbedürfnisse, die befriedigt werden müssen. Nicht weil ich es sage oder weil ich will, dass du gehorchst, sondern weil ich mich mit deinen Bedürfnissen verbinde und tue, was ich glaube, tun zu müssen, damit du dich besser fühlst. Und wie mache ich das, ohne wütend zu werden und mit Respekt vor der Person, die ich vor mir habe – diesem Kind, das so wütend und verzweifelt ist? Ohne an meine eigene Kindheit zurückzudenken oder meine Gedanken in die Zukunft zu richten! Ich bleibe präsent, verfügbar und zugewandt. Ich setze mein Kind im vollen Bewusstsein des Augenblicks in seinen Sitz und schnalle es an. Ich akzeptiere, was ist, und wehre mich nicht gegen das, was ich gerade erlebe.

Du siehst, wie sehr sich diese Haltung von der autoritären Vorgehensweise unterscheidet, mit der so viele Kinder tagtäglich behandelt werden. Das eine hat nichts mit dem anderen zu tun, obwohl wir doch das Gleiche tun: Wir setzen das Kind ins Auto. Aber weil das Wie und Warum ein anderes ist, nimmt das Kind das, was wir tun, anders wahr, auch wenn es immer noch wütend ist. Natürlich wird es protestieren! Aber wir demütigen es nicht, wir putzen es nicht herunter, um unser Ego durchzusetzen, wir machen ihm keine Schuldgefühle, wir schlagen es nicht, behandeln es nicht respektlos und machen ihm keine Angst. Siehst du den Unterschied?

Zugegeben, das ist nicht angenehm und man würde es lieber nicht tun, aber wer hat gesagt, dass es einfach ist, Kinder zu haben? Wer das behauptet, lügt. Glaub mir. Verantwortung zu haben, bedeutet oft, dass wir Dinge tun müssen, die man lieber nicht tun würde. Noch einmal: *C'est la vie.*

★ Moment mal …

Halten wir nun kurz inne, um uns mit der Energie zu verbinden, mit der wir morgens in diese wichtige Zeit des Tages gehen. Nachdem du den vorhergehenden Abschnitt gelesen hast, richte die Aufmerksamkeit auf deine Atmung und nimm ein paar tiefe, langsame Atemzüge. Du brauchst nichts zu erzwingen. Atme einfach bewusst ein und aus und achte darauf, wie die Luft in deinen Körper ein- und wieder aus ihm herausströmt.

Richte nun die Aufmerksamkeit auf deinen Körper und beobachte, ob du irgendwo Verspannungen wahrnimmst. Wenn ja, atme ein und lenke die Luft in diesen Teil des Körpers. Entspanne dich. Beobachte nun, welche Emotion in dir entsteht. Horche in dich hinein, um herauszufinden, ob das, was du über morgendliche Wutanfälle gelesen hast, bestimmte Gefühle in dir auslöst oder ob Erinnerungen an frühere Ereignisse in dir hochgekommen sind. Ist das der Fall? Was sagt dir dein Körper, worum du dich kümmern solltest?

Vielleicht sind Gefühle aufgetaucht, die nicht sehr angenehm sind, wie zum Beispiel Trauer oder Schuldgefühle … Atme ein und gib ihnen Raum. Vielleicht waren sie schon immer da, aber du warst dir ihrer nicht bewusst und konntest sie nicht zulassen. Nimm sie als das an, was sie sind: Emotionen, die zum Vorschein kommen, um dir etwas mitzuteilen, das gehört, gesehen, empfunden und beachtet werden muss. Atme, bleibe im Hier und Jetzt und lass zu, was ist.

Abschließend schlage ich dir vor zu beobachten, welche Empfindungen es in dir weckt, wenn du an die Morgenstunden denkst. Ist es eine Tageszeit, die du magst? Wie war das als Kind? Gab es viel Hektik und Trubel, die dazu führten, dass du dich unwohl, gestresst und alleingelassen gefühlt hast? Oder war es eine Zeit, in der du dich mit deinen Eltern verbunden fühltest? Nun richte den Blick auf deine Gegenwart. Wie erlebst du die Morgenstunden heute? Was wird morgens in dir aktiviert? Horche in dich hinein und mach dir bewusst, dass die Energie, mit der du in den Tag gehst, sich auch auf deine Kinder überträgt.

Wutanfälle bei den Mahlzeiten

Auch die Mahlzeiten können kritische Momente sein. Manchmal wollen Kinder sich nicht an den Tisch setzen und explodieren, wenn man ihnen sagt, dass sie sich hinsetzen sollen. Ein andermal sehen sie, was sie auf dem Teller haben, und brechen in Tränen aus. Essenszeiten sind in vielen Familien ein schwieriger Zeitpunkt, dem man unbedingt Aufmerksamkeit schenken sollte, denn sonst kann man in diesen wichtigen Momenten des Tages in eine sehr unangenehme negative Dynamik geraten.

Aus meiner beruflichen Erfahrung heraus kann ich sagen, dass es in der Regel zwei Hauptursachen gibt: fehlende Verbindung und folglich mangelndes Verständnis für das Kind, das meistens Dinge tut, die in seinem Alter völlig normal sind, und die unbewusste Projektion von Problemen bei Tisch aus unserer eigenen Kindheit. Wenn du dich in einem dieser beiden Szenarien wiederfindest, kann das zu einer Vielzahl von

Konflikten und einer dysfunktionalen Familiendynamik führen, und das in einem Moment, in dem das vorherrschende Gefühl eigentlich Freude am gemeinsamen Essen sein sollte. Bei vielen Mahlzeiten fehlt diese Freude völlig. Aber gehen wir der Reihe nach vor.

Wenn dein Kind kurz vor dem Essen einen Wutanfall bekommt, solltest du überlegen, ob euer Zeitplan funktioniert oder ob ihr womöglich früher essen solltet. Ja, auch wenn das Kind vorher schon etwas gegessen hat.

» Ein Wutanfall kurz vor der Mahlzeit kann durchaus darauf hindeuten, dass das Kind bereits zu hungrig war und sich unwohl fühlt, weil sein Grundbedürfnis nicht befriedigt wurde.

Das Kind weiß nicht, wie es dieses Unbehagen äußern soll, und gerät wegen allem Möglichen außer sich, wenn es am Tisch sitzt: Es will nicht den Mickey-Mouse-Teller, sondern den mit Elsa, es will keine Nudeln, sondern Frikadellen, es will heute nicht auf dem Platz sitzen, auf dem es sonst immer sitzt, es will den rosa Löffel seines Bruders usw. Man kann ihm nichts recht machen.

Also atme tief durch und schau auf die Uhr. Vielleicht hättet ihr euch ein bisschen früher zu Tisch setzen sollen.

Schärfe deine Aufmerksamkeit, sei ganz da und in Verbindung mit deinem Kind, denn dann kannst du seine Signale besser deuten, bevor es zu einem Wutausbruch kommt. Es ist so wichtig, absolut präsent zu sein und sich auf die Energie des Kindes einzustellen.

Vielleicht findet der Wutanfall nicht vor, sondern während des Essens statt, und das aus scheinbar unerklärlichen Gründen. Du weißt schon, so etwas wie: „Wir haben uns ganz ruhig unterhalten und dann ist Maria plötzlich ausgeflippt." Aus der Perspektive eines Erwachsenen ergibt das überhaupt keinen Sinn und wir verstehen nichts. Aber wenn man ein bisschen nachdenkt und versucht, den Gefühlen des Kindes nachzuspüren, stellt man fest, dass Maria sich gelangweilt hat, weil ihre Eltern sich eine Weile miteinander unterhalten haben. Oder sie haben über etwas gesprochen, das Maria irgendwie belastet hat. Oder sie ist nach dem Essen sehr müde geworden und deswegen explodiert. Nichts geschieht ohne Grund.

Auch in diesem Fall gilt: Atme tief durch, tritt in Verbindung mit deinem Kind und schenke ihm Aufmerksamkeit. Versuche herauszufinden, was der Grund für seinen Wutanfall war, ohne sein Verhalten persönlich zu nehmen oder dir Sorgen zu machen.

„Am schwierigsten ist es, wenn Konflikte und Wutanfälle am Esstisch entstehen, weil die Erwachsenen eigene, unverarbeitete Erfahrungen unbewusst auf das Kind projizieren.

Ein Beispiel. Als Paula klein war, hieß es immer, dass sie zu wenig essen würde. Vielleicht stimmte das, vielleicht auch nicht (je nachdem, wie man es betrachtet); jedenfalls bekam sie das immer wieder zu hören. Ihre Eltern nötigten sie jeden Tag, doch mehr zu essen. „Komm schon, iss!“, „Noch ein Löffelchen!“, „Wenn du nicht aufisst, kriegst du keinen Nachtisch“, „Bist du immer noch so mäkelig? Iss jetzt!“ usw. Getrieben von ihren eigenen Ängsten, machten sie aus jeder Mahlzeit einen Machtkampf. Paula hatte die Macht, die Lippen zusammenzupressen und nicht zu essen, und ihre Eltern hatten die Macht, sie durch Drohungen und Angst zum Gehorsam zu bewegen. Vielleicht hatte Paula nicht mal ein Gewichtsproblem, sondern ihre Eltern waren einfach der Meinung, dass sie mehr essen sollte. Durch die Machtposition ihrer Eltern, ihre autoritäre Art und ihre respektlosen Methoden fühlte Paula sich übergangen und hatte ein noch stärkeres Bedürfnis, irgendeine Form von Kontrolle zu haben, in diesem Fall über ihren Körper. Das alles geschah unbewusst: sowohl das, was ihre Eltern machten, als auch das, was Paula machte. So gerieten sie in eine Art Abwärtsspirale, aus der nur schwer herauszukommen war, weil niemand erkannte, dass es unter diesen Umständen keine Möglichkeit der Verbindung gibt.

Paula wurde größer und schließlich selbst Mutter. Ohne sich dessen bewusst zu sein, ist sie bei den Mahlzeiten mit der Familie immer sehr angespannt. Sie achtet penibel darauf, ob, was und wie viel ihre Tochter isst, und fängt an, ein ähnliches Kontrollverhalten an den Tag zu legen wie ihre Eltern. Rational gesehen weiß sie, dass es ihrer Tochter gut geht und ihr nichts fehlt. Vielleicht hat die Kinderärztin ihr neulich erst versichert, dass ihre Tochter kerngesund ist, aber das ändert nichts. Paulas Verstand weiß, dass es ihrer Tochter gut geht, aber ihr Körper reagiert, weil er die Anspannung, den Konflikt und das Bedürfnis nach Kontrolle verinnerlicht hat. Unbewusst tut sie genau das, was ihre Eltern getan haben. Dabei hat sie sich doch geschworen, niemals so zu werden! Sie leidet, weil ihr bewusst ist, dass das nicht der richtige Weg ist, aber sie weiß nicht, wie sie es verhindern soll.

Das, was Paula als Kind erlebt hat, ist tief in ihrem Körper verankert: die Anspannung, die Unfähigkeit, sich zu entspannen und das Essen zu genießen. Das Gefühl, in ihrer Freiheit eingeschränkt zu werden, das zu essen, was sie wollte, und so viel zu essen, wie sie wollte. Auch das Leiden ihrer Eltern, das diese durch ihren Druck, ihren Tonfall, ihren Ärger und ihre Drohungen vermittelten. Die ganze Anspannung, die ihre Eltern nicht bewusst lösen und anerkennen konnten, ist im Körper des kleinen Mädchens von damals gefangen. Da ist nichts angenommen, verstanden oder bewusst geworden.

» *Unser Verstand mag vieles vergessen, unser Körper tut es nicht und schüttet erneut die ganzen toxischen Emotionen aus, damit wir – nun selbst als Eltern – eine neue Chance haben, uns von ihnen zu befreien und zu heilen.*

Erkennst du dich darin wieder? Wenn ja, herzlichen Glückwunsch! Denn die Gefühle, die vielleicht gerade in dir hochkommen, dienen als Katalysator, damit du dir der Mechanismen bewusst werden und dieses Mal einen Weg finden kannst, um dem schmerzhaften Kreislauf rund ums Essen zu entkommen. Einem Kreislauf, der vielleicht über Generationen zurückreicht, wer weiß. Aber nun ist es an dir, zukünftige Generationen vor dem zu bewahren, was du selbst mitgemacht hast und was jetzt deine Kinder aushalten müssen.

Um diese Konflikte, die oft in Wutanfällen enden, zu lösen, muss man sich der Situation zunächst einmal bewusst werden und sie mit Abstand betrachten. Wir müssen unsere eigene Geschichte und unsere Gefühle erforschen und nach den Parallelen suchen, die Erinnerungen in uns wecken.

Entscheidend ist zu erkennen, dass es in deiner Hand liegt, etwas an der Situation zu ändern, und dass nur du in der Lage bist, das Problem zu lösen.

Dein Kind ist noch zu klein, um diese wichtige, tiefgreifende Änderung vorzunehmen. Es liegt nur an dir. Also lass dich nicht einschüchtern, nimm die Zügel in die Hand und überwinde dein Ego und dein Bedürfnis nach Kontrolle und Macht.

» Dein Kind und du seid keine Gegner, ihr seid ein Team.

Soll ein Kind also einfach essen, was es will? Durch die traditionelle Erziehung sind wir so daran gewöhnt, immer und überall die Kontrolle und die Macht haben zu müssen, dass es uns extrem schwerfällt, loszulassen. Wir glauben, dass unsere Kinder sonst machen, was sie wollen. Aber das ist nicht der Fall. Sie können nicht machen, was sie wollen, weil sie noch klein sind und viel lernen müssen. Es ist unsere Aufgabe, für sie zu sorgen, ihnen zu helfen und sie durch diese Welt zu begleiten, die sie noch nicht kennen. Aber wir können sicher sein, dass sie vernünftig essen, wenn sie gesunde Lebensmittel zur Verfügung haben. Glücklicherweise verhungern Kinder in Industrieländern nicht, solange nahrhaftes Essen in Reichweite ist. Also entspann dich.

Dein Kind möchte Obst vor dem Essen? Wo ist das Problem? Viele Experten halten das sogar für gesünder. Anstelle der Nudeln, die du gekocht hast, möchte dein Kind das restliche Kartoffelpüree von gestern Abend? Lass es. Was ist schlimm daran, wenn es sich zwischen den Alternativen, die wir immer im Kühlschrank haben, für die entscheidet, die ihm am besten schmeckt? Das Problem liegt in dem Widerspruch, dass wir hoch verarbeitete Lebensmittel haben, aber nicht möchten, dass unsere Kinder danach fragen oder sie dann essen, wenn wir es nicht wollen.

Wenn du solche Konflikte vermeiden möchtest, solltest du schlichtweg keine Lebensmittel im Haus haben, die dein Kind nicht essen soll. Das wird dir eine Menge Tobsuchtsanfälle ersparen, die du im Grunde genommen selbst verursachst, weil du davon ausgehst, dass es alt genug ist, um abzuwarten und zu verstehen, dass es etwas heute nicht darf, morgen aber schon usw.

Sei konsequent und bewusst beim Essen, bleib flexibel, halte gesundes Essen zur Verfügung und vertraue auf die Selbstregulierung und den Körper deines Kindes. Vor allem aber solltest du das Wichtigste nicht aus den Augen verlieren: die Freude am Essen. Essen sollte ein lustvoller Vorgang sein, auch deswegen, weil wir es gemeinsam tun.

„Ohne Trickfilm will mein Kind nicht essen und bekommt einen Wutanfall"

Diesen Satz hört man immer öfter. In der Welt, in der wir leben, sind wir ständig von Bildschirmen umgeben. Da ist es schwierig, Kinder vor solchen Einflüssen zu schützen. Ich werde später noch ausführlicher auf Medienkonsum und Wutanfälle eingehen, aber konzentrieren wir uns im Moment auf das Essen vor dem Bildschirm.

Wer hat noch nie Kinder im Restaurant gesehen, die gebannt dasitzen und sich einen Trickfilm auf dem Handy oder dem Tablet anschauen? Manchmal sitzen fünf Kinder an einem Tisch und starren auf die Geräte ihrer Eltern, während diese nach dem Essen noch mit Freunden oder Familie plaudern. Nicht, dass ich kein Verständnis dafür hätte: Wir Erwachsenen wollen ein bisschen „Zeit für uns" haben. Wir wollen uns unterhalten und austauschen, statt auf der Straße vor dem Restaurant hinter den Kindern herzulaufen. Ich weiß, wie das ist. Aber sie sind Kinder. Wenn wir in Ruhe zusammensitzen wollen, sollten wir ein Picknick im Wald oder am Strand machen. Die Kinder haben ihren Spaß und wir können sie beaufsichtigen und uns dabei mit unseren Freunden unterhalten.

Aber kommen wir zur eigentlichen Frage zurück. Wer hat ihnen zum ersten Mal das Handy oder das Tablet gegeben? Wir. Wir haben ihnen das Handy gegeben, weil – Achtung! – es bequem für uns war. Glaub mir, so kleine Kinder sind nicht scharf darauf, auf einen Bildschirm zu starren. Ich will niemanden verurteilen, ich habe das auch schon gemacht.

Aber wir sollten bewusst und konsequent sein: Wenn man einem dreijährigen Kind das Handy gibt, damit es sich im Restaurant einen Trickfilm ansehen kann, wird es am nächsten Tag wieder danach fragen.

Wenn man dann Nein sagt, wird es wütend werden und toben, bis man es ihm vielleicht erneut gibt, obwohl man Nein gesagt hat (weil es einem schwerfällt, Grenzen zu setzen, oder man sich unwohl fühlt, weil man mit Familie oder Freunden zusammen ist).

> *Wir geraten in eine Dynamik, in der wir den wütenden Forderungen des Kindes nachgeben, weil wir uns nicht über die Grenzen im Klaren sind.*

Wir haben die Grenzen nicht klar aufgezeigt und stehen nicht fest und konsequent zu dem, was wir wirklich wollen, weil wir Angst vor einem Wutanfall haben oder weil wir es manchmal falsch finden, solche Filme anzusehen, an anderen Tagen dann wieder nicht (d. h., wir haben keine klare Haltung) usw.

Also gibt man dem Kind das Handy und gerät in die Dynamik, beim Essen Filme zu schauen. Auch ich habe das gemacht, ich gebe es zu. Laia war damals viereinhalb und Lua war gerade geboren. Ich war viel mit den beiden allein und ziemlich erschöpft. Ihr Vater kam nicht vor neun Uhr abends nach Hause, sodass ich in dieser kritischen Zeit allein zurechtkommen musste. Lua wollte oft genau dann gestillt werden und schlafen, wenn Laia Hunger hatte, und natürlich gefiel es ihr nicht, wenn sie allein am Tisch sitzen musste. Sie hatte mehr als einen Wutanfall, weil ich ihr nicht die Aufmerksamkeit schenken konnte, die sie in diesem Moment brauchte. Also sagte ich eines Tages zu ihr: „Okay, du darfst beim Essen drei Folgen *Peppa Wutz* sehen."

Während sie mit dem Tablet beschäftigt war, hatte ich Zeit für Lua und konnte sie in Ruhe stillen und ins Bett bringen, wenn sie das brauchte. Es lief im Grunde ganz gut, weil jede ein bisschen Zeit für sich hatte. Aber mit der Zeit merkte ich, dass Laia völlig gebannt war, während sie aß. Wenn wir dann zu viert am Tisch saßen, wollte sie sich nicht mehr unterhalten wie früher, sondern verlangte nur nach dem Tablet. Anders als vorher bekam sie oft einen Wutanfall, wenn ich das Tablet ausschaltete. Oft reichten ihr die vereinbarten Folgen nicht aus. Sie wollte mehr.

Irgendwann sprach ich mit meinem Mann über das Thema. So konnte es nicht weitergehen. Ich wusste schon, dass ich selbst uns an diesen Punkt gebracht hatte, aber meine Güte, ich brauchte so dringend diese friedlichen Momente mit Lua, ohne dass die Ältere etwas von mir wollte, wenn ich mit den beiden allein war. Es machte mir regelrecht Angst, auf das Tablet zu verzichten. Aber ich sah auch, dass es so nicht besser werden würde, im Gegenteil. Und ich trug die Verantwortung dafür.

Ich musste klare Grenzen setzen, mich selbst ermächtigen und mir vor allem darüber im Klaren sein, warum ich das tue. Und das haben wir getan und ihr irgendwann gesagt, dass es keine Filme mehr beim Essen geben würde. Und ja, sie protestierte, brüllte und war sehr empört. Wir nahmen ihr etwas weg, das sie sehr mochte und an das sie sich gewöhnt hatte. Es war eine Gewohnheit geworden. Mit viel Überzeugung und der Zuversicht, dass sie es früher oder später akzeptieren würde – und es eine Entscheidung war, die uns allen zugutekam –, gelang es uns. Nach ein paar Tagen aß sie in aller Ruhe, während sie sich mit mir unterhielt oder etwas malte. Aber sie schaute keine Trickfilme mehr. Keine Krise mehr am Wochenende, weil sie das Tablet haben wollte, wenn wir gemeinsam aßen, und keine ermüdenden Diskussionen mehr, wenn es Zeit war, es auszuschalten. Und weißt du was? Wir stellten fest, dass es ihr guttat. Plötzlich hatte sie weniger Wutanfälle und schlechte Laune. War es der Bildschirm? Wahrscheinlich. Aber weißt du, was ich noch glaube?

» *Entscheidend war unsere Überzeugung, die ihr Vertrauen und Sicherheit gab. Das Wissen, dass diese Grenze unverrückbar war, gab ihr das Gefühl, geliebt zu werden und geborgen zu sein.*

Meiner Meinung nach ist es viel besser, beim Essen keine Zeichentrickfilme zu schauen. Und das sollte eine klare Grenze sein. Denn welche Werte wollen wir vermitteln, wenn wir als Familie zusammen am Tisch sitzen und unserem Körper etwas Gutes tun, indem wir ihm Nahrung geben? Denk mal drüber nach. Und falls du Angst hast, Nein zu sagen, denk an das, was ich oben berichtet habe: Wenn du dir über das *Warum* im Klaren bist, ist es leichter, das *Wie* umzusetzen. Es wird viel schneller gehen, als du denkst. Und wenn wir schon mal dabei sind …

★ Moment mal …

Es ist an der Zeit, einen Augenblick innezuhalten, um dir bewusst zu machen, was das Lesen dieses Kapitels über das Essen in dir ausgelöst hat, und es für dich anzunehmen. Atme zunächst tief in den Bauch und beobachte, wie die Luft in deinen Körper ein- und wieder aus ihm herausströmt. Wie sie beim Einatmen Raum einnimmt und beim Ausatmen Platz schafft … Beobachte das Kommen und Gehen des Atems und nimm wahr, wie sich die einzelnen Regionen deines Körpers entspannen. Löse jede Verspannung, um in einen entspannten, angenehmen und leichten Zustand zu gelangen.

Richte deine Aufmerksamkeit nun auf deinen Körper. Was hat die Lektüre des Abschnitts über das Essen in dir ausgelöst? Beobachte, ob eine nicht verarbeitete Emotion berührt wurde und ob dein Körper in besonderer Weise reagiert hat. Alles, was mit Essen zu tun hat, geschieht oft unbewusst und begleitet uns seit frühester Kindheit. Auch wenn du nicht weißt, warum dein Körper so reagiert, beobachte einfach und lass es zu. Gib ihm Raum und erlaube ihm, rauszulassen, was rausmuss. Es war lange verborgen und vielleicht muss es zum Vorschein kommen, um zu reinigen und zu heilen.

Atme weiter bewusst ein und aus und richte deine ganze Aufmerksamkeit auf deinen Körper. Nun lade ich dich ein, zu beobachten, ob dir Erinnerungen aus deiner Kindheit in den Sinn kommen. Wie sahen die Mahlzeiten bei dir zu Hause aus? Beobachte, ob es Spannungen gab oder den Zwang, dieses oder jenes zu essen, ob es Druck gab und böse Mienen. Versuch dich zu erinnern, wie du dich damals gefühlt hast und was passierte.

Atme. Vielleicht ist das, was du nun empfindest, nicht angenehm, aber du setzt die Puzzleteile zusammen, wirst dir bewusst. Um deine Kinder begleiten zu können, ist es wichtig, dass du zuerst dich selbst an die Hand nimmst. Lass deine Gefühle zu. Die ausgelösten Emotionen sind legitim. Du hast alles Recht der Welt, so zu empfinden, auch wenn das vielleicht niemand wahrgenommen und wertgeschätzt hat. Tu du es jetzt, es ist nie zu spät. Du kannst dich genauso begleiten, wie du es bei deinem Kind tust.

Atme, verschaffe dir den Raum, die Zeit und die Ruhe dafür. Wenn du dich bereit fühlst, schlage ich vor, dass du deine Aufmerksamkeit nun auf das Hier und Jetzt bei den Mahlzeiten richtest. Beobachte, wie es mit deinen Kindern ist, wenn sie essen. Versuchst du, die Kontrolle zu behalten? Mit welcher Energie gehst du in die Situation? Bist du körperlich angespannt, wenn ihr am Tisch sitzt? Wann bist du emotional am stärksten beteiligt und warum?

Diese Arbeit der inneren Erforschung deiner Vergangenheit und der Gegenwart wird dir helfen zu verstehen, wie dein Hier und Jetzt aussieht. Was davon mit deinen Kindern zu tun hat und was nicht. Es wird dir helfen, deine Vergangenheit und deine Gefühle anzunehmen und dich von den Lasten zu heilen und zu befreien, die dich daran hindern, weiterzukommen und eine tiefe Verbindung zu deinen Kindern herzustellen. Weil du sie für deine eigenen, nicht verarbeiteten Emotionen verantwortlich machst, die gar nichts mit ihnen zu tun haben.

Vertrau dem Prozess, habe keine Eile und lass einfach zu, was ist.

Wutanfälle und Medienkonsum

Wir wissen, dass Medienkonsum vor dem sechsten Lebensjahr für Kinder nicht förderlich ist, im Gegenteil.

> » *Solange sie auf den Bildschirm starren, sind sie still und vertieft. Sie spielen nicht, sind nicht kreativ und benötigen keine Vorstellungskraft (aber das alles ist notwendig, um sich auf vielen Ebenen optimal zu entwickeln).*

Wenn man den Bildschirm anschaltet, trennt man sie von der Welt und, was noch schlimmer ist, von sich selbst. Und ja, das ist auch bei Erwachsenen so. Das heißt nicht, dass man Medien generell verteufeln sollte, im Gegenteil: Sie sind durchaus nützlich, und es ist absurd, sich ihnen zu verweigern. Aber entscheidend sind Ausgewogenheit, Bewusstsein und Konsequenz.

Ich habe das Gefühl, dass wir beim Thema Medien noch in den Kinderschuhen stecken. Die digitale Welt entwickelt sich so rasend schnell, dass ich teilweise den Eindruck habe, dass wir gar nicht wissen, was es mit uns macht, wenn wir ständig von Bildschirmen umgeben sind. Bei Erwachsenen ist Handysucht ein großes Problem und auch bei Kindern zeigt sich, dass sie vielerorts eine Medienabhängigkeit entwickeln. Es geht hier um Dimensionen, deren ganze Tragweite wir noch nicht ermessen können, da bin ich sicher. Je früher wir uns dessen bewusst werden und darüber nachdenken, desto besser.

Das eigentliche Problem mit der Begrenzung der Bildschirmzeit ist, dass auch Erwachsene oft maßlos sind. Wir sind schlechte Vorbilder und völlig ratlos, wenn wir entscheiden sollen, was, wann und wie viel Kinder sehen dürfen. Weil wir keine klare Vorstellung haben, weil es uns an Informationen mangelt und – warum uns etwas vormachen – weil wir in einer Gesellschaft leben, die zunehmend von Medien abhängig ist. Es wird sehr schwierig werden, den Medienkonsum unserer Kinder in den Griff zu bekommen, wenn wir selbst nicht damit klarkommen. Aber warum sind wir so abhängig?

Wenn wir Medien konsumieren, empfinden wir körperliche Freude. Es mag sich übertrieben anhören, aber das ist wissenschaftlich erwiesen: Wir empfinden Freude – und wenn man etwas mag, ist es natürlich nicht schön, wenn es einem weggenommen wird.

Wenn man Kindern das entzieht, was ihnen Freude bereitet, werden sie wütend. Nicht immer, klar. Es kommt auf den Charakter des Kindes an, auf sein Verhältnis zu Medien, auf das Vergnügen, das es dabei empfindet, auf die Alternativen, die man ihm vorschlägt, und vieles andere mehr. Aber viele Kinder bekommen Wutanfälle. Es gibt Kinder, die sehr „bildschirmsüchtig" sind. Sie lieben es, Zeichentrickfilme zu schauen, oder was auch immer man ihnen vorsetzt, und können nur schlecht mit dem Frust umgehen, den sie empfinden, wenn die Eltern den Bildschirm ausschalten.

Hier muss man verschiedene Dinge berücksichtigen. Zunächst einmal stellt sich die Frage, ob es klare Grenzen gibt. Oft ist das schlichtweg nicht der Fall. An einem Tag lässt man das Kind anderthalb Stunden lang schauen, am nächsten Tag nur zehn Minuten, weil es am Vortag zu viel geschaut hat und man deswegen ein schlechtes Gewissen hat. Oder man sagt dem Kind, dass es nicht schauen darf, setzt es dann aber doch vor den Bildschirm, weil es bequemer ist. Das Kind ist verwirrt, weil es nicht weiß, woran es ist, und ist empört über so viel Willkür.

›› Manchmal ist es so, dass du einen „Deal" mit deinem Kind schließt.

Du sagst, okay, zwei Folgen noch, und das Kind ist natürlich einverstanden (es befindet sich in der egozentrischen Phase und wird zu allem Ja sagen, was ihm gefällt und einen Vorteil bringt). Aber wenn du dann den Fernseher, das Tablet oder das Handy ausschalten willst, möchte es noch eine Folge sehen. Vielleicht gehst du darauf ein und es ist zufrieden, aber wenn diese Folge vorbei ist, verlangt es noch eine weitere. Du siehst, dass es sich nicht an die Abmachung hält, und wirst sauer. Dein Ego gewinnt die Oberhand, weil du das Gefühl hast, dass es nicht Wort hält (als ob das Kind vierzig Jahre alt wäre!), und schon ist der Ärger da. In deinem Ärger sagst du Sachen wie: „Das war's für dich mit dem Fernsehen, du schaust gar nicht mehr!", und das Kind beginnt noch mehr zu kreischen. Du bist genauso wütend, weil du dich übergangen fühlst und das Gefühl hast, dass deine Abmachungen nichts gelten.

Manchmal haben wir solche Angst davor, dass das Kind einen Tobsuchtsanfall bekommt, dass wir sagen: „Schluss jetzt mit dem Zeichentrickfilm!", aber wenn das Kind dann fünf Minuten lang tobt, sagen wir: „Okay, eine Folge noch" – und entwerten damit unser eigenes Wort und unsere Grenzen. Wenn die Folge dann vorbei ist, fängt das Ganze von vorne an. Das Kind hat mehr Entscheidungsgewalt als der Erwachsene.

Was tun in solchen Fällen? Zunächst sollte man prüfen, was da gerade passiert. Wenn es um eine riesengroße Medienfaszination in einem sehr frühen Alter geht, ist es umso besser, je weniger Medien für das Kind erreichbar sind.

» Sie sind noch klein. Wir sind diejenigen, die klare Grenzen setzen sollten.

In diesem Fall handelt es sich tatsächlich um eine Grenze und nicht um eine Regel, denn je nachdem, was und wie viel Kinder sehen, hat die Zeit, die sie vor dem Bildschirm verbringen, Auswirkungen auf ihr Wohlbefinden, ihre Sehkraft, die Zeit, die sie mit Spiel und Bewegung verbringen (beides Grundbedürfnisse), usw. Es beeinträchtigt ihre Unversehrtheit – und für die sind wir verantwortlich. Es ist an der Zeit, gemeinsam mit unserem Partner oder unserer Partnerin darüber nachzudenken und die Grenzen abzustecken, die bei uns zu Hause gelten. Danach gilt es, diese verständnisvoll, zugewandt und achtsam, aber gleichzeitig konsequent umzusetzen. Das Kind begleiten und Verständnis dafür zeigen, dass es wütend ist, weil wir ihm etwas wegnehmen, was es sehr mag, aber gleichzeitig darauf vertrauen, dass das, was wir ihm vermitteln, wichtig für seine Entwicklung ist und ihm helfen wird, auch wenn es das jetzt noch nicht erkennt.

Manchmal wird die Lösung radikaler sein. Wenn Kinder richtiggehend mediensüchtig sind und jegliche zeitliche oder situative Begrenzung ablehnen, sollten wir Medien schlichtweg verbannen.

Den Fernseher eine Zeit lang ausgeschaltet lassen, das Tablet wegräumen und genau kontrollieren, dass das Handy nicht in Reichweite ist. Manchmal bleibt einem nichts anderes übrig, als so vorzugehen. Wenn ein Kind noch nicht die nötige Reife hat, um zu verstehen, wann es an der Zeit ist, den Bildschirm auszuschalten, und das jeden Tag zu heftigen Auseinandersetzungen führt, tun Medien uns als Familie vielleicht gerade nicht gut.

Eine Option ist es, dass wir dort die Kontrolle übernehmen, wo Kinder es nicht können, indem wir die Versuchung aus ihrem Sichtfeld und ihrem Leben verbannen. Denk daran, dass wir hier über sehr kleine Kinder sprechen, für die der Konsum von Medien generell nicht förderlich ist. Wenn du also siehst, dass es dem Kind wirklich nicht guttut und du das Problem nicht konsequent und souverän lösen kannst, weil dein Kind noch nicht reif genug ist, solche Entscheidungen zu akzeptieren, ist es am besten, die Geräte zu entfernen und eine Weile zu warten, bis das Kind größer ist und anders damit umgehen kann. Ich möchte betonen, dass dies nur für ganz besondere Fälle gilt. In den allermeisten Fällen ist das nicht notwendig, weil man einen Kompromiss findet, der alle mehr oder weniger zufriedenstellt.

Wutanfälle auf dem Spielplatz

Das sind wirklich schwierige Situationen. Stell dir vor: Ein Spielplatz voller Leute, die du vielleicht nicht kennst, und plötzlich fängt dein Kind an zu toben. Es ist schwer genug, mit einem solchen Gefühlsausbruch umzugehen, wenn ihr allein zu Hause seid, aber wenn dreißig Augenpaare zuschauen, ist es noch viel schwieriger.

Für kleine Kinder ist der Kindergarten sehr anstrengend. Oft verbringen sie mehr Zeit dort, als sie ertragen, bewältigen oder akzeptieren können, und verlassen den Kindergarten mit einem ganzen Cocktail an Gefühlen.

Manchmal sind sie nicht nur müde, sondern auch gestresst und empfinden ein inneres Unbehagen, das sich in schlechter Laune, Auseinandersetzungen mit Gleichaltrigen oder Wutausbrüchen äußert. Vielleicht geht man dann noch auf den Spielplatz, um sie noch müder zu machen, damit der Rest zu Hause scheinbar leichter läuft, weil sie völlig k. o. sind. Aber das funktioniert nicht. Noch mehr Müdigkeit bedeutet noch mehr Wutanfälle, noch schlechtere Laune und noch mehr Konflikte.

So kann es beispielsweise auf dem Spielplatz zu einem Wutanfall kommen, weil dein Kind frustriert ist oder Streit mit einem anderen Kind hat. Das ist bereits ein Hinweis darauf, dass es Zeit ist, den Rückzug anzutreten. Du packst dein Kind, nimmst die Szene mitten auf dem Spielplatz in Kauf und begibst dich so schnell wie möglich ins heimische Nest, um ihm exklusive Zuwendung, Ruhe und einen angenehmen, sicheren Ort zu bieten, an dem es seine Batterien aufladen kann.

Mit großer Wahrscheinlichkeit wird auch dann ein Wutanfall auftreten, wenn du deinem Kind sagst, dass es Zeit ist zu gehen. In diesem Moment explodieren viele Kinder, die ohnehin schon randvoll mit Emotionen sind. Es ist weniger die Grenze selbst, die sie ausflippen lässt, als vielmehr ein wunderbarer Anlass, um die Emotionen rauszulassen, die sich den ganzen Tag hindurch in ihnen angestaut haben und die sie nicht anders kanalisieren konnten (völlig normal bei so kleinen Kindern).

In dieser Situation machen wir oft den Fehler, mit einem kleinen Kind zu verhandeln, das sich mitten in der egozentrischen Phase befindet. Wir gestehen ihm noch ein bisschen Zeit zu und sagen, okay, aber in fünf Minuten gehen wir. Das Kind wischt sich die Tränen ab und sagt, in Ordnung, aber fünf Minuten später will es noch ein bisschen länger bleiben. Manche Eltern machen dann weitere Zugeständnisse, weil sie denken, dass dann alles gut ausgehen wird. Aber die Chancen stehen schlecht, um ehrlich zu sein. Du solltest die Qual nicht noch weiter verlängern. Du hast beschlossen, dass es Zeit ist zu gehen, weil du weißt, was noch alles bevorsteht: baden, essen, Gutenachtgeschichte – mit allem, was dazugehört. Du hast beschlossen zu gehen, weil du weißt, dass es schlimm enden wird, wenn du den Zeitplan nicht einhältst. Es ist eine bewusst gesetzte Grenze, die du für notwendig erachtest, weil es um das Wohlbefinden deines Kindes in puncto Ruhe, Schlaf, Essen usw. geht. Also halte dich daran und verlasse den Spielplatz. Ohne dich aufzuregen, dem Kind zu drohen oder ein Drama daraus zu machen.

Aber warum empfinden wir es als Drama? Weil wir auf dem Spielplatz sind, weil wir beobachtet werden und Angst haben, was andere über uns denken könnten: zum einen, dass wir es nicht richtig machen, und zum anderen, dass man schlecht über unsere Kinder urteilt. Beides macht uns – manchmal unbewusst – zu schaffen, wir fühlen uns verletzlich und haben das Bedürfnis, etwas zu tun, das vielleicht nicht authentisch ist. Wenn man sich von anderen Eltern beobachtet fühlt, macht man sich häufig so von deren Meinung abhängig, dass man bei einem Wutanfall unbewusst handelt. Und wie wir bereits gesehen haben, endet das nicht gut. Man kommt frustriert nach Hause, fühlt sich ohnmächtig und muss sich für das entschuldigen, was man angerichtet hat, weil man die Beherrschung verloren hat.

» Dass dein Kind wütend wird, ist normal: Müdigkeit, zu viele unverarbeitete Emotionen, die es nicht kanalisieren konnte, und vieles andere mehr.

Erwachsene allerdings sollten nicht derart die Kontrolle verlieren. Also beobachte dich in diesen Situationen und schau, ob du präsent, verfügbar und verständnisvoll bist und ob die Grenze, die du setzt, klar und unverrückbar ist und du als bewusster Erwachsener in der Lage bist, sie ohne Wenn und Aber durchzusetzen.

Ab ins Bad!

Eine der Situationen schlechthin, in denen Kinder explodieren, ist die Badezeit. Dein Kind ist müde, meistens ist es schon spät, und falls es vor dem Abendessen badet, hat es vielleicht auch Hunger usw. Vielleicht badet es auch nicht gerne oder irgendetwas an der Situation bereitet ihm Unbehagen, und dann explodiert es. Man könnte auch sagen, das Baden „hilft" deinem Kind dabei, durch seine Wut zum Ausdruck zu bringen, was es beschäftigt. Deshalb ist das Baden oft eine Tortur. Der Auslöser spielt eigentlich keine Rolle: Zuerst gibt es Stress, weil das Kind nicht baden möchte, dann, weil es das Shampoo ausspülen oder die Seife abwaschen soll, weil es nicht aus dem Wasser kommen will oder weil es sich abtrocknen, kämmen oder den Schlafanzug anziehen soll.

In vielen Familien ist das ein kritischer Moment, denn nicht nur das Kind ist müde, sondern auch die Erwachsenen. Außerdem zieht jedes Hinauszögern einen Dominoeffekt nach sich und man fängt an, sich unter Druck zu setzen: „Wenn wir jetzt so lange mit dem Wutanfall beschäftigt sind, bekommt das Kind kein Abendessen." Oder: „Wenn das so weitergeht, kommt das Kind nie ins Bett“ usw. Wir sind gestresst und können das Kind nicht mehr adäquat durch die Situation begleiten. Kinder merken das und werden dann noch wütender.

Genau deshalb empfehle ich dir, nicht zu spät nach Hause zu kommen, damit genug Zeit bleibt, alles in Ruhe zu erledigen. Dein Kind muss auch nicht jeden Tag baden; ihr könnt ein paar Tage in der Woche fürs Baden reservieren und an diesen Tagen früher nach Hause gehen, um euch die nötige Zeit zu nehmen.

> ›› *Tatsächlich kann das Baden eine wunderbare Gelegenheit sein, das Zusammensein zu genießen.*

Du kannst das Kind zum Beispiel baden, während es dir etwas erzählt oder ihr etwas spielt. Aber dafür muss man genügend Zeit haben.

Auch Haarewaschen ist für viele Kinder eine Tortur. Meine jüngere Tochter hat es jahrelang gehasst; sobald Wasser an ihre Haare kam, begann sie zu weinen und zu schreien, dass sie das nicht möchte. Diese Phase kann in ein paar Wochen oder Monaten vorbei sein, sie kann aber auch sehr viel länger dauern. Und dann bleibt dir nichts anderes übrig, als die Ursachen für die Emotionen deines Kindes zu ergründen. Kinder verstehen nicht, warum Duschen so wichtig ist; sie haben andere Vorstellungen und Ansichten über Hygiene. Wenn du erkennst, dass es völlig normal ist, dass dein Kind Baden nicht so wichtig findet, wird dir das helfen, in dieser Situation nicht wütend zu werden und dein Kind liebevoll und mit Respekt zu begleiten. Ja, du musst ihm trotzdem die Haare waschen, aber es ist etwas anderes, ob du es ruhig und schnell erledigst, damit es nicht unnötig lange dauert, oder ob du wütend rumschreist und ihm einen Klaps auf den Po gibst. Der Unterschied ist frappierend. Im ersten Fall spürt das Kind, dass es seine Gefühle ohne Angst äußern kann, auch wenn es weiß, dass es sein muss und kein Weg an der Sache vorbeiführt. Im zweiten Fall merkt es, dass seine Gefühle übergangen werden.

Sein Vater oder seine Mutter machen ihm Angst und es hat das Gefühl, ungerecht behandelt zu werden.

Genau wie das Anschnallen im Auto ist das nicht angenehm. Es gab eine Zeit, in der ich dachte: „Oh nein, Zeit fürs Baden.“ Ich war es leid, dass diese Situation immer mit Tränen und Geschrei verbunden war. Irgendwann entspannte ich mich und gab meinen inneren Widerstand auf, weil ich wollte, dass sich was änderte. Weil sich nichts änderte (denn das ging lange so), war ich jeden Tag, wenn es ans Baden ging, überfordert und frustriert. Ich dachte: „Oh mein Gott, schon wieder?“ Ja, schon wieder. Irgendwann erkannte ich, dass ich lange Zeit einfach nicht akzeptieren konnte, was war, und dass das nicht hilfreich war. Aber so ist das Leben: Wir müssen jedes Mal aufs Neue erkennen, dass wir uns innerlich gegen etwas sträuben, um uns danach auf das Hier und Jetzt einlassen zu können.

” Mach das Spiel zu deinem Verbündeten, wenn du dein Kind badest. Das wird dir sehr helfen.

Spielt Friseursalon oder dass ihr im Meer mit Delfinen schwimmt. Dass dein Kind eine Meerjungfrau ist, die mit ihrem glitzernden Fischschwanz zwischen wunderschönen Korallen taucht. Lass deiner Fantasie freien Lauf und finde heraus, wofür sich dein Kind am meisten begeistert, um aus der Badezeit einen gemeinsamen Moment zu machen. Für mich war es der schönste Moment der Verbundenheit, wenn ich meine Töchter nach dem Baden abtrocknete. Ich wickelte sie in ein Handtuch und setzte sie auf meinen Schoß, um mit ihnen zu kuscheln, sie zu kitzeln oder ihnen zu sagen, wie sehr ich sie liebte. Wenn sie während des Badens geweint und geschrien hatten, beruhigten sie sich auf meinem Schoß. Sie konnten sich in meinen Armen fallen lassen und spürten, dass ich sie trotz allem, was geschehen war, noch genauso liebte. Das beruhigte ihre Gemüter und wir konnten den Rest des Abends ohne weitere Konflikte verbringen.

Üblicherweise badet man Kinder recht spät am Abend. Ich möchte dich ermutigen, es einmal zu anderen Zeiten zu versuchen (morgens, mittags oder am frühen Abend). Zu Hause haben wir manchmal mittags gebadet oder gleich nach dem Kindergarten um vier Uhr. Warum? Weil die Kinder dann weniger müde sind. Und tatsächlich habe ich festgestellt, dass alles viel reibungsloser lief, wenn sie früher badeten. Das Wasser half ihnen, sich zu entspannen, und danach zogen sie gleich die Schlafanzüge an und hatten den ganzen Nachmittag Zeit, um in Ruhe zu spielen, rechtzeitig zu Abend zu essen und danach früh ins Bett zu gehen. Probier es mal aus!

Vielleicht sagt dir das alles gar nichts, weil sich dein Kind noch nie gegen das Baden gesträubt hat. Jedes Kind ist anders. Einige reagieren so, andere nicht. Einige machen es nur eine Zeit lang, andere nie. Das ist in Ordnung. Aber wenn dein Kind Wutanfälle beim Baden hat, dann denk daran: Sei verständnisvoll und empathisch, reg dich nicht auf und zieh die Sache durch. Überdenke Zeitpläne und Routinen und wehre dich nicht gegen das, was ist. Versuche, im Flow zu bleiben, und denk daran: Auch das wird vorbeigehen (bei uns ist das Baden so viel besser geworden, das versichere ich dir).

Schlafenszeit!

Für viele Eltern sind abendliche Wutanfälle diejenigen, bei denen es ihnen am schwersten fällt, gelassen zu bleiben. Sie sind müde und haben wenig Geduld. Es ist die Zeit des Tages, in der sie am schnellsten die Nerven verlieren. Und den Kindern geht es nicht anders: Sie sind genauso müde, haben auch wenig Geduld und explodieren schneller. Müdigkeit und Erschöpfung sind einer der wichtigsten Gründe für Verstimmungen. Erinnere dich mal an die Phasen deiner Elternschaft, in denen du wirklich wenig Schlaf bekommen hast. Da warst du auch nicht gerade ein Ausbund an guter Laune, oder? Nein, Müdigkeit und Erschöpfung fordern auf vielen Ebenen ihren Tribut. Stell dir also die explosive Mischung vor, die sich da abends in vielen Familien zusammenbraut!

In diesen wie auch in anderen Fällen hilft es sehr, einen anderen Standpunkt einzunehmen und die Situation mit ein wenig Abstand zu betrachten.

» Wir müssen herausfinden, ob wir womöglich ein zu hohes Tempo fahren, das uns allen nicht guttut.

Das ist der Moment, um uns folgende Fragen zu stellen: Sind unsere Abende zu vollgepackt? Sind die Kinder zu müde? Wollen wir zu viel erledigen, obwohl klar ist, dass es nicht funktioniert? Essen wir zu spät und bringen das Kind dann zu spät ins Bett? Trägt unsere Abendgestaltung zur Entschleunigung bei oder dreht das Kind noch mal richtig auf, bevor es ins Bett gehen soll? Welche Reize erhält es vor dem Schlafengehen? Gibt es abends Bildschirmzeit?

Diese Fragen werden dir dabei helfen, Strategien zu entwickeln, die die Situation höchstwahrscheinlich verbessern. Aber im Anschluss solltest du dir weitere Fragen stellen, die dein Innenleben betreffen: Wie präsent bin ich zu dieser Tageszeit? Bin ich ganz in der Situation oder bin ich „raus", weil ich nur noch schlafen und meine Ruhe haben will? Bin ich verfügbar oder eher distanziert? Kann ich mit den Gefühlen meines Kindes in Verbindung treten, oder bin ich mehr mit meiner eigenen Erschöpfung beschäftigt?

Wir müssen uns selbst hinterfragen und die äußeren und inneren Bedingungen erforschen, denn nur dann können wir das tun, was nötig ist: uns bewusst machen, was tatsächlich passiert und was Kinder mit diesen Wutanfällen zur Schlafenszeit von uns einfordern. Es ist wichtig, den Tagesablauf zu überprüfen, denn in vielen Fällen liegt das Problem darin, dass man die Kinder zu spät ins Bett bringt, wenn sie bereits völlig kaputt sind, und dann lässt sich kaum noch verhindern, dass die Situation eskaliert.

» Du solltest bedenken, dass Emotionen bei Dunkelheit stärker empfunden werden als tagsüber, wenn es mehr Ablenkung gibt.

Vielleicht hat dir dein Kind tagsüber nicht viel darüber erzählt, was im Kindergarten los war, doch abends nimmt es den Nachhall dessen wahr, was es dort erlebt und gesehen hat. Es ist ängstlicher, unruhiger und bedrückter. Ist es dir noch nie passiert, dass du etwas auf dem Herzen hattest, das dich beschäftigt, und wenn du dann nachts aufwachst, wird aus einem lösbaren Problem auf einmal ein Drama von ungeahnten Ausmaßen? In der Dunkelheit der Nacht wird alles schwerer, dramatischer und beunruhigender. Wir kommen in Kontakt mit unserer Verletzlichkeit und Angst, und das lässt alles schlimmer erscheinen.

Es gibt Kinder, denen es schwerfällt, ein Ende zu finden. Sie haben das Gefühl, dass es so viel zu entdecken gibt, und halten Schlafen für eine Zeitverschwendung. Sie empfinden es als Zumutung und tun alles, um die Schlafenszeit so lange wie möglich hinauszuzögern. In diesen Fällen kommen viele Eltern an einen Punkt, an dem es ihnen reicht. Man kann natürlich nicht bis spät in die Nacht so weitermachen, also sagen sie dem Kind, dass es jetzt ins Bett gehen muss, ohne Wenn und Aber. Das ist der Moment, in dem einem normalerweise alles um die Ohren fliegt. Aber das muss nicht schlecht sein. Oft hilft das Weinen dem Kind, sich zu entspannen. Durch das Weinen kann es den Stress abbauen, der entsteht, weil es einfach kein Ende findet. Wir bringen es in Kontakt mit dem Hier und Jetzt, und das hilft ihm, sowohl den Frust darüber, dass es nicht mit dem weitermachen kann, was es möchte, als auch die aufgestaute Müdigkeit zu kanalisieren. Lass es in Ruhe weinen, hab Verständnis und sei einfach da. Es muss loslassen, also mach dir keine Sorgen. Ich erinnere mich an eine Phase, in der eine meiner Töchter – sie war damals ungefähr zwei – vor dem Schlafen oft weinen musste. Sie wollte einfach nicht ins Bett gehen, weil das Leben so aufregend war und es ihr schwerfiel, ein Ende zu finden, und dann – peng! – explodierte sie und begann zu weinen. Danach fühlte sie sich viel besser, sie war entspannter und wir konnten darüber sprechen, was sie fühlte und was mit ihr los war. Dann schlief sie ruhig und glücklich ein.

Andere Kinder sehen ihre erwachsenen Bezugspersonen nur sehr selten. Die Zeit morgens vor dem Kindergarten und die wenigen gemeinsamen Momente am Abend sind ihnen viel zu wenig. Wenn man sie nun abends drängt, ins Bett zu gehen, kommt die ganze Sehnsucht zum Vorschein, mit der sie uns tagsüber vermisst haben. Das Problem ist, dass Kinder oft nicht wissen, wie sie dieses Gefühl ausdrücken sollen (oft wissen sie nicht einmal, dass es da ist), und viele Erwachsene die Botschaft nicht verstehen. Die Kommunikation scheitert also oft und damit auch die Verbindung.

> ❞ *Es gibt noch viele andere Gründe, warum ein Kind abends explodiert, doch die genannten sind die häufigsten.*

Aber in dem Moment, in dem man sich selbst und den anderen versteht, kann eine Verbindung entstehen – und das ist so wichtig, wenn alle glücklich schlafen wollen. Wütend ins Bett zu gehen ist furchtbar und erwiesenermaßen nicht gut fürs Gehirn. Schenken wir also dem Abend die Aufmerksamkeit, die er verdient. Der Abend ist einer der wichtigsten Momente des Tages, in dem wir innehalten, uns mit dem verbinden, was der Tag uns gebracht hat, und uns entspannen, um unserem Körper zu geben, was er braucht. Wenn wir dies in Harmonie und guter Laune tun können, wird der Abend für alle zu einer Zeit tiefer Verbundenheit.

Wenn du gerade in einer Phase bist, in der du dein Kind am Abend durch seine Wutanfälle begleiten musst, dann atme tief durch. Versuche zu verstehen, was ich dir erzählt habe, verbinde dich mit deinem Kind, versetze dich in seine Lage und ergründe, was in ihm vorgehen könnte, damit du es in Worte fassen und dein Kind souverän begleiten kannst. Wenn du zu müde bist, um so für dein Kind da zu sein, wie es das braucht, bitte um Entlastung (wenn dein Partner / deine Partnerin da ist) und atme durch.

> *» Es ist in Ordnung, sich einzugestehen, dass es Tage gibt, an denen wir nicht die Kraft dazu haben und Hilfe brauchen. Das ist nicht schlimm.*

Gesteh dir das zu und achte auf dich, damit du es beim nächsten Mal besser machen kannst.

Abendliche Wutanfälle sind sehr unangenehm, weil die meisten Familien Nachbarn haben und das Kind durch sein lautes Weinen die gesamte Nachbarschaft aufwecken kann. Versuche, dich an die Sache mit der Blase zu erinnern und dich ganz auf dich zu konzentrieren. Dich nur mit deinem Kind und seiner Wut zu beschäftigen und nicht damit, was die anderen denken, ist das beste Mittel, um Harmonie und Gelassenheit in die Situation zu bringen.

★ Moment mal …

Nachdem wir über Wutanfälle auf dem Spielplatz, beim Baden oder zur Schlafenszeit gesprochen haben, solltest du kurz innehalten, um durchzuatmen und dir bewusst zu machen, was die Lektüre in dir ausgelöst hat. Ich schlage dir vor, eine bequeme Haltung einzunehmen und tief in den Bauch zu atmen. Beobachte, wie die Luft in deinen Körper ein- und wieder aus ihm herausströmt. Entspanne dich, spüre, wie du mit jedem Atemzug ein wenig mehr loslassen kannst.

Achte nun darauf, wie du dich fühlst. Beobachte, ob die Lektüre Gefühle oder Emotionen in dir geweckt hat oder ob eine Erinnerung aus deiner eigenen Kindheit oder aus der Zeit mit deinen Kindern aufgetaucht ist. Gib dir Zeit und Raum, um dem nachzuspüren. Akzeptiere jede Emotion, die zum Vorschein kommt, selbst wenn sie unangenehme Empfindungen in dir auslöst. Atme sie ein und lass sie zu.

Beobachte auch, welche Gedanken dir beim Lesen gekommen sind. Was hat es in dir ausgelöst? Der Alltag ist so fordernd und fliegt manchmal so schnell dahin, dass wir nicht viel Zeit haben, um nachzudenken, uns Dinge bewusst zu machen und ihnen nachzuspüren – oder auch nur in uns hineinzuhorchen. Beobachte deine eigene Energie, wenn es auf dem Spielplatz, beim Baden oder am Abend zu Wutanfällen kommt. Was macht das mit dir und warum? Lass diese Fragen im Raum stehen und warte darauf, dass deine Intuition und deine innere Weisheit dich zu dem führen, was angesprochen und verstanden werden muss. Erlaube dir diesen Raum des Hinhörens. Du hast ihn verdient.

zehn

Liebe oder Abhängigkeit?

Wir lieben unsere Kinder so sehr, dass wir es kaum in Worte fassen können. Wir sagen Dinge wie: „Ich liebe dich bis zum Mond und wieder zurück.“ Oder: „Ich liebe dich mehr als alles andere auf der Welt“, aber oft wissen wir nicht genau, was wir damit eigentlich sagen. Manchmal denke ich, dass wir sie gar nicht so sehr lieben bzw. nur in bestimmten Situationen. Wenn sie hingegen Dinge tun, die uns nicht gefallen, wenn sie einen Wutanfall haben, ungezogen sind oder sich richtig danebenbenehmen, zeigen wir ihnen oft, dass wir sie gar nicht sooo sehr lieben. Oder dass unsere Liebe stark davon abhängt, wie sie sich verhalten. Wenn sie brav sind, lieben wir sie sehr. Wenn sie nicht so pflegeleicht sind, wird es schon schwieriger.

Klingt hart, oder?

›› Aber erwachsen zu sein bedeutet auch, sich nichts vorzumachen und alles zu hinterfragen. Das gilt auch für die Liebe.

Wie sieht die Liebe zu unseren Kindern aus? Ich selbst hatte oft das Gefühl, dass ich sie nicht auf die richtige Art und Weise liebte, und das fand ich furchtbar. Ich hasste es. Manchmal vermittelte ich ihnen den Eindruck, dass ich sie nicht liebte, weil ich einfach nicht in der Lage war, sie in ihrem Weinen oder ihrer Wut zu unterstützen, und sie nicht so behandelte, wie sie es verdienten. Meine vermeintlich bedingungslose Liebe war viel stärker an Bedingungen geknüpft, als ich dachte.

Ich musste mich sehr kritisch hinterfragen und Klartext mit mir selbst sprechen. „Du liebst deine Töchter? Warum widmest du dich ihnen dann nicht mit voller Präsenz, wenn sie dich am meisten brauchen, und stellst eine tiefe Verbindung zu ihnen her? Warum nimmst du manchmal alles persönlich, obwohl du weißt, dass sie es nicht so meinen? Warum wirst du wütend, wenn sie sich nicht so verhalten, wie du es möchtest?“ Es war hart, mich damit auseinanderzusetzen, aber es war auch aufschlussreich, weil ich erkannte, dass ich etwas an mir selbst ändern musste, wenn ich sie bewusst erziehen wollte.

›› Was wir für Liebe halten, ist oft reine Abhängigkeit.

Abhängigkeit von einem anderen, damit er meine Leere füllt. Abhängigkeit von einem anderen, damit er mich glücklich macht. Unbewusst verfolgen wir ein dysfunktionales Konzept von Liebe. Wir glauben, dass wir unser Kind über alles lieben, aber im Grunde lieben wir nicht das Kind um seiner selbst willen, sondern weil es uns zu einem guten Gefühl verhilft.

Würden wir unser Kind wirklich bedingungslos lieben, könnten wir es aus unserer erwachsenen Position heraus unterstützen, ohne Dinge persönlich zu nehmen, wütend zu werden oder beleidigt zu sein. Aber wie wir gesehen haben, sind wir oft gar nicht so erwachsen, sondern nach wie vor Kinder, die ein schweres Päckchen mit sich herumtragen und eine große innere Leere spüren, die es zu füllen gilt. Und genau das erwarten wir dann von unseren Kindern. Wir geben dem Ganzen den Anschein von Liebe, aber in Wirklichkeit ist es Abhängigkeit. Wir sind abhängig davon, dass unser Kind so ist, wie wir es haben wollen, und dass es tut, was es tun soll, usw., damit wir uns gut fühlen. Wenn das klappt, bin ich mit meinem Kind und mit mir zufrieden. Wenn nicht, fühle ich mich hilflos.

Wir machen unser Glück und unser Wohlbefinden vom Verhalten unseres Kindes abhängig. Aber das sollte nicht so sein. Unser Glück hängt einzig und allein von uns selbst ab. Niemand kann uns glücklich machen, so wie uns auch niemand wütend machen kann (ich erwähnte es bereits in einem vorangehenden Kapitel). Die Wut kommt aus uns selbst, genau wie das Glück. Das ist der springende Punkt, den wir oft nicht erkennen können. Aber fangen wir von vorne an.

Wir alle sind mit einer inneren Leere und Wunden aufgewachsen, die nicht geheilt werden konnten. Als Kinder, Teenager und schließlich junge Erwachsene besaßen wir weder die Ressourcen noch das Bewusstsein, um das zu erkennen und zu ändern. Stattdessen vermittelten uns die Kultur, die Gesellschaft und unsere Familie eine Reihe von Werten und Überzeugungen, die wir wahrscheinlich nicht infrage gestellt haben. Darunter auch die Annahme, das Glück sei in der Außenwelt zu finden: wenn man studiert, eine Partnerschaft eingeht, eine Arbeit findet, heiratet, Kinder bekommt usw. Als Erwachsene suchen wir dann außen, was uns innerlich erfüllen soll. Wir glauben fest daran und beginnen den Wettlauf um die Einlösung dieser Versprechen. Wenn wir die „Checkliste" fast vollständig abgearbeitet haben, bekommen wir Kinder und projizieren alle unsere unbewussten Hoffnungen auf Glück auf sie. Sie sollen uns das alles geben, und es wird ganz einfach sein, weil wir eine perfekte Beziehung haben werden. Doch dann kommt die Realität, und die hat nichts mit Märchen zu tun.

Weil wir jedoch darauf trainiert sind, Glück und innere Erfüllung in der Außenwelt zu suchen, schieben wir die ganze Verantwortung auf unsere Kinder: Wenn mein Kind kein Baby mehr ist, werde ich glücklicher sein. Oder wenn es nicht mehr solche Wutanfälle hat. Oder, oder ... Es ist eine nicht enden wollende Liste, zum Scheitern verurteilt und absolut frustrierend für alle. Denn während wir unsere Wünsche auf unser Kind projizieren, sehen wir nicht, dass es hier und jetzt auf unsere Aufmerksamkeit und unsere bedingungslose Liebe wartet und genauso frustriert ist. Und das Schlimmste ist, dass das Kind irgendwann glaubt, wir wären glücklicher, wenn es sich besser verhält. Oder wir würden es mehr lieben, wenn es nicht weint.

> ❞ *Es ist ein Prozess, der sich nur stoppen lässt, wenn wir uns das Problem bewusst machen und uns ernsthaft fragen, was es tatsächlich bedeutet, unsere Kinder zu lieben.*

Die Liebe zu deinem Kind darf keine Abhängigkeit sein. Wenn dein Kind in diesem Moment unglücklich ist, sollte dich das nicht ebenfalls unglücklich machen. Dass es gerade einen Wutanfall hat, sollte nichts an deinem emotionalen Zustand ändern. Wir dürfen Kindern diese Verantwortung nicht zumuten. Denn damit machst du dein Wohlergehen vom Wohlergehen des anderen abhängig, und dann bist du verloren. Aber damit nicht genug: Auf diese Weise vermitteln wir unseren Kindern auch, dass es uns nur dann gut geht und wir sie nur unterstützen können, wenn sie sich so verhalten, wie wir es wollen.

Solange wir nicht in der Lage sind, sie auch dann zu lieben, wenn sie ungehorsam sind, und solange wir nicht bedingungslos Ja zu ihnen zu sagen, so wie wir es tun, wenn sie glücklich und liebevoll zu uns sind, fühlen sie sich nicht gesehen, gehört und beachtet.

> ❞ *Es ist, als ob wir sie nur lieben würden, wenn sie Dinge tun, die unsere innere Leere füllen. Damit bürden wir ihnen eine gewaltige Verantwortung auf, die sie nicht tragen sollten.*

Es liegt einzig und allein in unserer Verantwortung, glücklich zu sein, unsere innere Leere zu füllen und uns vollständig zu fühlen. Wir sollten diese Verantwortung nicht auf andere abwälzen, schon gar nicht auf unsere Kinder. Sie sind klein und verletzlich und können sich nicht gegen solche unbewussten Manipulationen wehren. Mein Gott, es ist so hart, zu erkennen, dass wir unsere Kinder vielleicht nicht „richtig" geliebt haben, sondern sie zu unserem eigenen Vorteil und Wohlbefinden benutzt haben. Das will ich nicht. Nein. Ich möchte sie nicht mit meinen Verletzungen und meinem Ballast belasten, sondern ihnen die Möglichkeit geben, sich so zu entwickeln, wie es ihrem Wesen entspricht. Sie müssen mich nicht glücklich machen oder mir gefallen. Ich brauche das nicht. Sie können sein, wie sie sind. Ich bemühe mich, aus eigenem Antrieb glücklich zu sein, damit meine Kinder niemals das Gefühl haben müssen, dass mein Glück von ihrer momentanen Befindlichkeit abhängt. Denn alles, absolut alles, beginnt in mir.

Alles beginnt in dir

Der Satz „Es liegt allein bei dir!" mag viele mit einem bedrückenden Gefühl der Verantwortung belasten. Andere hingegen empfinden womöglich ein unglaubliches Gefühl von Leichtigkeit und Freiheit. Denn wenn alles an uns liegt, sind wir von niemandem abhängig – und das kann sehr befreiend sein.

Um das in seiner ganzen Tiefe zu begreifen und zu verinnerlichen, möchte ich dir eine Übung vorschlagen. Ich werde dir eine Frage stellen. Beantworte sie, ohne lange nachzudenken, aber so achtsam, wie es dir möglich ist. Dafür empfehle ich dir, dass du erneut die Aufmerksamkeit auf deine Atmung richtest. Beobachte, wie die Luft in deinen Körper ein- und wieder aus ihm herausströmt, und werde dir des gegenwärtigen Augenblicks bewusst. Nimm den Raum wahr, in dem du dich befindest, die Temperatur, die Geräusche ringsum ... Atme weiter und spüre, wie die Luft in deine Lunge strömt und deinen gesamten Körper mit Sauerstoff versorgt, um dann, nachdem sie ihre Arbeit getan hat, wieder auszuströmen. Verbinde dich mit deinem Körper und entspanne alle Bereiche, in denen du eine gewisse Anspannung spürst.

Jetzt, da du dich in einem Zustand größerer Präsenz und voller Aufmerksamkeit befindest, beantworte die folgende Frage: Wie wünschst du dir die Beziehung zu deinem Kind, wenn es, sagen wir, zwanzig Jahre alt ist? Denke einen Moment nach und sage (wenn du willst auch laut, um deinen Worten mehr Nachdruck zu verleihen), auf welchen Grundlagen und Werten eure Beziehung beruhen sollte. Wenn du die Antwort gefunden hast, stelle dir eine weitere Frage: Glaubst du, dass du deinen Kindern diese Werte vermittelst? Versuche, ganz ehrlich mit dir zu sein.

Ich stelle diese Frage seit Jahren bei meinen Vorträgen und oft kommen die gleichen Antworten. Die Leute sagen mir, dass sie sich eine Beziehung wünschen, die auf Vertrauen, Respekt, Zuneigung und bedingungsloser Liebe basiert. Wenn ich dann frage, ob sie ihren Kindern genau das Tag für Tag vermitteln, schaue ich in betroffene Gesichter. Was glaubst du, wann eine Beziehung, die auf diesen wichtigen Prinzipien beruht, aufgebaut wird? Zwischen dem achtzehnten und zwanzigsten Lebensjahr? Nein! Sie entsteht vor allem in der frühen Kindheit und in den Jahren danach. Sie entsteht jeden Tag mit jeder unserer Handlungen, bei jedem Wutanfall, den wir unterstützen oder auch nicht, bei jedem Konflikt und jeder Emotion, die wir begleiten.

Wenn Kinder uns in einem Wutanfall ihre Gefühle so unbeherrscht mitteilen und wir darauf mit Schimpfen oder Wut reagieren, vermitteln wir ihnen, dass sie uns nicht alles sagen können. Wir geben ihnen zu verstehen, dass wir nicht verfügbar sind und sie nicht begleiten können, wenn sie Dinge sagen, die uns nicht gefallen. Wenn Erwachsene durch eine Krise gehen und man sie fragt, ob sie ihren Eltern davon erzählt haben, antworten viele: „Nein, das kann ich ihnen nicht erzählen. Sie würden es zu schwer nehmen oder wütend sein." Woher kommt das wohl? Es ist das, was sie als Kinder erlebt und verinnerlicht haben.

Wir sollten uns fragen, was wir wollen.

> *Wenn wir wollen, dass unsere Kinder uns mit dreißig Jahren erzählen, dass sie gerade eine schlimme Zeit durchmachen, müssen wir sie wertschätzen und unterstützen, wenn sie uns dasselbe mit drei Jahren erzählen.*

Sie müssen durch unser Verhalten ihnen gegenüber verinnerlicht haben, dass wir auch in schlechten Momenten für sie da sind und sie uns vertrauen können, weil wir sie unterstützen. Sie müssen gesehen haben, dass wir auch dann stabil und stark sind, wenn sie ungehorsam sind, und sie sich immer auf uns verlassen können.

Ja, es fängt alles bei uns an und wie wir mit ihnen durch jedes Hier und Jetzt gehen. Wir sind ihr Vorbild, an dem sie sehen können, was wir ihnen zu vermitteln versuchen. Wenn wir eine respektvolle Beziehung haben möchten, müssen wir respektvoll mit ihnen umgehen.

> *Aber um respektvoll mit unseren Kindern umzugehen, müssen wir zuerst uns selbst respektieren.*

Es ist wichtig, bei sich selbst anzufangen! Andernfalls ist das, was wir vermitteln, nur vorgespielt und damit nicht wahrhaftig und authentisch. Kinder haben ein feines Gespür für so etwas und bemerken unsere Unaufrichtigkeit sofort: Wenn sie sehen, dass wir nicht respektvoll mit uns selbst umgehen, können wir ihnen noch so oft sagen, dass sie sich respektieren sollen – sie werden es nicht tun, weil es nicht das ist, was wir ihnen vorleben.

Wenn wir wollen, dass unsere Kinder authentisch sind, müssen wir selbst authentisch sein und eine authentische Beziehung zu ihnen aufbauen. Unsere Beziehung sollte nicht darauf basieren, was die anderen denken, sondern darauf, was wirklich aus unserem Herzen und unserem

Wesen kommt. Alle Werte, die du deinem Kind mitgeben möchtest, sollten auch für dich selbst gelten. Sonst werden sie dein Kind nicht erreichen und nicht von ihm verinnerlicht werden.

Kinder müssen sehen, dass wir nicht nur auf sie hören, auf sie achtgeben und ihnen Respekt entgegenbringen, sondern dass wir auch in uns selbst hineinhorchen, auf uns achten und uns respektieren. Denn wenn wir uns selbst respektieren, stärken und bereichern wir uns selbst, und nur so sind wir in der Lage, auch andere zu stärken und zu bereichern.

Aber wie sollen wir uns respektieren, wenn wir uns nicht wirklich lieben? Das ist schwierig! Um sich selbst zu respektieren, muss man sich zuerst selbst lieben.

Man hat uns beigebracht, andere zu lieben. Aber wie man sich selbst liebt, darüber haben wir nicht viel erfahren.

Wie viele Kinder sind in dem Glauben aufgewachsen, sie seien für das Unglück ihrer Eltern verantwortlich! Wenn du mit dem Gedanken aufwächst, dass es deine Schuld ist, wenn es ihnen schlecht geht, wie sollst du dich dann selbst lieben, wenn du glaubst, dass du es einfach nicht verdient hast? Bedingte Liebe führt nur zu bedingter Liebe – und so mancher ist nur auf diese Weise fähig, sich selbst zu lieben: indem er die Liebe zu sich selbst an bestimmte Bedingungen knüpft. Aber wenn wir uns selbst nicht lieben, wird es schwierig, auch unsere Kinder offen, bedingungslos und ohne Angst zu lieben! Und damit dreht sich die Spirale weiter, von der weiter oben die Rede war …

» *Alles beginnt bei dir. Mach dir diese Worte zutiefst bewusst und frage dich, ob du das wirklich weißt und danach lebst.*

Hinterfrage deine Liebe zu dir selbst und deinen Respekt vor dir, denn vielleicht bekommst du weit weniger von dir, als nötig wäre. Du bist die wichtigste Person in deinem Leben. Vielleicht ist es an der Zeit, du selbst zu sein und dich ohne Wenn und Aber für das zu lieben, was du bist: ein vollkommener, wunderbarer, einzigartiger Mensch, der sein Leben so gut lebt, wie es ihm möglich ist, und jeden Tag ein bisschen mehr lernt, sich selbst zu lieben.

Als meine Tochter Lua vier Jahre alt war, fragte sie mich einmal, wen ich liebe. Ich zählte ihr die Menschen in meinem Leben auf, die ich am meisten liebe, und irgendwann fragte sie mich: „Und dich liebst du nicht, Mama?“ Ich war überrascht über ihre Bemerkung. Es stimmte, ich hatte mich selbst nicht genannt. Vielleicht liebte ich mich nicht so sehr, wie ich dachte? Meine Tochter hingegen sagt abends oft: „Ich liebe dich, Mama. Und Laia. Und Papa. Und mich auch.“ Was für ein Glück, wenn man sich von klein auf liebt, oder?

Nach dieser Unterhaltung geschah etwas sehr Tiefgreifendes mit mir: Mir wurde bewusst, dass ich mich nach wie vor nicht genug liebte. Dass ich mir nicht genügend Beachtung schenkte. Ich hatte das Versprechen mir selbst gegenüber, für das ich so hart gekämpft hatte, nach wie vor nicht vollständig verinnerlicht. Als ich das erkannte, machte es klick – und ich weinte. Ich weinte um mich, weil ich mich nicht so liebte, wie es nötig gewesen wäre.

Ich sagte, es reicht. Und ich beschloss, dass ich von nun an der wichtigste Mensch in meinem Leben sein wollte. Ich wollte mich wirklich lieben, um mit vollen Händen geben zu können: meinen Töchtern, meiner Familie, meinen Freunden, dir, der ganzen Welt. Und das konnte ich nicht, wenn ich nicht zuerst mich selbst liebte, ohne Wenn und Aber. Ein paar Tage später ging ich los, um mir einen Ring zu kaufen. Der Ring sollte mich immer daran erinnern, dass ich mir selbst das Versprechen gegeben hatte, mich zu lieben. Meine Finger sind so dünn, dass ich keinen passenden Ring finden konnte, also musste ich einen nach Maß fertigen lassen. Symbolisch, oder? Auf mich angepasst. Einzigartig. Unverwechselbar. Das sind wir alle. Genau wie die Liebe, die ich mir jeden einzelnen Tag meines Lebens schenken sollte.

Hast du dir jemals das Versprechen gegeben, dich selbst zu lieben? Wenn die Antwort Nein lautet, dann solltest du das ändern.

> *Niemand wird dich so lieben, wie du dich liebst. Du brauchst dich. Du brauchst deine Liebe. Nur so kannst du dein gesamtes Potenzial ausschöpfen.*

Sieh dich von deiner besten Seite. Sieh dein Strahlen. Für dich, für deine Kinder, für alle. Das Universum wartet auf dich, und deine Liebe zu dir ist entscheidend. Beginne bei dir selbst. Weniger hast du nicht verdient.

Wenn du das Gefühl hast, dass du nicht weißt, was du tun sollst, weil du dich nicht genügend liebst oder dich nie geliebt hast und dir oft selbst im Weg stehst, möchte ich dir folgende Übung vorschlagen. Stell dich vor den Spiegel und sieh dich an. Es ist egal, ob du deine Kleider anlässt oder dich ausziehst. Entscheidend ist, dass du dich vor den Spiegel stellst und dir in die Augen siehst. Beobachte, was du empfindest, während du dich betrachtest. Was macht es mit dir? Welche Gefühle kommen in dir hoch?

Atme, sieh dir in die Augen und sage laut: „Ich liebe mich."

Beobachte, wie es sich anfühlt, wenn du diese drei Worte sagst. Wiederhole sie noch einmal. Was fühlst du? Was geht in dir vor? Ist es dir unangenehm? Kommst du dir blöd vor? Ist dir zum Heulen zumute?

Nimm wahr, was in diesem Moment zum Klingen gebracht wird, und nimm es an, was auch immer es ist. Atme und werde dir darüber klar, ob du dich wirklich liebst. Womöglich solltest du die Übung jeden Tag wiederholen. Es ist nur ein kurzer Moment, aber wenn du es bewusst und regelmäßig tust, wird es deine Lebensqualität verbessern, glaub mir. Es wird dein Empfinden verbessern, deine Stimmung, dein Wohlbefinden, deine Beziehung zu anderen. Du wirst lernen, Grenzen zu setzen. Du wirst lernen, eine Wahl zu treffen. Du wirst lernen, deinen Kindern beizubringen, sich selbst zu respektieren und zu lieben.

Dich selbst zu lieben, ist die Mühe wert, es zu lernen.

★ Moment mal …

Womöglich haben die vorangegangenen Seiten verschiedene Empfindungen in dir ausgelöst. Ich möchte dich einladen, einen Moment innezuhalten und das Gelesene zu verarbeiten, indem du tief in dich hineinhorchst. Werde dir zunächst des gegenwärtigen Augenblicks bewusst und konzentriere dich auf das Hier und Jetzt. Richte deine Aufmerksamkeit auf den Ort, an dem du dich befindest, auf die Geräusche, die einzelnen Sinneseindrücke, die du in diesem Moment wahrnimmst. Lenke nun die Aufmerksamkeit auf deinen Körper und beobachte, wie die Luft in deinen Körper ein- und wieder aus ihm herausströmt. Versuche, deine Atmung ein wenig ruhiger werden zu lassen, ohne etwas zu erzwingen. Versuche, regelmäßig und tief zu atmen.

Nun schlage ich dir vor, deine Aufmerksamkeit auf deinen momentanen Gefühlszustand zu richten. Hat das Lesen eine bestimmte Emotion in dir ausgelöst? Was auch immer es ist, lass es zu. Gleichgültig, ob es etwas Angenehmes wie Motivation oder Inspiration ist oder etwas eher Unangenehmes wie Ärger oder Wut. Lass es zu und gib ihm Raum. Atme und lass es raus … Es war in dir und musste gesehen und beachtet werden.

Nun lade ich dich ein, einen Moment über das nachzudenken, was ich dir erzählt habe. Hast du das Gefühl, dass du dich wirklich liebst? Wie behandelst du dich selbst? Hast du das Gefühl, dass du dich selbst respektierst? Antworte so ehrlich wie möglich und beobachte dann in Ruhe, was die Antworten in deinem Körper auslösen. Fühlst du dich unwohl? Bist du traurig? Frustriert? Freust du dich? Atme und werde dir deiner Gefühle bewusst. Vielleicht ist da etwas, das gesehen und berücksichtigt werden muss, damit du beginnen kannst, es zu ändern. Denn das kannst du. Es liegt ganz bei dir. Du bist viel mächtiger, als du glaubst.

Siehst du mich? Hörst du mich? Liebst du mich?

Das sind die Fragen, die Kinder immer wieder beschäftigen. Ein Kind muss das wissen und wird alles dafür tun, deinen Blick, deine Aufmerksamkeit und deine Liebe zu bekommen. Oft wird es das nicht auf souveräne Weise tun, sondern womöglich bewusst so, dass es dich ärgert und du genau deswegen alles stehen und liegen lässt. Aber es wird bekommen, was es braucht: deine Aufmerksamkeit. Zwar nicht auf die befriedigendste Art und Weise, aber lieber so als gar nicht.

> ❞ *Wenn dein Kind einen Wutanfall hat, solltest du unbedingt sicherstellen, dass du es siehst, hörst und liebst.*

Dass du das Wesen siehst, das sich hinter dem verbirgt, was dein Kind gerade empfindet und zum Ausdruck bringt. Dass du seine Seele siehst, die unsichtbar, aber spürbar ist. Dass du auf sein Herz hörst, auch wenn kein Laut auszumachen ist. Dass du es in diesem Augenblick liebst, obwohl das, was es gerade tut, nicht unbedingt dazu einlädt. Aber du kannst das, weil du den Menschen liebst, der sich hinter dem verbirgt, was dein Kind in diesem Moment zum Ausdruck bringt. Du kannst das, weil du weißt, dass es gerade leidet, und du kannst über das Symptom und sein Verhalten hinwegsehen. Du siehst, was sich dahinter verbirgt und dass dein Kind das unbedingte Bedürfnis hat, von dir gesehen zu werden. Du siehst den Schmerz, die Leere, die Verunsicherung oder das Unbehagen. Du siehst dein Kind, hältst es und nimmst es an, während du ihm durch dein Handeln zu verstehen gibst: „Ich liebe dich auch so und begleite dich in deinem Schmerz."

Denk an deine eigene Kindheit zurück und erinnere dich, was du alles getan hast, um gesehen, gehört, beachtet und ohne Wenn und Aber geliebt zu werden. Ist es so schwer zu verstehen, dass kleine Kinder, die so verletzlich und von anderen abhängig sind, das Bedürfnis haben, gesehen zu werden? Ich bin hier! Siehst du mich? Hörst du mich? Liebst du mich trotz allem? Obwohl ich noch nicht alles weiß und verstehe, noch nicht spreche und mich nicht verhalte, wie es Erwachsene tun.

Stell dir bei jedem Wutanfall vor, wie dein Kind hilfesuchend eine weiße Fahne schwenkt, weil es gesehen werden will. Löse dich bei jedem Konflikt von der Art und Weise, wie dieses Unbehagen geäußert wird, und schenke den Zweifeln keine Beachtung, die dir weiszumachen versuchen, dass dein Kind dich nur ärgern will. Es will nur, dass du es so siehst, wie es jetzt ist, in diesem Moment, und dass du seine Verunsicherung und sein Unbehagen wahrnimmst. Sieh über den äußeren Schein hinweg und löse eine Schicht nach der anderen ab, die dich daran hindert, sein Inneres zu sehen. Schau bis auf den Grund.

» *Nimm deinen Platz als Erwachsene oder Erwachsener ein. Du musst wissen, wer du selbst bist. Nur dann kannst du auch dein Kind so sein lassen, wie es ist. Lass zu, dass sein wahres Wesen zum Ausdruck kommt, und versuche nicht, es zu etwas zu machen, was es nicht ist.*

Lass dich von diesem wunderbaren Kind überraschen und berühren – du kannst so viel von ihm lernen, was du vielleicht noch nicht weißt. Löse dich von Erwartungen, absurden kindlichen Fantasien und Projektionen und konzentriere dich ganz auf eure gegenwärtige Situation. Es gibt nur das Hier und Jetzt. Dein Kind braucht jetzt nur drei Dinge: Es will gehört, gesehen und geliebt werden.

Eine Sache, die mir bei der Erziehung und Begleitung meiner Töchter sehr am Herzen liegt, ist die Frage: Wie schaffe ich es, die Persönlichkeiten, die sie sind, nicht mit Erwartungen zu überfrachten? Nein, ich mache mir keine Gedanken darüber, ob sie dieses oder jenes früher oder später können als andere oder ob sie diese oder jene Fähigkeiten oder Schwierigkeiten haben. Ich glaube einfach, dass Zeit, Reife und Wachstum die meisten Probleme lösen werden, wenn wir unsere Kinder begleiten.

Aber es ist mir ganz wichtig, ihre Persönlichkeit nicht zu zerstören. Ich möchte ihnen auf keinen Fall vermitteln, dass sie nicht genug sind. Dass sie nicht wertvoll sind, so wie sie sind. Deshalb sage ich mir jeden Tag immer wieder: „Achte ihre Persönlichkeit!“, auch wenn sie manchmal Dinge tun, die nicht richtig sind und die man korrigieren muss.

Kinder verdienen es, von uns respektiert und in ihrem Wesen geachtet zu werden, unabhängig von ihrem Verhalten und der Entwicklungsphase, in der sie sich gerade befinden, einfach aufgrund der Tatsache, dass sie existieren.

Ich betone das, weil wir unsere Kinder oft für das schätzen, was sie tun, und nicht für das, was sie sind.

» Wenn ein Kind sich *gut benimmt*, ist es ein tolles Kind. Auch dann, wenn es *tut*, was man ihm sagt.
» Benimmt es sich dagegen *daneben* oder nicht so, wie wir es wollen, finden wir es nicht mehr so toll.
» Und wenn es nicht *tut*, was wir sagen, regen wir uns auf. Wir schätzen unser Kind für das, was es tut oder nicht tut, nicht für das, was es ist. Das ist nicht deine oder meine Schuld.

In der Welt, in der wir leben, ist es das, was zählt: tun, tun, tun. Produktivität. Die Tatsache, dass du etwas produzierst. Und natürlich produzieren Kinder wenig.

Weißt du, welche Lebensphase neben der Kindheit außerdem gesellschaftlich geringgeschätzt wird? Das Alter! Auch ein alter Mensch ist weniger produktiv. Das Alter ist eher *Sein* als *Tun*, weil der Körper allmählich nachlässt und wir mehr zu dem werden, wer wir sind, und nicht zu dem, was wir tun.

- » Wenn wir geboren werden, *sind* wir nur. Und wenn wir sterben (sofern wir ein gewisses Alter erreichen), sind wir erneut von allem Überflüssigen befreit, um einfach wieder nur zu *sein*. Es sind verletzliche Lebensphasen, in denen der Körper zerbrechlich ist und man auf die Sensibilität der anderen angewiesen ist, um sich gehalten, umarmt und geliebt zu fühlen. Lebensphasen, die in den Augen einer Gesellschaft, die sich immer mehr vom Wesentlichen entfernt und alles an Ergebnissen, Fakten und Produkten bemisst, wertlos sind. Es ist wichtig, sich das bewusst zu machen, damit wir unsere Kinder nicht mit solchen Erwartungshaltungen belasten. Deshalb möchte ich dich einladen, dir folgende Fragen zu stellen: Vermittle ich meinem zweimonatigen Baby, dass es wertvoll ist, einfach weil es da ist? Oder werde ich ungeduldig, weil es noch nicht das tut, was ich mir von ihm wünsche?
- » Vermittle ich meiner anderthalbjährigen Tochter, dass sie in jedem Moment wertvoll ist, so, wie sie ist, auch wenn sie noch lernen muss, in einer Welt zurechtzukommen, die sie nicht versteht?
- » Vermittle ich meinem dreijährigen Sohn, der sich mitten in der Trotzphase befindet, dass er trotz seines Verhaltens mehr als genug ist und ich sein Wesen nicht infrage stelle?
- » Vermittle ich meiner achtjährigen Tochter, dass allein die Tatsache, mit ihr zusammen zu sein, mich mit großer Freude erfüllt?
- » Vermittle ich meinem heranwachsenden Sohn, dass er ein wunderbarer Mensch ist, unabhängig von den Schwierigkeiten, die er gerade durchmacht? Gebe ich ihm das Gefühl, dass er auch in seinem Chaos und seinen Irrungen wertvoll ist?
- » Respektiere ich seine Persönlichkeit, obwohl er mich auf die Palme bringt und mir manchmal nicht gefällt, wie er gerade ist?

» Akzeptiere und respektiere ich mein Kind oder will ich es zu dem Kind machen, das ich haben wollte?

Achte dein Kind als die Person, die es ist, mit allen Vorlieben, Fähigkeiten und Schwierigkeiten. Achte jeden Aspekt seiner Persönlichkeit, denn dein Kind ist einzigartig und seine Anwesenheit in dieser Welt hat ihren Sinn. Achte dein Kind, denn es ist wertvoll und hat es verdient, in seinem Wesen respektiert zu werden. Es ist komplett so, wie es ist.

Wenn dir das schwerfällt, dann frage dich, wie es wäre, wenn es nicht da wäre. Du wirst sehen, was du verlieren würdest, und dich unmittelbar mit seinem Wesen verbinden. Das heißt nicht, dass du aufhören sollst, dein Kind zu erziehen, ihm dabei zu helfen, seine Emotionen zu kanalisieren, unangebrachtes Verhalten zu korrigieren und ihm Grenzen zu setzen, die seinem Alter und seiner Entwicklung angemessen sind. Das eine schließt das andere nicht aus – ich hoffe, du erkennst den Unterschied.

Aber tu es, ohne sein eigentliches Wesen infrage zu stellen. Denn das wird Spuren hinterlassen, und dein Kind wird einen guten Teil seines Lebens brauchen, um herauszufinden, wer es war, bevor es sich ungewollt von der Persönlichkeit entfremdet hat, die es nie sein konnte. Verliere nicht die Verbindung zu ihm. Lass nicht zu, dass es die Verbindung zu sich verliert.

Aber die Wahrheit ist, dass wir oft nicht so präsent sind, wie unsere Kinder es sich wünschen würden. Was das angeht, sind sie uns weit überlegen.

» *Kleine Kinder sind unglaublich präsent. Ein Baby, ein zweijähriges oder fünfjähriges Kind ist ganz im Hier und Jetzt – etwas, das uns Erwachsenen furchtbar schwerfällt.*

Es ist diese Präsenz, nach der sie sich sehnen, die sie brauchen und nach der sie verlangen. Dass wir wirklich da sind, wenn wir mit ihnen zusammen sind. Aber wie geht das?

Die folgende Übung wird dir dabei helfen, wieder in Verbindung zu kommen, wenn du merkst, dass du raus bist und dein Kind nicht mehr siehst, weil du mit deinen Gedanken woanders bist. Zunächst einmal solltest du dir bewusst machen, wie präsent du in der jeweiligen Situation bist. Wenn du mit deinem Kind zusammen bist, frage dich, ob du wirklich da bist oder ob du weit weg bist. Wenn du feststellst, dass du tatsächlich nicht präsent bist, halte einen Moment inne und atme tief durch, wie du es beim Lesen dieses Buches immer wieder getan hast. Verbinde dich mit deiner Atmung und beobachte, wie die Luft in deinen Körper ein- und wieder aus ihm herausströmt. Atme durch die Nase ein und langsam durch den Mund wieder aus. Dann sag dir innerlich folgenden Satz: „Ich sehe dich."

Du musst dein Kind wirklich sehen. Seinen Körper, seine Seele, sein Wesen. Halte inne und betrachte es wirklich.

> ›› *Sieh es mit den Augen und mit dem Herzen. Höre, was es sagen will, wenn auch vielleicht nicht mit Worten. Höre gut zu und sieh genau hin.*

Was siehst du? Es ist dein Kind. Und es ist jetzt hier, bei dir. Öffne dich und fühle diese Worte in dir: „Ich sehe dich, mein Schatz. Ich sehe dich, mein Kind. Ich bin verfügbar. Ich bin bei dir, körperlich und seelisch. Ich sehe deinen Körper und dein Wesen. Ich sehe dich. Ich bin für dich da." Vielleicht fällt es dir schwer, weil du selbst nicht gesehen wurdest, als du ein Kind warst. Vielleicht fällt es dir schwer, weil du selbst diesen präsenten Blick von deinen erwachsenen Bezugspersonen nicht bekommen hast. Vielleicht ...

Aber das sind deine Verletzungen, nicht seine. Lass nicht zu, dass sich die Geschichte wiederholt, und lerne, dein Kind wirklich zu sehen.

Ich schlage dir vor, zu deinem Kind zu gehen und zu versuchen, ein tiefes, aufrichtiges „Ich sehe dich" zu spüren, wenn du vor ihm stehst. Du musst es nicht laut sagen, es genügt, wenn du es wirklich fühlst. Sehr wahrscheinlich wirst du auf einmal eine unendliche Verbindung wahrnehmen, eine gewaltige Empathie und eine Liebe, die alle Poren deines Körpers durchdringt. Verwerfungen werden geglättet, Verletzungen werden ein wenig heilen und die Energie in eurer Beziehung wird wieder fließen. Praktiziere dieses „Ich sehe dich" jedes Mal, wenn du bemerkst, dass du dein Kind nicht wahrnimmst, und spürst, dass du dich von ihm entfernst. Mit der Zeit wirst du bemerken, dass eure Beziehung eine neue Qualität bekommt. Probiere es aus – was hast du zu verlieren, wenn ich falschliege? Nichts, im Gegenteil. Also vertrau mir und versuche es. Es wird euch guttun, du wirst sehen.

Lass los und bleib in Verbindung

Falls es noch Zweifel gab, sollte spätestens an diesem Punkt klar sein, dass wir fast nichts in diesem Leben unter Kontrolle haben. Alles, was geschieht, ist das Ergebnis einer langen Kette von Ursache und Wirkung, in der du nur auf eines Einfluss hast: auf dich selbst. Das zu akzeptieren, fällt schwer, insbesondere wenn man Kinder hat. Wir haben nichts unter Kontrolle? Wirklich? Nicht einmal einen kleinen Teil ihres Lebens? Furchtbar! Aber nein, es ist nicht furchtbar, sondern ein Glück. Es ist ein Segen, wenn wir lernen, die Kontrolle über unsere Kinder abzugeben, und uns von dem Bedürfnis, dem Verlangen und dem Wunsch unseres Egos befreien, alles unter Kontrolle zu haben. Zu erkennen, dass wir nur die Kontrolle über uns selbst haben – und wie wir gesehen haben, manchmal nicht einmal das –, ist tatsächlich das Beste, was uns passieren kann.

> *Wir müssen tief in uns begreifen, dass der andere ein eigenständiges, souveränes Wesen ist.*

Man hat uns eingeredet, das sei nicht so, und wir haben jahrhundertelang genau das gemacht: Wir haben unsere Kinder kontrolliert und so zurechtgebogen, wie die Gesellschaft, die Kultur und ihre Familien sie haben wollten. Wir haben den Schmerz gesehen, den das verursacht hat, und ihn am eigenen Leib erfahren. Wir haben selbst erlebt, wie Kontrolle über uns ausgeübt wurde, und haben uns oft nicht als souveräne, eigenständige Personen gefühlt, im Gegenteil. Und jetzt als Erwachsene sollen wir den anderen einfach sein lassen, wie er ist? Ohne Kontrolle auszuüben? Mein Gott, wie macht man das?

Zunächst einmal solltest du akzeptieren, dass du keine Kontrolle über deine Kinder hast und sie auch nicht haben solltest. Sie müssen ihren eigenen Weg gehen und Schwierigkeiten auf ihre Weise meistern. Natürlich wäre es schön, wenn wir ihnen durch unsere Erfahrungen einiges ersparen könnten, damit sie nicht leiden müssen. Aber das ist nicht möglich. Jeder Mensch muss seinen eigenen Weg gehen, in seinem eigenen Tempo und auf seiner eigenen Bewusstseinsstufe, seiner jeweiligen Reife entsprechend.

Wir müssen akzeptieren, dass unsere Kinder eigenständige Persönlichkeiten sind, über die wir keine Kontrolle haben. Das sollten wir uns immer wieder in Erinnerung rufen, wenn wir sie beim Heranwachsen begleiten. Wir müssen aufhören, so zu tun, als ob unsere Beziehung ein ständiger Kampf wäre. Denn so ist es nicht. Wir befinden uns nicht im Krieg, sondern wir sind eins. Du bist erwachsen, dein Kind ist noch klein, aber ihr versucht beide, eure Sache so gut zu machen, wie es euch jeweils möglich ist.

> ❞ *Als Vater oder Mutter geht es nicht darum, Kontrolle über die Kinder auszuüben, sondern darum, zu lernen, ihnen zu vertrauen.*

Aber wie sollen wir ihnen vertrauen, wenn wir oft schlecht über sie denken? An dieser Stelle möchte ich dich an etwas sehr Wichtiges erinnern: Dein Kind ist gut so, wie es ist. Das heißt nicht, dass es alles richtig macht oder „perfekt" ist. Dass es keine schwierigen Momente oder Probleme mit ihm gäbe oder dein Kind dich nicht hin und wieder provozieren wird. Aber im Grunde will dein Kind immer das Richtige tun. Im Grunde hat es gute Absichten.

Du findest vielleicht, dass es sich furchtbar verhält, aber im Grunde vermisst es dich oder empfindet ein Unbehagen, mit dem es nicht fertigwird. Vielleicht ist es eifersüchtig oder es hat Probleme im Kindergarten oder es befindet sich in einer schwierigen Phase, was auch immer. Im Grunde genommen will es das Richtige tun, auch wenn es dabei manchmal Fehler macht und in Fettnäpfchen tritt. Ich habe so viele Beispiele dafür gesehen, wie durch Vertrauen und eine andere Sichtweise alles besser wurde. Die Qualität der Beziehung verändert sich, und dadurch geht es allen besser.

Dein Kind ist kein schlechter Mensch, der dein Leben ruinieren will. Es ist kein Tyrann, sondern ein Kind, das leidet und laut um Hilfe ruft. Ein Kind, das dich trotzdem über alles liebt und will, dass alles gut wird. Den Blick auf unsere Kinder zu ändern, uns mit ihrem Wesen zu verbinden und ihnen zu vertrauen, steht nicht im Widerspruch dazu, ihnen klare, feste Grenzen zu setzen, sie zu leiten, sie zu erziehen usw. Aber wenn wir dies bewusst und verbunden tun wollen, müssen wir ihr gutes Wesen, ihre Bedürfnisse und ihren Hilferuf sehen, ganz gleich, wie sie sich verhalten.

Ich frage dich: Würdest du in Verbindung zu jemandem treten, der schlecht von dir denkt? Würdest du dich jemandem öffnen, wenn du bemerkst, dass er dir misstraut? Würdest du gerne mit Menschen zusammen sein, die ständig über dich urteilen und denken, dass du nicht nett bist und dich nur deshalb so verhältst, um sie zu ärgern? Siehst du! Wenn du mit deinem Kind in Verbindung kommen und ihm bei auftretenden Konflikten den Weg ebnen willst, dann zweifle nicht an ihm. Zweifle nicht an seinen guten Absichten und seinem guten Wesen.

> *Schau nicht auf das, was dein Kind tut, sondern sieh die Person, die es ist, und hilf ihm.*

Hilf ihm, einen Weg zu finden, um seine Gefühle zu kanalisieren, sie auszudrücken und zu verstehen – nicht, weil du die Kontrolle erlangen willst, sondern aus dem Bewusstsein deines erwachsenen Ichs. Wenn dein Kind noch zu klein dafür ist, die richtigen Schlüsse zu ziehen, hab Geduld und lass ihm Zeit, zu reifen. Bis es so weit ist, schenk ihm Liebe, nimm es in die Arme, setz ihm die nötigen Grenzen, die ihm dabei helfen, sich sicher zu entwickeln, und hab Vertrauen. Hab Vertrauen in dein Kind und in dich.

Du wirst die Kontrolle abgeben können, wenn du aufhörst, schon im Vorhinein Angst vor dem zu haben, was irgendwann sein könnte. „Was, wenn mein Kind mit zehn Jahren immer noch so ist? Was, wenn es nie lernt, dass es das nicht darf? Was, wenn …?“ Solche vorweggenommenen Ängste bestimmen irgendwann die Gegenwart und trennen dich von dem, was dein Kind jetzt in diesem Moment bewegt und was es dir mitzuteilen versucht. Deshalb schlage ich dir vor, dass du dir jedes Mal, wenn dich dieses „Was, wenn …?“ überfällt, das Problem bewusst machst und dir eine Gegenfrage stellst: „Und was, wenn nicht?“ Denn jedes Unglück, das du vorhersiehst, kann eintreten oder auch nicht (im Leben kann alles passieren, aber nicht alles ist wahrscheinlich). Halte dich an diesem „Und was, wenn nicht?“ fest, um dich wieder auf die Gegenwart zu konzentrieren.

» Gib die Kontrolle ab, löse dich von der Angst und vertraue deinem Kind und dem Leben.

Wenn dir das gelingt, wirst du eine verdammt schöne und wohltuende Erfahrung machen: Das Leben wird zu einem Fluss, in dem du dich bewegst wie das Wasser, als Teil dieses Kosmos, der so viel größer ist als du und von dem du doch ein untrennbarer und unverzichtbarer Teil bist. Im Fluss des Lebens wirst du mehr und mehr Vertrauen gewinnen und das wird dir helfen, die Ängste und Kontrollwünsche loszulassen, die noch in dir sind. Nach und nach wird dieser spannende Weg, auf dem wir unsere Kinder durchs Leben begleiten, immer bewusster, leichter, zuversichtlicher und fließender werden.

Ein Berg mit tausend Gipfeln

Ich liebe die Berge, und als ich meine Töchter bekam, dachte ich, dass es wie beim Bergsteigen sei: Irgendwann steht man auf dem Gipfel und blickt staunend auf den zurückgelegten Weg – ein Blick, der für alles entschädigt. Doch schon bald wurde mir klar, dass es bei der Erziehung von Kindern eine Besonderheit gibt: Es gibt nicht nur einen Gipfel. Es gibt Tausende.

Es gibt Tausende, der Aufstieg nimmt kein Ende. Gleichzeitig kannst du jederzeit innehalten, um den zurückgelegten Weg zu betrachten und über den gegenwärtigen Moment zu staunen. Zu erwarten, dass es nur einen einzigen Gipfel zu erklimmen gäbe (wenn die Kinder selbstständiger werden, wenn sie uns nicht mehr brauchen, wenn …), ist eine Illusion und heißt, die Gegenwart geringzuschätzen, die wir Tag für Tag miteinander verbringen.

Ich weigere mich, dieses Gefühl der Genugtuung erst dann zu empfinden, wenn ich mit fünfzig oder siebzig Jahren auf dem Berg stehe und zurückblicke. Warum so lange warten? Und außerdem, wann hört man auf, sein Kind zu begleiten? Wenn wir Elternschaft als eine gemeinsame Reise verstehen, auf der wir uns die Hände reichen, wann immer wir das brauchen, dann endet dieser Weg vielleicht erst, wenn unser irdisches Leben zu Ende ist. Und wer sagt, dass wir danach nicht immer noch durch dieses unsichtbare Band miteinander verbunden bleiben, das uns jenseits von Raum und Zeit vereint und das ich als etwas sehr Reales und Greifbares wahrnehme?

Nein, Elternschaft heißt keineswegs, einen Berg mit nur einem Gipfel zu besteigen. Unser Berg hat tausend Gipfel, die wir jeden Tag und mit jeder Herausforderung, vor die uns die Begleitung unserer Kinder stellt, Schritt für Schritt erklimmen. Jeder Wutanfall, jede Schwierigkeit ist ein neuer Gipfel.

> *❞ Jeder Tag, den wir gemeinsam genießen, jedes Lachen in der Familie ist ein neuer Gipfel, auf dem wir innehalten können, um den gegenwärtigen Augenblick zu genießen.*

Auf diesem Berg wird oft das Wetter umschlagen und das Gelände wird sich verändern. Wir müssen jeden Tag dazulernen, ohne aufzugeben, den Rucksack vollgepackt mit Proviant, Werkzeugen und Motivation. Manchmal stapfen wir blind vorwärts, wohl wissend, dass jeder Schritt unvorhersehbar ist. Genau diese Ungewissheit ist es, die diesen Berg zu etwas ganz Besonderem macht. Lassen wir uns auf das Unbekannte ein, denn gibt es einen besseren Weg, um etwas über das Leben zu lernen, als es zu leben? Wir sollten Vertrauen haben und uns auf diese Ungewissheit einlassen, die Eltern immer wieder zaudern und zweifeln lässt. Sie ist Teil des Weges, und daran zu wachsen bedeutet auch, das Unbekannte zu genießen. Es kommt nicht darauf an, was geschieht, sondern wie wir es erleben. Es geht nicht um die Ungewissheit, sondern darum, wie wir mit ihr umgehen. Es geht nicht darum, ob der Weg steinig ist, sondern darum, wie wir ihn wahrnehmen und für uns umsetzen.

„Hin und wieder werden wir den Mut verlieren. Kinder zu erziehen kann sehr hart sein. Es gibt Phasen, die einem wie ein dunkler, lichtloser Tunnel erscheinen.

Ich weiß das, glaub mir. Aber genauso sicher weiß ich auch, dass das, was wir tun – unsere Kinder aus einer respektvollen Haltung heraus zu erziehen und zu versuchen, ihnen das Beste von uns zu geben –, unglaublich wichtig und wertvoll ist. Manchmal mag es so scheinen, als ginge es eher bergab als bergauf, und man will das Handtuch werfen, weil man denkt, dass diese Kraxelei nichts für einen ist.

Was ich dir jetzt sage, ist für diese Tage gedacht, an denen du zweifelst und dir diese respektvolle Erziehung, bei der du Kinder durch ihre Wutanfälle begleiten sollst, ohne wütend zu werden, sehr schwierig oder sogar unmöglich erscheint.

Ich weiß nicht, ob du stolz darauf bist, wie du es machst. Aber ich bin stolz auf dich, weil du versuchst, es jeden Tag besser zu machen, und nicht das Handtuch wirfst. Ich bin stolz auf dich, weil du trotz unbarmherziger Kritik und so viel Unverständnis weiterhin auf diese innere Stimme hörst, die dir sagt: „Mach weiter!"

Ich beglückwünsche dich dafür, dass du weiterhin deinem Herzen folgst und möchtest, dass echter Respekt und aufrichtiges Vertrauen zwischen dir und deinem Kind herrschen – nicht wie in einem Schauspiel, wo man nur Angst sieht, sobald man hinter die Kulissen schaut (Angst vor Erpressung, Machtkämpfen, Geschrei, dem Mangel an bedingungsloser Liebe). Ich beglückwünsche dich, weil du trotz schwieriger Momente hier bist. Wenn du nicht glauben würdest, dass Elternschaft aus tiefem Respekt heraus möglich ist, würdest du nicht dieses Buch lesen. Wenn du dieses Buch liest, dann deshalb, weil du ein Interesse daran hast, dich selbst zu hinterfragen, dich weiterzubilden und aus vielen Quellen zu trinken, die etwas in dir auslösen, damit du dich entwickeln kannst – und mit dir deine Kinder sich entwickeln können.

Aus dem Respekt heraus zu erziehen und dich selbst und deine Kinder wirklich zu sehen, ist so unglaublich wichtig. Dieser Respekt ist zweifellos das beste Rüstzeug, das du deinen Kindern mitgeben kannst. In dem Wissen aufzuwachsen, dass man respektiert wird, dass man es verdient, geliebt und geachtet zu werden, dass die eigene Meinung berücksichtigt wird und Gefühle nicht abgewertet, sondern mit tiefem Respekt begleitet und wertgeschätzt werden, schafft glückliche und emotional gesunde Erwachsene.

Dass du deine Kinder so erziehst, kommt uns allen zugute. Mir und vielen anderen, die du nicht kennst und die du niemals kennenlernen wirst. Aber ja, auch sie profitieren davon. Und es kommt wiederum dir zugute, dass viele andere mit demselben Ziel und aus derselben Haltung heraus erziehen. Dass wir viele sind, die ihre eigenen Berge erklimmen.

Danke.

» *Danke, dass du nicht aufgibst.*

Danke, dass du trotz schwieriger Tage und Momente weiterhin daran glaubst, dass deine Kinder die beste Version deiner selbst verdient haben. Danke, dass du Respekt vor ihrem Körper, ihrer Seele und ihren Empfindungen hast.

Danke, dass du daran glaubst, dass Kinder Zuneigung, Verständnis, Liebe und Respekt verdienen.

Danke, dass du nicht auf diejenigen hörst, die behaupten, so, wie man es früher gemacht hat, sei gar nicht so schlecht gewesen. Du weißt schon: „Aus uns ist auch was geworden."

Danke, dass du beharrlich bleibst.

Danke, dass du daran glaubst, dass es möglich ist und dass du es schaffen kannst. Danke, dass du deinen Teil dazu beiträgst, aus dieser Welt einen besseren Ort zu machen.

So wie sich unsere Welt aktuell entwickelt, glaube ich, ehrlich gesagt, nicht, dass wir uns noch mehr Leid leisten können. Wir können es uns nicht leisten, aus der emotionalen Distanz und einem Mangel an Respekt heraus zu erziehen. Dein Engagement ist sehr wichtig, auch wenn du den Eindruck hast, dass es nicht gesehen wird. Ich sehe es. Und ich sage es dir noch einmal: Geh weiter deinen Weg und genieße euren persönlichen Gipfel jeden Tag. Es gibt Tausende davon und ich hoffe, dass ihr sie jeden Tag tiefer und bewusster genießen könnt. Ihr habt es euch verdient.

DANKE.

★ Moment mal …

Halten wir noch einmal inne, um dem gegenwärtigen Augenblick nachzuspüren. Ich schlage dir vor, dass du zunächst auf deine Atmung achtest und sie bewusst wahrnimmst. Spüre, wie die Luft in deinen Körper ein- und wieder aus ihm herausströmt. Atme so langsam wie möglich durch die Nase ein und dann genauso langsam durch den Mund wieder aus. Wenn du das Gefühl hast, dich in einem entspannten Zustand zu befinden, horche in dich hinein. Welches Gefühl herrscht in dir vor? Ist eine Empfindung, ein Gefühl, eine Erinnerung in dir geweckt worden?

Was auch immer es ist, schaffe Raum dafür und koste es aus, ob es angenehm ist oder nicht. Lass es zu. Lass zu, dass es zum Vorschein kommt und dir zeigt, was beachtet werden will. Nimm es wahr und atme tief und langsam, während du dem, was du wahrnimmst, dasselbe sagst wie deinem Kind: „Ich sehe dich."

Du hast es verdient, Raum für das zu schaffen, was nach außen kommen muss, damit Verletzungen heilen können und der Weg mit deinen Kindern freier, leichter, fließender und glücklicher wird.

» Verbinde dich mit deinem Körper und erlaube ihm, dich auf diesem Weg zu leiten.

Erlaube ihm, das Tor zu sein, durch das du dich jederzeit mit dir selbst und dem gegenwärtigen Moment verbinden kannst. Er wird dein Kompass sein, damit du nicht vom Weg abkommst. Besinne dich auf deinen Körper, wenn du dich mutlos fühlst. Besinne dich auf deinen Körper, wenn du deine Batterien aufladen musst. Besinne dich auf deinen Körper, wenn du dich orientierungslos oder verloren fühlst. Besinne dich auf deinen Körper. Er ist dein Tor zu dir selbst. Vertraue ihm.

Nachwort

» Wenn mir etwas in diesem Leben klar ist, dann die Erkenntnis, dass Kinder zu bekommen das Größte und Wichtigste ist, was wir je tun werden.

Die Art und Weise, wie wir sie erziehen, und insbesondere die Persönlichkeitsarbeit, die wir leisten, während wir sie begleiten, kann eine Revolution sein. Nicht nur für uns selbst, die wir von einer Weiterentwicklung profitieren, welche wir sonst kaum erreichen könnten, sondern auch für unsere Kinder und künftige Generationen.

Die starke Energie, die durch Wut freigesetzt wird, kann eine großartige Gelegenheit sein, uns selbst und die Qualität der Begleitung, die wir unserem Kind bieten, wenn es dieses Gefühl durchlebt, bewusster wahrzunehmen. Die Kraft der Wut kann uns helfen und uns dazu ermutigen, weiterzugehen. Sie kann der Katalysator für einen Wandel sein, durch den wir unsere gesamte Umwelt, insbesondere aber uns selbst und unsere Kinder, bewusster erleben.

» Wut zu spüren, ist hart.

Wenn man als erwachsener Mensch einen Wutanfall bekommt, ist das nichts, was man sich wünscht oder worauf man stolz wäre. Aber es passiert. Zu sehen, wie Kinder unter ihren Wutausbrüchen leiden, ist frustrierend, unangenehm und manchmal auch traurig. Aber das alles kann entscheidend dazu beitragen, dass wir wachsen, uns weiterentwickeln und uns verändern. Es kann auch unserem verletzten inneren Kind, das nicht wusste, wohin mit seiner Wut, dabei helfen, erwachsen zu werden. Wir können lernen, dieses Gefühl zu empfinden, ohne darauf zu reagieren. Wir können uns durch dieses Gefühl begleiten, das uns so aus dem Gleichgewicht bringt, wenn wir erkennen, dass es uns etwas mitteilen will. Dass es angenommen, empfunden, durchlebt und gehört werden muss.

Indem wir unsere Gefühle annehmen, werden wir freier, erwachsener und bewusster und können unsere Kinder viel besser begleiten, ohne sie verantwortlich zu machen und ihnen das Gefühl zu geben, dass sie uns unterstützen müssten. Wenn wir nicht länger mit Angst auf das Symptom schauen, können wir mit Liebe und Mitgefühl die Ursache erkennen.

» Wir sollten Wutanfälle nicht länger als etwas Schlechtes, Beängstigendes sehen, sondern als Ausdruck von etwas, das gesehen und beachtet werden will. Nicht als Schwierigkeit, sondern als Chance, sich weiterzuentwickeln und zu wachsen.

Wir haben hier und jetzt die Möglichkeit, das Paradigma zu ändern und einen anderen Weg einzuschlagen. Ohne Geschrei, ohne Drohungen, ohne die Notwendigkeit, Angst zu erzeugen, um die Kontrolle über den anderen zu gewinnen, ohne Manipulation und Aggression. Wir sehen ja, wohin diese Art des Umgangs mit Kindern die Welt gebracht hat. Vielleicht ist es auch an der Zeit, uns selbst anders zu behandeln. Vielleicht ist es an der Zeit, uns selbst zu heilen, um gesündere und bewusstere Generationen heranwachsen zu sehen.

Mit diesem Buch möchte ich dir dabei helfen. Ich möchte dich ermutigen, dir die Mühe zu machen, die es bedeutet, Kinder auf diese Weise zu begleiten. Für mich ist klar, dass dies der Weg ist, um aus dieser Welt einen besseren Ort zu machen. Und ja, vielleicht wirst du manchmal scheitern. Das ist normal. Schätze dich selbst wert, sei verständnisvoll mit dir selbst, behandle dich liebevoll und mit Mitgefühl. Du machst es so gut, wie du kannst und wie es dir zu diesem Zeitpunkt möglich ist. Nimm dich selbst an, denn nur wenn du dich selbst akzeptierst, kannst du auch dein Kind so akzeptieren, wie es ist. Dass ihr euch akzeptiert, wird unweigerlich eine Verbindung zwischen euch herstellen und alles leichter und erträglicher machen. Stellen wir also eine Verbindung zu unseren Kindern her und leben wir den gegenwärtigen Augenblick, als ob es kein Morgen gäbe. Dieser Moment ist alles, was wir haben, und letztlich alles, was wir brauchen.

Ich möchte dieses Buch nicht beenden, ohne dir dafür zu danken, dass du diese Zeilen gelesen hast. Ich wünsche mir von ganzem Herzen, dass dieses Buch Dinge in dir bewegt, freisetzt und zusammenfügt, die dir dabei helfen, eine bessere Verbindung zu deinem Kind herzustellen, wenn es ihm schlecht geht.

Danke, dass du den Mut hast, nicht an alten, unbewussten Mustern festzuhalten, obwohl sie viel einfacher erscheinen. Danke, dass du bewusst neue Wege gehst. Ich weiß, manchmal ist es hart und der Weg lang und einsam, aber ich versichere dir, dass es die Mühe lohnt. Geh weiter, lerne weiter, schärfe dein Bewusstsein, wachse. Dir zuliebe. Deinen Kindern zuliebe. Der ganzen Welt zuliebe.

Hier und jetzt achte und schätze ich deinen Weg.

Möge er Resonanz finden.

Impressum

Bibliografische Information der Deutschen Nationalbibliothek
Die Deutsche Nationalbibliothek verzeichnet diese Publikation in der Deutschen Nationalbibliografie; detaillierte bibliografische Daten sind im Internet über http://dnb.dnb.de abrufbar.

Bibliographisches Institut GmbH, Mecklenburgische Straße 53, 14197 Berlin

Redaktionelle Leitung Susanne Klar
Übersetzung aus dem Spanischen ins Deutsche Maria Hoffmann-Dartevelle, Lisa Grüneisen
Lektorat der springende punkt, Eva Hauck
Herstellung Alfred Trinnes
Layout und Satz Veronika Neubauer
Umschlaggestaltung zero-media.net, München
Autorinnenfoto © Laura Bartra
Umschlagabbildung © FinePic, München
Druck und Bindung AZ Druck und Datentechnik GmbH,
Heisinger Straße 16, 87437 Kempten

Printed in Germany
ISBN 978-3-411-75685-8
Auch als E-Book erhältlich unter: ISBN 978-3-411-91450-0
www.duden.de

PEFC zertifiziert
Dieses Produkt stammt aus nachhaltig bewirtschafteten Wäldern und kontrollierten Quellen.

www.pefc.de